生命呼吸·当代散文名家丛书

女人没有故乡

格致 著

人民东方出版传媒

东方出版社

女人没有故乡

目 录

清晨的语言：作为一种精神分析的书写

耿占春

　　九十年代以来被批评界称为"新散文"或"新锐散文"的一代作家，如格致、宁肯、祝勇等人的写作，极大地更新了当代散文写作的语言与文体。这一命名至少在纯粹描述的意义上注意到格致等人写作的新异之处。如果说人们曾经把文学视为"史之余"，散文似乎就是"文之余"，似乎散文是小说之余，诗歌之余，思想之余，然而现在，在格致等人的写作实践中，新散文一改长期以来散文的闲适风格、杂谈风格、掉书袋子风格、意识形态化的抒情习气、真的或假的前朝遗少口吻、真的或假的投枪匕首姿态，散文（随笔）或许开始了一种复归小说之始、诗歌之始、思想之始的努力，或许可以不再是小说、诗歌、散文三分法中的一种弱化形式，而使散文复归于人文写作的综合性文体。它既可以运用小说的叙事元素，又能够像诗与哲学那样注聚焦于语言自身及其意义的探询。

　　对此，格致的写作显示出一种充分的警醒与自觉，她在《有毒的语言》一文结尾处如此写道："我要说出那些让我恐惧的噩梦。我要说出来。在说出来之前，我要先把它按住，然后注入语言的毒液。什么样的噩梦都将死去，它们再也无法伤害我。"格致在这里说的是一种对付噩梦的个人方法，一种来自母亲传授的满族人祖传的方法：在早晨，"把噩梦用自己的语言复说一遍，那么这个预谋的噩梦就被瓦解了"，她以此消解"噩梦的恶"。这一民族习俗中有着深刻的洞见，它的一个洞见是关于语言魔力的，一个是关于语言在何时说出才是最有效的，必须是在最早的时刻、在早晨、在噩梦初醒时分，必须是清晨的语言。为什么必须如此？或许这一时间要求意味着，噩梦刚刚结束的时刻讲述才是真切的，更重要的洞见或许是，防止噩梦侵入生活，防止恶、防止恐惧变成人的无意识。这一民族习俗的最终洞见指向生活之恶的破解。这一方法或许正是作为作家的格致所采用的文学叙事策略，用"语言的毒性"破解令人恐惧的生活世界的噩梦，格致将一种民族习俗—— 一种清晨时刻讲述噩梦的语言——极其智慧地转换为一种语言疗法，一种文学治愈法，一种话语修辞学。格致不仅敏感于生活中的恶，也极其敏锐地洞察到恶的脆弱性，正如她在这篇文章中所说："看来噩梦是一个脆弱的秘密。它怕被说出去。它的恶需要小心地护佑。它怕人的语言的毒性。"这一见解极其精辟，其实这就是精神分析学的全部核心，也是社会伦理学或政治伦理的全部秘密。这一核心就集中在恶在护佑下成为人们心中的永久秘密还是在语言的毒性中、在语言的公开性中被消解。我们可以把格致的写作视为一种致力于打破噩梦的隐秘性的一种社会伦理学的努力，就此而言，格致的写作具有一种精神分析的意义。当然，这一分析不是俄狄浦斯情结之类，但却与个人记忆及社会心态的原始创伤即与恶的隐秘性密切相关。

格致是一个小说家也是一个散文家，小说与散文共享一些基本元素，即共享故事与话语。但小说与散文在如何将故事与话语组织起来的方法显然不尽相同。一般而言，小说将话语组织进故事，话语服从故事的逻辑；散文则将故事组织进话语，故事服从话语的逻辑。在此意义上，格致处理故事与话语的方式主要是散文的。（但也必须说，这一区别早已被现代小说比如普鲁斯特以来的小说所打破。为了叙述的清晰性，我们姑且临时接受这一故事与话语的二分法。）在叙述一段往事的时候，格致常常在需要接着讲述故事的时刻停下来，以便把她制作的"语言的毒液"注入故事或噩梦，因此格致虽然拥有故事却不是一个致力于故事的人，一个敏感于内心生活却不是一个写作抒情文章的人，她是一个一边叙述经验世界一边为其叙述注入话语，即为生活世界解毒的人。在格致的写作中，话语的成分或话语的审美重要性常常超出了叙事的部分，这也意味着，生活故事与原初经验具有伤害性，而作家独特的话语则是消解其生活之恶的具有治愈作用的因素。

《替身》所叙述的经验世界或许足以构建出一部长篇小说，在作者所描写的乌拉古城，疾病依然像无数先辈那样求助于"大神"（巫医）的治愈。这个故事涉及到病人、母亲、巫医，仿像的制作者，众多乡亲和仪式的参与者；还涉及到与看不见的世界的诸种联系：涉及与巫医、母亲合作的神和仙，涉及梦幻和恶魔、噩梦；替身这个故事的叙述涉及整个乡村社会及其疾苦，乡村的现实和它的神灵观念。然而格致的意图似乎不在乎讲述故事而是着意从故事的叙事结构中提炼一种治愈性的话语。这是在伤害性的生活经验和治愈性话语之间平衡的寻求。比起小说的叙事来，格致对这个关于替身的叙事更侧重于"话语"，即在一个生活世界的噩梦中注入具有解毒作用的"语言的毒性"的话语行为。

在《替身》一文中，为生病的孩子制作一个（由木头棉花棉布等材料做的）替身，并在仪式中将之送上天、送到索要她的王母娘娘身边，伴随这一故事的生活世界、伴随着这一故事的仪式、信念与习俗或许是一个常见的人类学现象，而对于格致来说，她的叙述意在发现伴随着这一故事的潜在话语，这一话语或一滴语言的毒液并没有在过去时代的类似故事的叙事中得到提炼。如果说格致在讲述一个人们并不十分陌生的故事时有着独特叙述魅力的话，恰恰在于她对伴随着这个故事或隐含在这个"替身"故事之中的深层话语的提取。我们不要忘记对格致来说这就是在提炼一种真正治愈性的"语言的毒液"。"替身"给叙述者带来的话语启示一开始就被如此准确无误地揭示出来："我是一个复数。有两个我同时在这个宇宙中存在，一个在地上，一个在天上。在地上、在人间的是我；在天上，在天堂的是我的替身。我的替身就是我的复制品，是另一个我。她被送到天上去了，替我在那里司职。这样我便得以在地上的人间活下去。……而我们的生命一直是由不得我们自作主张的，可我得天独厚，恰有一个自作主张的机会。我的决定同我的生命形式的预先设定相悖，我实际上是个逃犯。"显然，格致从前现代社会的生活习俗中发掘出一种特别现代的认知，她像一种哲学写作那样，揭示出主体和拟像，复数的生命主体，可以分解的自我……这样一些特别现代的概念隐含在传统的信念与生活习俗中。

在《替身》中，并非只有患病的"我"是一个复数，故事中的其他人也同样是一个复数的存在。关于母亲，格致写道："但母亲不是一个人，她知道自己的肉身不是天上的王母娘娘的对手，于是母亲召集了她熟悉的、一直护佑她的、让她信赖的地上的众神和众仙。"从巫医治疗制作的"替身"这一故事原型出发，格致发展着人的替身或复数存在这一主题，或者说，发展着人的"符号性"存在或被时下常常称作"踪迹"的思想性主题，这是一个精神分析学的主题，也是一个哲学主题。同样，在悲伤的境遇中，母亲还把她的复数特征赋予了死去的父亲："在父亲过早地离开这个世界之后，母亲从我们黑而亮泽的头发里发现了父亲。……父亲从我们的每一根头发里现身，而我们的头发又何止千万。那么，我们的父亲就是无穷的，他充满了我们的生活，他无处不在。而这些我们不知道，十岁的孩子不知道，只有拾起地上的头发的手知道，只有母亲知道。母亲突然就找到了父亲，找到了父亲的藏身之地。在母亲眼里，父亲的藏匿变不出多少花样：他在女儿的发丝里，在儿子的步态中，在所有孩子说话的声音里；母亲从大儿子的眉宇间看见了父亲，又从二女儿的手指尖发现了父亲的踪迹。母亲发现了这一秘密后，就停止了悲伤的哭泣。父亲没有离开，他只不过在同母亲做一个游戏。他藏起来了，故意让母亲着急，然后寻找。父亲又将自己分成七部分，存放在七个孩子的身上。……父亲放在我这里的是他黑而亮泽的头发。母亲小心翼翼、不慌不忙地捡拾着那些被我们随意丢落的父亲的颗粒。母亲在拼凑、在搜集，她相信她最终能将我们的父亲，散落在七个孩子身上的曾经破碎的父亲，聚拢成一堆……"通常，在叙述者开始讲述生老病死故事的时刻，格致的叙述发生了有意为之的"偏离"，她转向了一种充满情感因素和心智因素的修辞活动，转向了具有思想意味的语言或思想话语的发现。这是利用故事要素或小说成分而又区别于小说的一个岔路口，一个语言上的界标或路标。不难发现，这种对故事叙述的偏离正是格致散文语言的魅力所在。格致从话语中发展出一种与故事本身不同的意义逻辑。如果说故事是悲伤和伤害性的，格致的偏离所产生的话语就是慰藉性的与治愈性的；如果说生活中的苦难是一种噩梦，格致所注入的"语言的毒液"则是对噩梦之恶的破解。

在《替身》中，格致将"替身"、拟像、化身等这一主题发展至生活叙述的每个领域，使之与神话叙事之间产生了一丝不易觉察的联系。自不待言，巫医或"大神"自身就是一个替身，一个化身，一种不可显现之物的显形，被叫做大神的巫医"用一个肉身凡胎，盛装一个飘然无形的神仙，他们的肉体因此极其痛苦。神可能极其庞大，潜入一个弱小的人体十分吃力……"实际上，不仅大神如此，每个人的肉体生命与他能够承载的"天命"或人所渴望的生命意义相比，都显得十分脆弱、易于陷于病痛或被毁灭为碎片。然而，真实的努力即在于通过散落的碎片，将生命的意义凝聚起来。在格致的叙述话语中，"替身"不止一个，"化身"也不止一种。格致写道："长大后，我迷恋丝绸和长发，迷恋母亲的过去。那是皮鞋踩在青砖地上的生活；那是穿丝绸旗袍和长筒袜的生活。……我在一点一滴地复活母亲，如同小心地粘合一个打碎的蓝花瓷瓶。"在格致笔下，主体的双重性或多重性并非一个抽象的哲学概念或神学问题，而是弥散在生活世界中的疾病与治愈、痛苦和安慰的秘密。

在《告诉——格致工作记录本》中，我们看到的是各色人等怎样把他们房前屋后的树当作各种问题的"替身"与"化身"，事实上，那些被要求处理的树并没有真正成为他们面临问题的焦点，树既没有与疾病、失眠、恐惧有什么瓜葛，也不会与失窃有什么实质性的联系，然而格致像精神分析家一样记录了各种各样的对树的指控。树充当了人们内心的各种困扰符号，树不幸充当了人们内心困境的临时符号、踪迹与象征，显然，这些象征符号比大神与算命先生的符号还更不靠谱，但似乎人们以为他们的困扰会因为树的消失——消除这一不安的符号——而得到解决。在这部选集中，格致对生活世界中的语言问题、身体与事物的各种符号有着极其敏感的认知与表达，就像她在《第一束花》、《庭院》、《转身》等作品中所描述的，每一种微末的事物与存在都是一种治愈的力量，其中都蕴含着一滴语言的毒液。《转身》这一篇章所描述的正是通过具有精神分析意味的话语促使一个犯罪嫌疑人所发生的命运的"转身"，在暴力将要发生的一刻，受害人在一瞬间机智地扮演了母亲或母性的角色，而将施暴者转化为天真无辜的孩子，她将深藏于个体施暴者心中的主体的双重性向这个人自身揭示出来。与一般的散文或小说叙事不同，格致知道她的力量在于从叙事中提取"语言的毒液"，她总是悄然偏离了故事，转向生活世界自身蕴藏着的语言、符号、表征，将生活世界自身的种种意义契机熔铸在她的语言中。格致的语言总是携带着穿透感性经验与思辨界限的力量，携带着一丝令人战栗的美感，或许是语言的一滴毒液，就像《站立———位病人的疾病治疗史》一文所显现的，在她看似单纯的描写文字中也依然具有雕刻般的手术刀的准确力量。她以极其残酷的方式描写着比巫医更加野蛮的革命时期意识形态化的"科学"治疗方式给一个病人（故事中的主人公"我"）带来的一次比一次更加深重的灾难，揭示了比疾病史更不幸的"治疗史"，通过"疾病治疗史"或受害史的描写映射出一个时代的个人生活与社会生活史；在这个病人身上，他的家庭所享有的社会特权也极其悲剧地转化为特殊的受难。与治疗史的叙述同时，格致也描写着一种现在，即在餐馆里交谈着的这个男子摔倒后一次比一次更加艰难的站立。在这个叙述中，还有另一种站立，是残疾人在心理上站立的努力。格致的语言旨在穿透感觉的不同层次，从认知、情感、心理到生理，似乎她经过了一场痛苦的锻造，格致的语言有着穿透神经的力量，传递着与不同的感觉器官有关的感觉经验。在格致所描写的一种触觉、一种气味、一种声音、一种沉重的躯体重量之间，似乎感觉的每一个层次、每一个领域，都有一种与其他层次与领域相关的渗透手段，构成了对病痛体验的神经性的、令人感受到抽搐和痉挛的感知时刻。这个从巫医到民族医学尤其遭到极不成熟的"科学"治疗史所严重摧残的身体，在格致的语言中产生出一种压迫性的过度在场感，产生了一种类似于歇斯底里式的痛苦效果，让人感知到一种伤害的刻骨铭心。在格致的话语中有一种多重感觉的逻辑，它是理性的也是非理性的，是心智的也是非智力的，在每一个感觉领域中穿过一切其他的感知层次和认知逻辑。

格致的语言是独特的，她从不满足于真切地再现式的语言，她寻求着语言致使世界与感受发生变异的力量，制作着语言的毒液。换句话说，格致的写作探询着噩梦之后最及时的清晨的语言，寻求着语言自身的精神治愈功能。格致的精神分析话语及其书写有着多个层面：除了《替身》等通过具有民俗学意义的故事所进行的文化心理透析，还有在日常生活境遇中对物的话语或物的语言的分析，就像《转身》中对肢体语言及对"楼梯"所蕴含的物的语言的分析，在《利刃的语言》中对卖瓜人的肢体语言尤其是"刀"的语言所做的分析，深刻地揭示了物的语言的社会意义。看来故事服从话语并非发生在格致散文中的安排，也发生在现实社会与日常生活中：人们怎样不得不听命于物的语言，听命于肢体的语言，肢体被延长被强化被金属化被电子化的语言，甚至不得不听命于物的语言的暗示。或许，在格致看来，噩梦般无意识的物的语言之恶的破解依然需要一种被清晰叙述的语言，一种清晨的语言。

在前面已经提及的那篇与疾病有关的精彩而充满身体语言与触觉力量的文章《站立——一位病人的疾病治疗史》里，再次显现了作家对语言的辩证力量、对感觉力度与强度的锻造能力。在这篇文章的开头，格致这样描述来她所心仪的那无处不在的用以解毒的语言："街上传来打板的声音，梆——梆——梆——算命的不吆喝，他们——那些算命先生，用敲击木板的清脆声响将自己的买卖同卖豆腐脑的划清了界限。走街串巷的小贩，从不羞于自己发出的市井之声，他们担子里担的是瓜果、菜、豆腐脑。这些物质的商品，需要语言的有力辅助，而算命先生贩卖的是语言本身。他们将那些待售的语句整齐地码放好了，每句话都标明了价码，然后用一块干净的湿毛巾严严地盖上了。在买主拿出钱币之前，他不能翻动这些语句，要是风吹进来，词语就会风干，甚至会不翼而飞。在困境面前，算命的找到了辅助之物——两块物质的木板。木板能够发出响亮的声音，这神奇的声音不是语言本身，却有着毫不逊色的号召的力量。"这些描述足以显示格致散文叙述话语所具有的独特的精神分析学属性与符号学特性。在这里，格致对传统乡村的社会心态和这一心态在现代社会的变形记进行着一种不动声色地精神分析。算命先生的签、那些先验的语句如果有着应验的力量，一定与普遍存在于人们心中或无意识中的各种各样的神意"符号学"、命运"踪迹"和"象征意识"有关，无论是《替身》里的大神还是《站立》中的算命先生都使用着这一符号系统，它们通过对一种更神秘的存在之暗示而发挥其意义功能，而格致的写作则通过她对生活世界及其无意识的象征界或想象界的广泛的回应能力，对社会心理进行着具有现代意义的精神分析与心理治愈活动。

第一章　小仙的乡村

有个女孩叫小仙

（一）小仙和乌云赛跑

小仙跑得慢，跑得慢她也得跑，因为天上的云在跑。天上的云有两种：一种叫白云；一种叫乌云。白云来了，她不用跑，可以继续跳房子；乌云要是来了，她必须撒腿就跑。跑还不能乱跑，要往自己的家里跑。小仙总是准确地跑回家了，没有跑错过一次，从来没有跑进西院赵玉石他们家的院子。

这时候，小仙跑得快，比开运动会时跑得快。开运动会时小仙总是跑在后面，小丽、小郭还有张丽萍都跑到前面去了。小郭得到了一个磁铁开关的文具盒，她跑了第一；小丽第二，老师给了她一个塑料皮的日记本；张丽萍跑得比小丽慢比小仙快，她是第三名。小仙不用回头就知道，自己身后已经没有谁了。可是老师还是给了小仙奖品，老师说赵小仙坚持到了最后，后面没人追也能跑到终点，这是最难的了，于是给了她一支颜色鲜艳、一头还顶着一块橡皮的铅笔。

小仙就把这支铅笔做了记号，在橡皮那头画上眼睛、鼻子和嘴。小仙没有使用这支铅笔——一个有眼睛有鼻子有嘴的铅笔，小仙是不能用刀切开它的。

要是跟小丽、小郭还有张丽萍一块跑，小仙跑得慢；要是跟天上的乌云一块跑，是乌云跑得慢，小仙跑得快。

　　一到秋天，小仙她妈就忙起来了。她把黄瓜切成片，然后晾晒。这里本没有小仙什么事，可小仙她妈不是只切了一条黄瓜——小仙她妈一清早就切了一篮子黄瓜。现在是把黄瓜切成了片，一片挨着一片平放在了帘子上，黄瓜一下子就变多了。它们把四张大大的帘子都占满了。这四张铺满黄瓜片的帘子又把小仙家的院子给占满了——黄瓜没切的时候那就像羊待在羊圈里，切成片的黄瓜就是羊从羊圈里一下子全跑了出来。它们看上去是那么多，把整个山坡都给占满了。

　　就是这些黄瓜片使小仙跑得越来越快。这回跟运动场上不同，小仙现在是有人追的。那些院子里的黄瓜片已经晒得快要干了，但离小仙她妈的要求还差得远。小仙她妈的目的是把黄瓜片完全彻底地晒干，干到没有一点重量。

　　从西边突然出现了大团的乌云。小仙知道，这些乌云都是故意跟她妈作对的——乌云也是冲着那些黄瓜片来的。她妈拿这些乌云没办法。小仙的办法也不是很好——被动防御不能说是个好办法。乌云怀揣十万个事先做成圆球的水珠，打算偷偷地跑到小仙家院子的上空，对准那些就要干了的黄瓜片丢下那些水珠。

　　乌云的行动是低调的，它们没有打雷，没有发出那种轰隆隆的脚步声——乌云蹑手蹑脚地从西边来了，小仙不用抬头就感觉到了。从看到地上乌云移动的影子，小仙就开始跑。她不能乱跑，要往自己的家里跑。她要在乌云到来前把那些黄瓜片都搬到屋子里去，或盖上塑料布——也许，那些缓缓飘来的乌云是村子里所有被暴晒的蔬菜喊来的。它们本来就不愿意被晒干，被晒干的过程是很疼的。所有的被切成片摆在院子里暴晒的蔬菜都在哭。它们的哭声很小，小到赵小仙听不到。但是，整个一个村子有多少蔬菜被切成了片？它们的哭声汇集在一起，就被天上的乌云听到了。乌云是善良的乌云，乌云的心太软。乌云前来搭救那些被切得面目全非的蔬菜。

世间万物，谁都有天敌。乌云的敌人是那些七八岁的女孩子。她们不用母亲告诉，就知道母亲不喜欢乌云，就知道和乌云对抗，做母亲的战士。她们可真是好孩子啊。要是没有她们，那些蔬菜片，没有多少能最后晒干。

当一块乌云从西边飘过来的时候，小郑屯儿里的女孩儿差不多都在飞跑。并不是只有小仙她妈在清早就切了一篮子黄瓜；小丽她妈还切了一盆子煮熟的土豆；小郭她妈则切了 50 只茄子；张丽萍没有妈啦，她妈早就死了，因此她们家什么也没切，但是张丽萍有姐姐。那个 22 岁的姐姐没有切任何蔬菜，却在清早串了一大串红辣椒，挂在院子里的晒衣绳上。你说她怎么就不着手料理嫁给谁的事情，还死心塌地地串什么辣椒？就算是串辣椒，也要心不在焉才对呀。但是她把红色的辣椒串得可好啦，好到挂在那里，就像一件艺术品。

女孩子在乌云下快跑。从天上看，她们跑得很混乱，不像运动会上，向着一个方向，跑在一条线路上。她们像是一群受惊的鸟，慌不择路，然而这是乌云的看法，是天上的看法。地上的女孩子可没有乱跑，她们都向自己的家里跑，她们跑得都很正确。因为她们的家住在不同的方向，她们就得向着不同的方向跑。她们有的向西；有的向东；有的往南；有的朝北；这就使她们看上去跑得乱七八糟的，真像一群小鸟突然被什么给惊飞了。

村子上空来了一大片乌云，特别像敌人的轰炸机来了。所有在街上游戏的女孩子开始跑，她们跑得又快又混乱。小仙跑在乌云的前面，并且在乌云到来之前把那些黄瓜片都收起来了。当乌云一个一个往小仙家院子里扔它昨天晚上制作的圆形水珠的时候，乌云这才发现，自己还是比地上的小仙晚了一步、慢了一步。

（二）小仙的算术题

小仙爱工作。她为老师薛亚茹工作。薛老师坐在办公桌边织毛衣，小仙坐在桌子的另一头批改同学的作业。她的腿悬着，脚尖够不着地，头刚能从桌子后面露出来。两条胳膊攀住桌面，不注意就会掉下去。那副大人用的桌椅，小仙用起来很不合身。老师把那支红色自来水笔交给小仙，说错一道题扣十分，错一个字扣一分。把错的分数加起来，用一百减，就是作业的成绩。

这是一道加减混合运算题。小仙有32个同学，她面前的作业本就有32个，这样的计算就要32次。小仙刚上一年级，她的算数课本里刚教到十以内的加法。薛老师让每个学生准备十个小木棍，这样在计算的时候，就不用数手指头了。小仙的文具盒里也有这样的小木棍。材质是柳树的树枝，除掉了叶子，又剥掉了皮。小仙的小木棍又白又细腻。就算又白又细腻它们也是小仙的摆设，她算数的时候从来不动它们。她算得又快又准确——小仙的小木棍都摆在脑袋里了。不是十个，差不多是一百个。实际上在小仙的脑袋里被用来进行加法或减法计算的不是小木棍，而是一些叽叽喳喳的小鸡。多亏了那些小鸡，不然她怎么进行那么复杂的计算？

小鸡很早很早就跑进小仙的脑袋里去了。四五岁的时候，小仙的脑袋里就有小鸡了。一开始，小鸡待在鸡蛋里。小仙开始数——1、2、3、4、5……这种状态的小鸡是很好数的，它们都一动不动，老老实实地等着你来数它们。小鸡待在鸡蛋里，就像淘气的小孩睡着了。可是这种好日子不长久，等它们一旦从鸡蛋里走出来，数小鸡的难度就出现了。它们乱跑。它们长腿了，其实它们还长翅膀了。如果它们能飞，那就更麻烦了，那几乎就没法数了。现在，一群小鸡在院子里跑。这个院子是小仙家的院子。小仙家的院子是有围墙的，那是她爸爸砌的。小鸡再能跑，也跑不出院子。小仙数了好几遍，每一遍的数字都不一样。她不知道哪次数的是正确的。

后来，小鸡长大了一些，它们要到院子外面的世界去觅食了。这时候，经过不懈的努力，小仙已经数出了她家小鸡的准确数字。黄昏的时候，小鸡们会回到小仙家的院子里来。这里是它们的出生地，它们是知道要回来的。不往这里回来，它们还能回到哪里去？有的个别小鸡没有回来，成为迷途的小鸡，小仙要去找，找到了带它们回来。那些小鸡，长得一般大，模样也大同小异的。它们是一大群，在黄昏的院子里乱跑。它们都跑了一天了怎么还没跑够呢？那么细的小细腿怎么就不知道累呢？就不能安安静静地站一会等着小仙把它们数完吗？

小鸡们一点也不懂事。它们都长大了也不懂事。它们不知道小仙要数它们。不知道在黄昏的时候数一遍它们的意义。

说不上哪天，小仙家小鸡的数字就会发生变动，少一只或两只。小仙知道，这是它们在觅食的时候——在菜园子里，在墙角下……——被其他大于它们的动物吃掉了。大于小鸡的动物其实也不大，按理它们是不敢在光天化日之下吃掉对人类有益的小鸡的，但是当小鸡走到人家的洞口或藏身的柴草堆旁的时候，那些动物就出手了——送到嘴边的一小块鸡肉，谁还不知道张嘴？非得等到太阳落山吗？有时候不用。运气好的事情总是让人回不过神来。有几只小鸡被人家吃掉了？小仙数完了才知道。她要把伤亡数字报告给正做晚饭的母亲。这是小仙的工作。小仙没上学的时候为母亲工作。她是个爱工作的小孩。用昨天的小鸡数减去今天的小鸡数，得到的就是伤亡的数。这是两位数减两位数，一百以内的减法。小仙没上学的时候就会计算了。她必须会数，必须会计算。也没有人教，她天生就会数小鸡，会计算小鸡的伤亡数字。那些小鸡在院子里乱跑，小仙的算式也就得在院子里摆开。其实，这种计算没有太多用处，小仙包括她母亲，并不能控制小鸡的伤亡。那么多小鸡又不能整天关着，都是散养的。小鸡还是每天放到院子外面去优胜劣汰。母亲和小仙提供一部分食物，小鸡们自己寻找到一部分，这两部分加起来，小鸡就吃饱了。虽然是这样一种接近自然的豢养，但每天数一遍小鸡的个数，掌握小鸡的个数，还是有意义的——这接近几年一次的人口普查。

关键是掌握小鸡的情况。最大的情况就是：小鸡有多少个？最后还是剩下的多。小鸡长得快，等长到大于吃掉它们的动物的时候，小鸡的数量就不再减少了。那些动物，其实都是小动物，它们只能吃一口就吃掉的小鸡，速战速决。等小鸡长到大于一口，它们就没办法了。因为如果不是一口吃掉，剩下的那部分就会挣扎，甚至会拖着它跑，那是很危险的。小仙和她妈养那么多的小鸡，是预留了一小部分给大自然、生物圈的。就像蒙古人喝酒，要从自己的酒杯里分出几滴给天和地，给万物——什么都不是绝对属于自己的。所以小仙还有她妈，知道小鸡减少了，并不难过，也不认为是财产损失。

经过了这样高难度的学前数学教育，上一年级的小仙，手握红色自来水笔，给 32 个同学的作业打分的时候，神态是不慌不忙的。只是她坐在那么大的桌椅里，身体姿势有些紧张。她是不应该坐在那里的，那里是坐大人的。她是小孩，她才 8 岁。

老师是个好老师，她总是留十道算术题。这就使批改作业成为一项简单的劳动。这也等于薛老师留给小仙的 32 道算术题，从一百以内的减法，变成一百以内整数减整数的减法。总是 100 − 10、100 − 20，王彦师的总是 100 − 100，这太好计算了。排除那些 0 的干扰，实际上就是 10 以内的减法。这比她母亲给她的减法题要容易多少啊。那时候，8 岁以前，给小仙的数字是这样的；36 减去 34 或 72 减去 69，这是退位减法，得二年级才能学到。像她的同学，男生王彦师，学到小学毕业，他还是不会计算 72 减去 69。王彦师是男生，他在五六岁的时候，肯定是不爱数小鸡的。他家也是有小鸡的，有小鸡就得有人天天数，一定是他的妹妹在数。

对小仙来说，上学后的算题比上学前简单多了。别的不说，那些写在纸上的数字，它们是一动不动的。它们老老实实等着你计算，算多长时间，它们都等着，不会乱跑——不会一会跑到墙角，一会跑进厨房……那些算术题，横躺在算草纸上，像是死过去了。你给它打上一个√号，它们不知道高兴，更不知感恩；打上一个大 ×，它们也不为自己争辩，就那么沉默着。

《乡村书》2011 年

减法

1

现在，学校与家之间的距离是 4 公里，由 1.5 公里乡村土路和 2.5 公里火车道组成。6 年前我的学校距家不足 30 米。它位于屯子的中心，使每个孩子上学的距离大致上相等。那是一所小学校，房子比民房大大约一倍。一年级在东侧的房间里，二年级在西侧的房间里，中间的小房间是两位老师的办公室。

上下课是用电铃来呼喊的，不是一段铁轨挂在树上，然后由一个老头去敲。这说明我童年的生活环境已被现代文明所浸染，电线已同我的幼年生活扭结在一起。有电就有灯，有了灯，我们的教室就不会太昏暗。我基本上是坐在明亮的教室里开始读书识字的。

我认真观察过那个房檐下的电铃，在它静止的时候，在它大叫的时候。它接近一个乐器。一个手掌大的圆面，一个小铁锤。铁锤敲击它的侧面而不是正面。按下电钮，小锤就以肉眼无法追赶的速度开始原地踏步。每一步都踏响了，每一个响声还没来得及站起就被后面的声响扑倒了。它们一个连着一个，扭成一团，连成一片。其实，它的原理同树枝上挂一块铁，再用铁锤去敲是一样的，只是人力拉大了声音间的距离，给了每一个声音伸展和生长的空间。电铃的声音是那些独立、悠长的声音的有序码放，电使之方向一致，大小相等。金属的悠长的余音在这里是多余的，像懒洋洋的哈欠，它被修减掉了。电将散落的、处于无政府状态的懒散又悠长的声音很好地组织了起来，管理了起来，电说，向右看齐，齐步——跑！

我在明亮的教室里，在切去尾音的规范的电铃声里开始了读书时代。我的同学有27名。二年级读完的时候，我们就从这所离家很近的学校毕业了。三年级要到距家750米的小学接着读。学校在两个自然屯子的中间，这两个自然屯是一个行政大队，相距1.5公里。学校把1.5公里从中间断开，形成两个750米的上学之路。两个屯子的孩子相向而行，各自走过750米，然后在一个操场里混淆。但据我们的目测和步测，学校距另一个屯子要近至少200米。学校的四周是一望无际的水稻田，1500米的中心点不难找到，那么，这200米的误差是有意的。据我的分析，这与我的父亲有关。两个屯子合成一个行政大队，父亲是大队书记，也就是那里的最高行政长官。最高行政长官完全可以决定小学校的位置，也可以决定学校离自己的孩子是远还是近。最后，父亲使新建的学校离自己的孩子远了200米。原因有二：1．另一个屯子大，孩子多；2．大队委员会的其他成员都来自那个村子，他们对父亲有敌意，敌视的原因仅仅是父亲的姓氏。父亲小心谨慎，力争不给他们留出攻击自己的余地。于是，我向前多走的200米，就是父亲在权力上有意后退的距离。

走过这条暗藏着政治的上学之路，我开始了三年级。我的同学有25名。有两名男生没有升入三年级，没有走上这条比另一侧远200米的上学之路。他们是因为严重的智障，与远出的200米无关。一个叫海，生得眉目清秀，头发还是非洲人似的小卷。他经过了两年学习，掌握了1+2=3，但2+1=？他有时算对，有时算错，至于3-1=？，他就从来没算对过一次；另一名叫彦，他的问题在文字上。他上课坐得最直，眼睛睁得最大，写字用得力气最多，但他写的字，一眼看上去，基本上不是汉字，比汉字的笔画要少一些。因为笔画少导致他写的字没能围成方块。他的字比别人的笔画重，笔画黑，划入纸的纤维，像是石刻。他手里的笔画，都是些不老实的家伙，不用力把它们嵌进纸里，它们就会到处乱跑。他机智地抓住了一横，急忙按进纸里，又抓住了一撇，再按下去。他无暇考虑这些笔画的准确位置，只能像抓鱼一样，匆匆丢到竹篓里。他被这些横竖撇捺搞得很累，其状不比他父亲犁地轻松。我们不认识他写的字，我们包括老师认为那都是错字。

他们两个不上学了，不知是被迫还是自愿。那750米又200米的上学道路上的景色他们没有看到：路两旁新栽的杨树，比我的胳臂粗不了多少。它们被春风刮得东倒西歪。叶子打着紧紧的卷，等着风的力量把自己吹开。这些小树的生命从父亲组织召开的一个会议上开始，它们稚嫩的根须从会议的决定移植到泥土里。父亲栽树，在毁林开荒的年代，在植树不算政绩的年代。

2

我的同学数没能在25这个数字上稳定住。一年后，这个数字突然发生了重大变化。

4个都是男生，其中一个善讲故事。他总是以"九九八十一洞，洞洞有妖精"开始他的讲述。他爱闭上眼睛，头也需要摇动，脸上的肉向下坠着。后来我见过一次他的母亲，他跟他的母亲一模一样。他的母亲也爱讲故事。她沉浸在讲述里，往往一讲就是一天。再平常的事，到了她的嘴里，马上就妙趣横生了。善讲故事的女人也有不足，她不善做家务。家里乱，孩子的衣服也洗不干净。她的讲述常在细节上盘桓流连，而洗衣服则简明扼要，袖口衣领被她一笔带过。大队有时也对居民进行卫生检查。她家是不合格的，被挂了黄牌子。她并未因给大家讲了那么多有趣的故事而被原谅，那甚至不是什么优点，而是不良习惯。她的丈夫被所有的男人同情。她常常脸都来不及洗，就开始了讲述，哪怕听众只有一个；还有一个男生功课好，智商高。他是班里几十个学生唯一能在功课上跟我过着的男生。我的智力也许在他之下，但我较他多了一分用功，这样，我们的成绩就十分接近了。他们四个成为减数的原因，是在一个星期日，撬开学校的门，进入教师办公室，偷拿了一位老师放在抽屉里的 5 元钱，又在一位老师的水杯里撒满了尿。七十年代，5 元钱是个不小的数字，它足以使这一事件成为大案。据他们的供词，那 5 元钱被他们全部买了冰棒。共 100 只。他们找到一个金黄的干草垛，围坐成一个封闭的圆，那 100 只冰棒被放在了圆心上。他们说，我们以为能吃完，闷热的夏天，又甜又凉的冰块是最好吃的东西，多少都能吃完。有三个说从未在夏天吃过冰，另一个说 5 岁的时候去城里的亲戚家串门，吃到过一块。每人吃到十只的时候，圆心位置的冰块的减少已经十分缓慢了。剩下 50 只的时候，他们对冰棒的热爱已降到零度以下。剩下的冰棒在他们恐慌的目光的注视下开始了令人绝望的融化，最后成为一摊难看的水。他们惊恐地跑开了，每个人都以最快的速度使自己远离那个正在由固体变成液体的圆心。

这个案子是第三天破的。老师发现了什么样的蛛丝马迹，顺着一条什么样的线索，我不是记不清了而是不知道。那艰难的侦破过程没有公布，我只看到了最后的结局：那天，天气晴朗。云彩呈丝线状，像是被用力拽断了。断开的纤维横在我们的头顶，谁有办法把那些断开的云丝挽结续接？在太阳和残破的云彩的下面，我们被集合在操场上。所有的老师都出来了，包括那位校长。操场上有一个 1 米高的台子。那上面每天都有一位体态婀娜、容貌美丽的女生领操。我的动作也许比她的更准确，但我没有被选去领操。准确不一定优美，她叫李满花。学校的有线喇叭传出了声音，这个声音较平时要高出许多个分贝。校长的激动在高音里不好隐藏。高音命令我们往台上看。我看见李满花舞蹈的地方站着四个男生。他们是吴玉坤、常江、赵光晓、刘辉。他们是我的同班同学。常江个子高站在中间，善讲故事的刘辉矮胖站在一边。他们低着头，垂着肩。我看出他们都在尽可能地收缩自己，缩小自己。他们的罪行是由校长宣布的，校长的声音高亢而激情饱满。大量愤怒的兑入，使校长的声音跑了调。最后，那一杯他们作案时留下的尿被端了出来。校长的声音再次响起：他们想让老师喝尿！这尿应该给谁喝？应不应该让他们自己喝？我们回答：应——该！那杯尿被平均分成了四份。他们对端到嘴边的杯子没有推辞，都接过杯子喝了下去。但他们的泪水就是在接过杯子时流出来的。他们在喝尿的同时开始了哭泣。可能是尿的味道刺激了泪腺，当尿液进入口腔，又辗转找到了食管，然后顺利地流进了胃，他们体内的另一种液体——眼泪，就开始了方向完全相反的奔流。

就在那些天，路两旁的水稻开始扬花了。空气中弥漫着稻花的香味，而我的口腔则弥散着尿的尖锐气味。那四个被罚喝尿的男生都不来上学了，但尿的气味在操场上经久不散。我在有香味的上学路上放慢脚步。路旁的杨树，经过了一年的生长，长出了枝杈，长出了大量的叶子。清风吹过，叶子旋转、拍打，发出哗啦啦的声音。头顶的大雁排着队，树也排着队。每一棵都是另外一棵是否整齐的参照。树看似单独站着，但同距它最远的那一棵、它看不见的1000米以外的另一棵，长在一条直线上。它们是一行树，谁都不是自己。水稻田里的情况同路旁的树相似。先是株距和行距，然后是田埂。在禾苗看来，田埂是无法逾越的高墙。它们横看成行，纵看成列，斜看仍然是直线。它们在这严格的秩序里缓苗、抽叶、迎风招展；在步调一致里扬花、抽穗、灌浆受粉。但风带着花粉偏离了株距和行距，甚至越过了田埂。甲株获得的花粉，不是身旁乙株的，而是200米外从未见过面的丙株的。花粉无法排队，风破坏了秩序，水稻在受粉这一环节上突然陷入混乱。这个季节是水稻的节日。它们不用移动，就与百米之遥的另一株猛地撞到了一块。它说它不喜欢身旁的那一株，它向往远处的正在吐出浓香的一株。它将自己身上最珍贵的芳香颗粒捧出来，交给了风，并期待能被对方接住。我理解了水稻们为什么默默地接受安排，为什么能长久地站在那里安静地生长而没有怨言，它们在等待风的到来，而风是一定会来的！

3

我们的队伍横看成行，纵看成列，斜看也有一条由人体构成的直线。我们消失在一个方形的队伍里。我们努力调整自己的位置，力争把自己完全地隐藏在一条直线里。我们朗读，声音一出口就要排好队；我们做体操，胳膊在空气中停留的秒数是一定的，我们的样板是1米高的方台上的李满花。

方台上的李满花消失的时候，已经是六年级，我们已经15岁了。15岁的身体无风也会招展，月亮的力量推动了我们淤滞的河床。最先融化并开始流淌的是李满花。她的坐椅成了滴水的屋檐，她浅色的裙子被来自体内的红色液体洗染。同桌的男生看见了，全班的同学都看见了。教室里弥漫着血腥味。男生平时多受她的白眼，此时有了报仇的机会。他们骂她是妇女，还说她是小破鞋。李满花哭着回了家，从此不见了。不久，听说她被一个男人领走了，不久，她又被送了回来；过了不久，她又被另一个男人领走了，然后又被送了回来。后来，她嫁不出去了。再后来，她嫁给了一个老实人。她结婚后仍然不停地同也许是陌生的男人跑掉。她逃走的道路似乎总是不太通畅，因为她总是回来。老实人丈夫见她回来就痛打她一顿。不知是她丈夫的拳头过于轻柔还是她的痛感神经发育得不好，总之，她还是不停地跑。她的逃离总像是逃离的演习，她一次又一次的排练，丈夫的拳头没能阻止她甚至不能干扰她。她沉浸在里面，忽略了一切，基本上听不懂丈夫拳头的语言。

当我的道路向前延伸了2.5公里，抵达一所镇中学的时候，我的同学李满花正走在与男人私奔的道路上。她18岁，美丽的脸和宽肩长腿细腰的身材使她的奔走姿态优美而富有力量感。她的希望在脚下的道路上向远方铺展。她的道路有千万条，但她在头一天都不知道自己的明天是向东还是向西，如同不知道明天的风向。她只要知道了方向，那个方向上的道路就立刻在她的心里焕出异彩。她为了快速抵达希望的地方，往往坐上火车、汽车。她道路上的景物在迅速后倒，每一棵树，每一片田，每一条河，都成为推动她向前的力量。几年后，我路过她的家门，她从院子里走出来。我看见了她满脸细碎的皱纹。我惊异于她衰老的速度。我分析了她脸上的皱纹。它们与丈夫的毒打有关，与奔跑路上的风雨有关，与男人的一次次欺骗有关。美丽没能载她抵达幸福的对岸，她被一次次推了回来，搁浅在拼命离开的沙滩上。她不相信了美貌，于是她的脸开始荒芜了。

4

我的道路是4公里长，正东方，由1.5公里乡村土路（我父亲以一条细窄的田埂为基础拓建而成。这也需要由我父亲召开一个大队委员会会议）和2.5公里火车道组成。父亲栽下的杨树已经高大挺拔，枝叶在空中相连。我每天在绿树搭起的棚架下走过，和我一同走过的还有我的10名同学。他们和我一同考入了4公里外的中学。另外10名同学则被考试减掉了。他们或因算错了一道数学题，或因作文的思路没跟老师的思路走上一条道路。

父亲的1.5公里道路是宽阔平坦的，甚至是绿荫如盖鸟语花香的，但走过这1.5公里，我就走出了父亲的势力范围，走到了父亲的权力之外。父亲之外没有人为我们铺下道路。我们走完了父亲的道路后就上了火车的道路。没有火车的时候，我们把枕木当成楼梯；火车来了时，我们就跑到路基两侧仅0.5米宽的路上去走。我们觉得这样的道路也十分有趣。让我觉得这样的道路无趣而恐怖是半年以后。中学一年级二学期刚刚开学，与我同村的10名同学中的两名女生，一边在枕木上走一边说话，她们忘记了走的是火车的道路而不是她们的。一列运煤的火车从身后开过来时，她们还沉浸在热烈的对话里。当火车的尖叫艰难地穿过她们的谈话抵达她们的后背时，火车距他们已不足30米。火车像山一样压过来，一个女孩跑下了路基，而另一个被铁轨绊倒了。她们是向两个不同的方向逃跑。向左的一个摔倒了，向右的一个则顺利地跨过了铁轨。在那一刻，生的方向在右边，左侧则由死神垒起了高墙。

铁道的左侧是一望无际的玉米田，正是灌浆的季节，浓绿的玉米叶子下露出玉米娇嫩的红缨，红缨上生着绒毛，绒毛上沾满了黄色的花粉。玉米在层层叠叠的包裹下开始发育，子粒准备好了空袋子；道路的右侧是一大片小柳树林。那里是一片湿地沼泽，养育着多种水鸟。一条蜿蜒的小河，将柳树林打散成块状。从路基向下看，看到的是柳树的树冠。路基高出地面 10 米，柳树长在我们的脚下。一片一片白亮的水添满了树之间的空隙。成群的水鸟飞起又落下。那是一些野鸭子。它们的蛋比家鸭小得多。蛋上的斑纹使它接近一块石头。家鸭的蛋是透亮的绿色或白色。家鸭知道自己的生命与蛋的关系，知道自己的蛋必须醒目，所以它为蛋选择了最引人注目的颜色，而野鸭则把全部心思用在对蛋的化装上。首先，它缩小了自己的蛋，小的东西更便于藏匿，然后，精心为蛋选择了接近水边鹅卵石的颜色。家鸭用的那种透亮的绿和晶莹的白，它们是想都不敢想的，那也太奢侈了。

5

我的同学剩下了 8 名。我们被分在不同的班级，但我们的道路一致，我们回家的方向一致，我们的家在 4 公里外的同一个点上。半年后，初中二年级的时候，又有 2 名男生离开了学校。我们剩下了 6 个。这两名男生放弃上学的因由是后来知道的：叫文的男生因给同班一个漂亮女生写了一封情书。那出自 17 岁少年之手的情书被 17 岁少女转交给了班主任。班主任视情书为不洁之物。她透过那些羞涩又大胆的文字看到了我的同学文的不洁灵魂。这样的灵魂是濡湿的，晾晒一下十分必要，于是她召开班会，公布了这一事件，并令文当场做检查。据说文站在那里以沉默对抗，事件的女主人公则因立场坚定明辨是非而受到了表扬。班主任号召所有女生向她学习。班会开得很成功，未及散会，同学投向文的目光已经是鄙夷的了。文选择了随着他的父亲下田里干活。农活繁重而枯燥，但泥土和庄稼不知道他的情书，黄牛和犁也不知道，那些水田里蹦跳的青蛙更是不知道。稻田和黑色的泥土在那个闷热的季节，给予了文很多安慰。后来我见过文白胖的儿子，他娶了邻村的一个姑娘；另一个男生叫立。他的成绩不好，似乎也没对女生有什么兴趣。但他可不是等闲之辈。他拉起了一干人马，包括校内和校外。他们同镇上另一伙组织经常展开厮杀。当地派出所拘留过他三次，前两次学校还去保释，第三次就没有耐心了。但他像一个肿瘤，时时地发作，学校决定将他切除。

剩下的6名女生进入了中学三年级。我们16岁，甚至17岁了。6名中的3名突然不上学了。她们没有太充分的理由，有两个小理由：一是数学总是不能及格。无论如何努力，分数总是在60分以下徘徊。设一个未知数的方程还可以应付，设两个未知数的方程就超出了她们的理解能力。她们看似是被代数阻挡了上学的道路。但我认为这只是表面的原因。主要的原因我认为是那些粉色的卫生纸。我们仔细地折叠着那鲜艳而粗糙的卫生纸。中间部分很厚，呈丝巾的形状，但它还是从中间断裂，那是一条奋力修补还要决口的堤坝。我们尽力了。那些丝巾形状的纸条，常常不老老实实地待在它的岗位上，它跑到身前身后，致使我们的裙子或裤子湿透。没有人告诉我们那来自我们体内的红色液体是什么。老师不说，母亲也不说。那是一个谜语，必须由我们自己来猜。我猜的第一个答案是伤口，而且伤在我的肚子里。我焦虑的原因是我没法包扎这个体内的伤口，我的血会流光，然后我就死了。但血液它不慌不忙，也不说什么话，我们还是慢慢地了解了它一些，它跟月亮的性格有些相似。至于它的意义我们还是不知道。她们的思维被代数方程恐吓，身体被劣质卫生纸欺骗。我们觉得木头椅子是那样凉，教室里是那样冷，我们渴望回家。我没有放弃上学，我较我的同学情况要好一些。我成功地驯服了方程。我仍认真地折叠那帮不了我多少忙的卫生纸，徒劳地往决口的堤坝倾倒泥土和石块，我并未绝望。

学校的花坛是圆形的。长在里面的开花植物都是草本。它们在温暖的季节隆重地开放。任何一朵花都毫不犹豫地抬起头，然后哗啦啦地打开所有门窗，让阳光照进来，让风吹进来，让雨水滴进来。它们从来不知道害羞。

6

我还有敏和娟在继续上学。我们下定决心要把中学读完。我们是坚守阵地的最后3个。我们要努力考上高中，然后考上大学，我们要把上学的道路拓展到遥远的地方。我们忍受着不听话的卫生纸，走着染着朱凤珍的血迹的火车枕木。我们3个不是一个班的，但有时能在放学路上相遇。我们一边走，一边说笑，甚至会笑得弯下腰。但我们的眼睛不敢大意，它们在欢笑的同时密切注视着路边信号灯的颜色。红色的灯光下，我们的话语自然而欢快，绿灯闪亮时，再热烈的谈话也会突然中断。我们不用回头，我们知道火车来了，在很远的地方，但我们早早地给它让路。这是它的道路，不是我们的。我们没有道路。我们的道路只有1.5公里。1.5公里是父亲怀抱的直径。在那2.5公里道路上，我们的情绪被信号灯上的颜色左右。

三年级的一学期，娟和敏没能参加期末考试，她们在考试的前一个月一同放弃了上学。

被减数是27的减法，到中学三年级的时候，得数已经是1了。

问题出在我们的道路上。父亲的那1.5公里有树阴有鸟雀的道路没有什么问题；枕木信号灯也没什么责任；粉色卫生纸的干扰也已微弱。问题出在一座桥上。2.5公里火车道实际上是被一条河截断的。一座高架铁桥将断开的道路连接上了。这是日本人修的铁路，也是日本人修的桥。日本人撤离伪满洲国时，炸断了桥。解放军修补了桥，但补的那块钢板薄，我们走在这块铁补丁上，发出砰砰的声响。这段约5米宽的断口，使这座桥有些吓人。桥的一侧有栏杆，有0.5米宽人行道。桥下是河水，桥距水面10米高。我们走在桥上不敢往下看，而是快速跑过去。不能同火车一同过桥，因为桥太窄了，没地方躲。火车经过时，风是那样大，离得太近，会被它吸过去。如果衣襟扣不好，头发长，都十分危险。

桥上的危险是突然出现的。传言被夏季的风托起，在低矮的积雨云下滞留不去。

娟和敏成功地克服了对枕木上血迹和尸体的恐惧，却无法克服对一个站在铁路桥上的裸体男人的恐惧。0.5米的通道实在太窄了，而一个健壮的男人又太宽了。男人用全裸的肉体将娟和敏还有我的上学之路死死地堵住了。

这不是传言而是事实。传言只是将体积小的事实扩大并复制。有人亲眼看见了。

最后，只有我一个人踏上了那条险象环生的上学之路。我们没有父母护送，父母们的孩子太多了，多得敢于把我们放牧到大地上去优胜劣汰。母亲似乎不知道我的上学道路上发生了什么，她几乎足不出户。除了做家务还喜读书，然后就是怀念我的病故的父亲。

让我坚定地迈上那座桥的原因只有一个。我的功课实在是太好了。中学三年级，我已是全学年几百人的第一名，是学校数学竞赛的冠军。我的身后，第二名、第三，甚至第五名都是男生。他们是多么想超过我。在家里，父母重男轻女，弟弟是宝，我是草。我的怨恨积压在心里，然后发泄在我的那些无辜的男同学身上。我死死地占据着第一的位置，将所有的男生压在第二名以下，垄断着几乎所有老师的宠爱。在那所中学，我的名字是与日月同辉的，以至于新调来的老师上第一节课，第一句话是，哪位同学是格致？离开学校，如同禾苗离开泥土，我的生命是在学校里找到适合我的土壤的。我宁死也不会放弃上学，虽然我没收到一封情书，但我宁死在上学的路上。

以27为被减数的运算，最后的得数是1还是0，取决于那桥上的男人是想吃了我还是破坏我。

一连几天，我都安全地过了那桥，没有碰上火车也没有遭遇裸体男人。我开始怀疑这件事，甚至想去告诉娟和敏，没有那么回事，看我不是完好无损？

与裸体男人遭遇在桥上是一周以后，就要考高中了，放学很晚，往往走出校门，一步就踏进了黑夜。天上闪着星光，地上闪着灯光，在星光与灯光的空白地带，黑夜在流淌，缓缓填满那些空隙。

天黑透了，河水似乎能够反光，桥上不是黑色而是灰色。低着头走路是我少年时代的习惯，这致使我看见他时，几乎走到了人家的眼皮底下。

我从未见过全裸的男人，只见过田里劳动的男人光着上半身。我看他们下半身的裤子也不是很凉快的布料，但谁也没有脱下去。顶多挽起了裤腿。男人腰部是个必须遮挡的部位。只要遮住了那一块，风的走向就不会发生逆转，风就会轻轻地吹。我在医院的墙上看到过男人的骨架。在被裤子死死挡住的地方，我看见了一块形状复杂的骨头。它叫盆骨。可盆里盛装的东西不知哪里去了。在墙上，那个盆可是空空的。男人的盆骨呈一个倾覆的角度。这种角度无法使任何物什停留，它们被倾倒下去了。也许被打入了地狱，至少是被打入了黑夜。墙上的骨架被阳光照耀着，光线甚至照亮了盆骨的底。光线把里边打扫得干干净净。阳光认为这是个罪恶的盆子。阳光用有力的手把它掀翻了。

我猛然抬头，目光水平落到了他盆骨的位置。我看见那个被倒空的盆子里装满了物什。他一定是趁着天黑自己偷偷装满的。那盆里杂乱无章，草丛中的一条蛇，正在缓慢地抬起它的头。我开始向后退，而我的身后是铁轨。一列装满原木的火车在 100 米外拉响了汽笛。不远处信号灯的红光骤然熄灭，绿灯亮了！

身后是钢铁的火车，碾碎过我的同学朱凤珍的火车，前边是捧着她的全部所有的陌生男人。我一时不知道应该更怕哪一个。娟和敏还有我们的父母是怕男人的。火车在一个裸体男人面前已经渺小了。他们认为，火车只能碾碎孩子的肉体，却不能掠夺女孩的贞洁。男人是冲着贞洁去的，而火车是直指生命。虽然火车拿走的更多、更彻底，但我们还有我们的父母都认为在贞洁面前，生命很渺小。生命是从属于贞洁的。一个女孩的贞洁被拿走了，单单留下她的生命是个恶作剧。所以我们不怕火车，我们怕男人，所以我的身体退向火车，但那个男人的观点显然与我、我们的不同。他用行动对我的思维进行了彻底的修改：他向前迈了一步，伸手抓住了我的书包带，然后将我拖下路基。火车轰隆隆地从我们的身后开过去了。我一直清醒着，没有失去知觉。我倒是希望一昏迷了事，什么都与我无关。可要是清醒着，就得作决定，就得想怎么办。可谁知道应该怎么办？这可比代数难过许多倍。

火车的最后一节车厢扭动着走远了，他松开了手。我如一只惊吓过度的鸟，绑在腿上的线松开了，也不知道飞了。他见我站在他的面前不动，就示意我仔细看一看他的身体。他忽略掉身体的其他部位，要我重点看他的盆骨的位置。他用手托住自己，以便使我在暗淡的月光下看得尽可能清晰。他很高大健壮，我刚及他的腰，我不用抬头也不用低头，只要我不闭上眼睛，他执著呈献的东西就在我的眼前。我的目光适应了他的肉体之后，恐惧锐减。我只觉得难看。但这些我认为难看的东西，却是他从地狱里一一拣回的心爱之物。他认为它们太珍贵了，太美了，他不忍把这么美的东西掩藏起来，他想让大家看看，尤其让女人或者女孩看看。他认为这是世界的重要组成部分，不应该永久地囚禁它。它是一棵树，一座山，它是一片田野，一条河。我转身跑了。我跑得很快。书包很重，那里边装着数学、物理、化学，语文、地理、历史、政治，它们使我的奔跑速度大大减慢。一口气跑下桥，发觉他并没有追上来，但我听见了他的笑声。他的笑在追赶我。他的笑十分古怪。我从未听过这样的笑声。他的笑不加任何修饰，如他的不着寸缕的肉体。他的笑在黑暗里蹿行，也没穿衣服。衣着华丽，举止优雅的笑，一般在阳光下慢慢地展开。

7

24小时后，我又走过了那座桥。四周一片漆黑。所有的东西都在发出声响。桥下河岸上的柳树林发出呜呜的哨音，玉米叶子的哗哗啦啦的声音已连成一片。我害怕，每天都害怕。路上一人都没有，我希望能在桥上遇到那个男人，穿不穿衣服都行。我已经知道他确是一个人而不是一个穿着干净的白衣服的鬼魂。他能使我在桥上的那段路不害怕深不可测的黑夜中的树林。我走上了铁桥，暗淡的星光下，我看见比黑暗更黑的他站在桥的中间。我向他走过去，我从他的身边走过去，他一动不动，靠在栏杆上。我听见桥下河水流淌的声音，水声盖住了我的脚步声。下了桥水声还一直响在我的身后。接下来的路，我已经不害怕黑糊糊的田野，眼前出现我的后座叫勇的男生的一双眼睛。这双眼睛一直跟着我走进了家门。当我走到家的灯光下，一直在黑暗中闪亮的勇的眼睛就熄灭了。但我知道，我可以随时将它点亮。

8

几天后，站在铁桥上，站在哗哗的水声之上的男人被公安抓了去。听说他被打得遍体鳞伤，然后被强行穿上了衣服。在打他时，他没有反抗，只是护住自己的盆子，而自己的头则放到那些坚硬的皮鞋的围攻里。他认为盆里的东西比头更重要，也比头易碎。它们是一些玻璃杯，里边装满了稍一倾斜都要流淌的稚嫩的生命。它们不但易碎而且极容易掉落。在给他穿衣服时，遭到了他的反抗，但他已受伤，又没什么力气了，因此他的反抗十分徒劳。

9

几个月后，我竟在一个阳光明媚的上午，看见了他穿着衣服的样子。

短短几个月，小镇就抓捕了一大批犯罪分子，凑够了开一个公审大会的人数。这个裸露男人的抓获，使计划中的公审大会的人数进一步接近那个规定的数目。我数了一下，共有五辆大卡车，每辆车上都有5个被绳子捆住的人。他们每个人身边有两个公安。公安一左一右，牢牢地抓着被绳子捆得结结实实的犯人。公安的神态绝对是对绳子十分地不放心。公安也在证明，使这些不老实、干坏事，扰乱社会治安、危害人民生命的犯罪分子变得如此老实的不是那条粗硬的麻绳，而是从公安制服里伸出的手。

　　我们在操场上站好了队。我们有上千人，充满一个大操场并不难。犯罪分子的车还没有开进来，会场的气氛已被我们的人数烘托了出来。其实，我并不知道那个我认识的男人也在其中。只是在宣读他的罪行的时候提到了他作案的铁桥，于是我把目光集中在他的身上。他的胸前挂着一个大牌子，上面写着他的名字，名字的下边三个十分大的毛笔字：流氓犯。字写得足够大，但字迹十分难看。只是笔画不少而已。也许写字的人认为不应该把一个罪行的名字写得端正好看。罪犯都是些不在秩序里好好站立的家伙，那么给予这个罪行的名字也不配太工整。

　　他看上去十分难看：没有了头发的遮挡，脸被阳光直射。脸上的汗水正缓缓地冲开尘土和血痂。他穿着黑或蓝色的衣裳，一个衣袋脱了线，垂下来。捆在身上的绳子把破旧的衣服弄得褶皱不堪。他穿衣服的样子真是太难看了。在桥上，我只是感到害怕，不觉得他丑陋；在这里，在阳光下，在卡车上，在一件衣服的包裹里，在流氓罪的后边，我看见了他的丑陋，脏，他像一堆垃圾。

　　他被判了5年徒刑。有一辆车上5人都是死刑。宣判会后，他们就被减掉了。为了减掉他们，搞了这样一个隆重的仪式。我不知道他们是从哪个数里被减去的。那个数字是几？

　　我无意间看了一下天空，正看到一排大雁飞过。它们掠过我的头顶，向南去了。不久之后，这里的气温将降到0度以下。我们不仅要穿衣服，而且要穿棉衣服。这是秋天，我常听屯子里的老人说，最好自己能在秋天里死去，因为秋天的尸体不会变臭，会在一天比一天凉爽的环境下一点一点地从容地被泥土吃掉。秋天是个赴死的好季节。

10

　　又几个月后，我毕业了。以全学年第一的成绩考入了一所师范学校。

我放弃了上高中，虽然我的成绩高出重点中学几十分。我妈说砸锅卖铁供我上大学。上大学就必须砸掉我们家的饭锅，那这个大学我还要不要上？我认为饭锅是最重要的，我要保住我们家的饭锅，于是我去了那所百里之外的师范学校报到。这所学校免费，可以不带一分钱，但我带了我的衣服，还带了我的户口。我的户口被我从父母的泥土里用力拔出，寻到了新的落脚的地方。我的书里需要演算的已不是减法加法、乘法除法这样简单的算题，我的计算越来越复杂。那些算题，往往先告诉我结果，然后让我找到通向这一目的地的道路，也就是我不需要思考往哪里去。为了能够抵达，我铺设虚假的桥梁，然后在不存在的正确道路上通过。

《人民文学》2004 年 10 期

红花　白花

父亲留给我的是几个片段。在中学的那些命题作文里，我已经把父亲的片段写得所剩无几。现在，我剩下了最后一个。在最后一个里，父亲呈一盒骨灰的形状。当父亲由一个人变成一盒灰尘的时候，我不知道要为这种形态的变化而哭泣。我沉浸在三年一班的一个舞蹈节目里。那个舞蹈由 6 个女生来跳。商老师挑选了我。我们三个一组：两组分别从舞台的两边一起往舞台的中间跑，跑到中间我们会合，然后我们用身体编织成很多图形。我们的跑不是普通的跑，那是舞蹈的跑。胳膊和腿的动作已经跟舞台下的跑拉开了很大距离。如果谁在舞台下那样跑就是精神病了。我是右侧那组的第一个。我要掌握速度、节奏，与对面跑来的一组会和——我是右侧那一组的旗帜。因此我在那个舞蹈里的位置是很重要的。

我们在商老师的指导下已经排练了一个多月。我们的每一个动作都达到了商老师的要求。为了万无一失，商老师还把一个班的二十几张课桌拼在一起，为我们搭起了一个舞台。我们一直是在地上跳舞的，而演出的那天，是在高高的舞台上。我们都没有上过高处的舞台，因此商老师怕我们害怕，于是她利用课桌为我们搭建了一个。我们在这个舞台上又跳了好几次，直到对高于地面的舞台适应了为止。我记得那些木桌在我们的脚下被踩踏得发出咚咚咚——的声音。木桌下是空的，我们的脚就像12个鼓槌在不停地敲——有了这些声音，我们都不需要伴奏了。

商老师是下乡知青，她给我们弄到了北京的小学课本，还教我们唱最新的歌。她编的舞蹈也好，这样我们的舞蹈就被选中参加公社的一个会演。一个公社有十多个小学。每个学校都拿出一两个节目来参加会演。我们的舞蹈节目是代表学校的。

到了那天，早上我醒来，睁开眼睛赫然看见就在我身边的火炕上，有一大堆扎好的小白花。白花很小，只有我的拳头那么大。我还看见，在那堆纸花的那边，坐着好多人，她们是我们家的邻居或亲戚。她们的手还在工作，纸花还在继续增多。我们家为什么需要这么多白色的纸花？它们的数量多得快要把我淹没了。我没看见母亲在哪里，也没看见家里的任何人。我早晨醒过来就看见了邻居的女眷们坐在我家的火炕上在扎纸花。她们围坐在那里，只有手在动，没有人说话——屋子里静得像一个默片。

那堆白花让我惊骇了一下。如果是一朵，两朵，我不会惊骇。它们是上百朵，集合在一起。它们已经团结得很有力量了。我是一睁开眼睛就看见这些白花的，它们离我睡觉的位置是那么近，我在穿衣服的时候，甚至都碰到了。

那么多白花一起来到我的家里，来到我的视野里，它们不可能不侵略我，只是在一开始，我还不知道它们将用什么方式袭击我。虽然它们在那里一动不动，但我已经隐隐感到它们的攻击性。我快速穿好衣服，不洗脸，不吃饭，我要去学校。虽然那堆白花给了我一个惊吓，但是我还是按照原来的计划，按照商老师的计划——我不认为那堆白花有力量改写我的今天。它们怎么拦得住我？我从那堆白花边走过去，从低头不语的扎花人身边走过去。我来到厨房。厨房都是水蒸气，那里面也有很多人。我想母亲应该就在那些白云一样的水汽里。我看不见她，她也看不见我——我的母亲也被大团的白色围困住了，她出不来；母亲没有学校，没有一个要演的舞蹈等着她，因此她出不来。我从厨房走过去，来到院子里。院子里还有很多人，都是男人。他们都不说话，默默地干什么或站着。我没有受到阻拦。在从屋子里到大门口的道路上，我没有看见我们家的任何一个人。我顺利地来到了大门口，除了那堆白花没有遇到什么障碍。

那天是星期日，学校里看不见什么人。走进三年一班教室的时候，发现我还是来晚了。那个6人舞蹈的其他5人都已经到了，并且已经画好了妆：每人的头上戴着一朵硕大的红花，那红花有向日葵那么大。

那样的红花一共有6朵。两天前，在最后一次排练的时候，商老师已经把那红花给我们戴过一次了。那一次戴的时间也不长，等我们的舞蹈一完，就被摘下来收在一个纸盒子里。商老师怕我们碰坏了。那花是纸做的。纸做的花太爱坏啦。我们也愿意让老师把那花保存起来。我们谁都不愿意那花在正式演出之前有一点的破损。我们都珍爱那朵红花。那么大的花平时是不能戴在头上的，只有舞蹈的时候可以。而舞蹈仅仅是生活里的一个瞬间。我们都珍惜那个可以戴着红花的瞬间。我们只是6个，而有多少个女孩没有这个瞬间。我们班就有二十多个女生，她们没有被选中——她们没有红花，没有瞬间。

我进门就看见老师身边桌子上有一朵孤零零的红花，那朵红花是我的。除了商老师在等着我之外，还有这朵红花也在等着我。我的那5个同学顶着5朵大红花，像顶着5盏红灯，我觉得教室都被照亮了。我现在仍记得商老师在那个早上看见我时说的一句话，她说：我就担心你来不了，然后她呼出一口长气。她一边把这句我记了三十年的话说出来，一边开始给我化妆：她化得很快，先往我的脸上打一层粉；再把脸蛋和唇涂红；然后把眉毛和眼睛涂黑，基本就化完了。我记得她把我的脸弄好了后，向后退一步，歪着头看了看，最后，她转身把桌子上那朵大红花系在了我的头顶上。

我们的舞蹈是很热烈的舞蹈。为了防止我们的红花在跳跃的时候掉下去，商老师把红花下面的线绳与我们的头发捆在了一起。这样无论我们跳多高，怎样拼命地晃动我们的头，那花都是牢固的。只要我们的头发不掉下来，只要我们的头不掉下来，那红花就掉不下来。

教室里没有镜子，但是我不用看镜子就看见自己是什么样子了。我们6个女生，已经是一样的了——看见了她们我就看见了自己。

到那朵大红花被戴在我的头顶，商老师的所有准备工作就做完了。接下来我们应该出发了。我们的学校离会演的公社礼堂相距4公里。我们得走过去。我觉得当时应该是六点半左右，走一个小时，7点半我们应该能到了。稍休息，到8点，那会演就应该开始了。

我们已经从教室里走出来了，我记得是在操场上看见我姐姐的。我的姐姐比我大7岁，那她就已经十七八岁了，跟我们的商老师年龄相仿。我记得姐姐没说话，她抓住我的胳膊，另一只手拽掉了我头上的红花，扔在地上。我头上的红花是很牢固的，但是再牢固它也打不过一只手——姐姐的手又愤怒又悲伤。这样的手是比平常的手有力量的。姐姐的手在一瞬间就摧毁了商老师的所有防御，红花带着我的几丝头发飘落在了地上。这时，我的头发没有了束缚突然散开了，早春的风立刻就吹过来了。我的头发在风里混乱得不成样子。我的那些头发，原来跟那朵红花都是一伙的，它们在风里像是伸出了很多只黑色的手。但是手再多，也抓不到那朵落在地上的红花了——花是不能落到地上的，花一旦落地就死了，谁也救不活。姐姐不说话。姐姐用手说话。她的话就那么有力气。商老师不敢说话。商老师的手现在毫无用处。她的手忙了一个早上了，建设了一个早上，现在，商老师的手累了，她再也没有力气建设什么了。

姐姐的手没有遭到任何阻挡，她拽掉了红花后，再用衣袖擦我脸上的红色。她擦得是那么不小心，我的脸和嘴唇在她粗暴的抹擦下是那么疼痛。

我的哭声早就响起来了。在那个早上，命运安排我必须哭，我躲都躲不开。姐姐用有力的手把我身上的红色都去除干净后，拽着我的一条胳膊把我往家里拖。我一定是不愿意回家的，我一定是把力气都用在了回家的反方向上。但是姐姐比我大得太多了，她太有力气了，她高中都毕业了。我怎么是她的对手。姐姐的手是那么有力，我的反抗是那么不起作用。

我一路反抗着哭着。家里的情况跟我走时是一样的，还是那么多的人。我一路被姐姐拉回来了。我是什么时候开始哭泣的？应该是头上的那朵红花被揪掉扔在地上的时候。我的哭一直在持续，到家院子里的时候还没能结束。我们家的那个早上太安静了，所有的人都不说话，所有的话都是那么低。当我被姐姐拖拽着来到这个安静的院子里的时候，我就听到了我自己的哭声。我的声音是那么大，成为那个早上我们家唯一的声音。但是，那院子里所有的人，所有的听到了我的哭声的人，都认为我是在哭我的父亲。只有我知道我在哭什么？只有姐姐知道我在哭什么。但是姐姐什么也不说，她只负责把我从一个错误的位置上纠正过来。姐姐是我的命运派来的。他们是一伙的。命运那坏家伙看见我不听他的，就及时地派姐姐来了。如果她晚来几分钟，我们就走了，我就能走到命运之外。可是这样的事是不会发生的，不然谁还怕命运那东西。他可怕就可怕在他在该来的时候一定会来，不会迟到。

我试图从父亲的葬礼上逃走，但是我失败了。我像一个越狱失败的囚犯，我将面临更长的刑期。

母亲端给我一碗饭。在那个有蓝边的瓷碗里，有一半大米饭，一半豆腐。那天的碗一定不够用了。母亲一定是听到了我的哭声，不然，在那么多人的家里，母亲是怎么知道我在哪一个角落？我饿了。这个早上，从我睁开眼睛看到白花开始，我消耗了很多力气。到我哭泣的时候，我已经不剩多少力气了。我哭了一路，在院子里还在哭，我找到一个角落坐下来继续哭。那个6个人的舞蹈，剩下5个人应该怎么跳呢？那是个由6为基数构成的一系列动作、造型，5怎么来完成？缺一不可，是什么意思？6是双数，6好搭配。6完整。6多好。5是单数，单数在变化队形的时候就会出现缺口。那样有缺口的舞蹈是不好看的，是可笑的。在排练的时候，老师没安排替补队员，我们一个萝卜一个坑。在所有的排练时刻，我们都是一个都不少的，只有到了会演的这天，我出了意外。
我使那个已经完美的舞蹈出现了一个巨大的缺口。

《中国教育报》2010 年

庭院

一、这是一个失败的魔术

它是一只洁白的碗，容积大到可以在里面清洗一小捆青菜。洁白和硕大都不能弥补它的欠缺。它没有自己的四肢，没有行走的脚。它更像一颗头颅，由护士的双手捧着，经过厨房湿透的地面，经过积着残雪的后院，经过残雪中的那堆碎煤，上四十多级楼梯，右转三次，放到我床边的时候，那碗汤上的热气已经很软，软到像孩子哭到筋疲力尽。

推开门，我就来到了后院。残雪在墙根，碎煤堆上的缺口很大。医院厨房的门半开着，水泥地上是浅薄的水。水桶红色，里边伸出几只白条鸡金黄色的脚。鸡脚有七八个，痉挛般地举着，像是一个现代舞的动作。一条鲤鱼在地上，怒目圆睁，看样子是死了。张开的嘴收不回去。死前它曾大声地呼喊过？不是饭口时间，这里还有人来，但我听到空旷的屋子里有众多生命挣扎的声音纠缠着。我不能在这里停留，我被规定不停地走。医生让我用行走的方式摇晃我自己的肚子。肚子里李礼的孩子头冲着天空，与所有枝头悬挂的果子的方向相反。医生说这个姿势是错误的。医生说他得自转180度，让自己的头跟大地成直角，摆好一个向大地俯冲的标准姿势。我说这个他做不到啊！他在一个混沌里，那里没有上下，没有天地。他不知道人间的果子的头都朝着什么方向。他无法向什么学习。他不知道自己错了，他想用脚着陆，像个伞兵似的，拽着水母一样的降落伞，飘飘荡荡地用脚着陆。医生说，没有人能用这种姿势降生。他必须用头颅打开道路。一开始，我们都没有天空，没有氧气，我们是从泥土里生生挣扎出来的。只有头能撞开泥土，只有头能打开道路，脚不能。

第二天，我终止了这种楼上楼下、楼前楼后的行走。我认为这种方法过于轻柔。轻柔不适合我。轻柔不适合我肚子里姿势严重错误的孩子。轻摇一只钟表，指针是不会大幅度转动的，得用力量拨动指针。我建议医生从外面打开一个出口，然后伸进去一双手，对困在里面、无力改正错误的孩子进行一个有力的接应。医生说胎音很正常，胎盘等级还是 I，他有充足的时间看到并改正自己的错误。我说不行，关键是他不知道自己错了。他一开始就被摆放反了，是那双手的错误。他需要救援。给他的逃生工具放错了位置，这是一个失败的魔术。

电灯吊在高高的顶棚上，光芒四射。母亲把它拉灭，在手心里点燃半支蜡烛。放在桌子上。孵蛋的母鸡用叫声和脸色表达不满，它对母亲伸到它腹下取蛋的手又生气又无奈。但它没有太过激的行为。母亲把拿出来的鸡蛋在烛光那里照了照就又放了回去。被放回去的蛋是里面已经有了一只小鸡的蛋，而留在了桌子上的蛋是石蛋。石蛋里面没有小鸡。没有小鸡的蛋就像石头。像石头的蛋很少，因此，警惕的母鸡没有察觉它的蛋少了一两个。它大致数了数，就又趴下了。我把这两种蛋凑近那只蜡烛的光，像母亲那样把蛋置于我和烛光的中间，这时我就看见了鸡蛋的里面。那里面一头是空的，看上去很亮，这亮的部分是一只鸡蛋里面的天空。天空下面是暗影，暗影是鸡蛋里面的海洋。海洋里面满满的，海洋里面有一只抱成一个团的小鸡。这只小鸡的身体，把海洋的海平面弄出了起伏，很大的起伏，像是卷起了一个大浪。石蛋里面也有天空，下面也有海洋，但是，不同的是，这个海洋里没有小鸡，没有生命，因此，这里的海平面是一条水平的线，上面没有起伏，没有生命卷起浪花。原来，判断一只鸡蛋是死的还是活的，是这样容易，这样清楚。生命它不躲藏，它要从背景里凸显出来，它生怕别人看不见，看不清。28天后，窝里的十几或二十几个蛋都摇动了起来。小鸡从里向外敲击蛋壳，嘟嘟嘟——它们在用力开门开窗。等窗子打开，它们的声音传出来——嗳嗳嗳。我是母亲的小助手，往碟子里放小米放水。它们一出来就会吃米粒。我一次次目睹它们从全封闭又没有任何缝隙接口的蛋壳里一点一点地爬出来，为我表演逃生魔术。给它们的逃生工具是一样的——头上的喙。喙长在身体的最上端最前端。喙在前面，柔软的身体跟在后面。可是我一回头，看见窝里还有一枚蛋。它一动不动，一声不吭。没有一丝生命挣扎的迹象。但我知道这样的蛋里也是有一只小鸡的。这枚不动的蛋，我想它的时辰还没有到来。它的逃生工具还没有被放进去，或者它还不会使用。这需要等待。我妈说不是的，它的喙够不到蛋壳。它的逃生工具放错了位置。这枚蛋是个失败的魔术。我以为这只倒霉的小鸡就完了。接下来母亲用了一个简单的办法把小鸡拯救了出来。母亲的工具是一把锥子。锥子是救援的工具，形状接近一个坚硬的喙。锥子比喙清醒。比喙行动方便。比喙坚硬比喙果断。锥子是金属。母亲用锥子在蛋壳外凿出一个洞，再扩大到能伸进去两个手指。母亲的手指在里面紧张地工作，展开搜救。最后在一只翅膀的下面找到了那把工具。母亲拽住它把小鸡的头拉了出来。我看见它的颈扭了几道弯。原来是小鸡长得太大了，占满了所有空间，喙被紧紧夹住，无法挥舞。母亲把它的下半身仍留在蛋壳里，让它自己蹬掉。我看见它一出来就睁开了眼睛，并不发出哭声。

二、我认识小鸡身上所有的骨头

孩子睡在位于我头部的一张小床里，并不发出哭声。他的身体与我的身体被摆成了丁字。他是那一横，我是竖钩。他堵死了我的去路。他的哭声沙哑，往低里走。护士小辉把他从医生手里接过来，走向手术室墙边的一个小台秤。那里应该还有一盆温水。一个我们带来的小被子。被子是姐姐做的，蓝地上有排成队的斑马燕鱼。小辉从手术台向那盆温水、秤、小棉被走过去时，在我头部位置停了几秒。她俯下身让我看一眼我的孩子。小辉是左手托着头，右手抓着孩子的两只脚，从我的左侧走过，这样我就先看见了他的脚、腿、生殖器。

小辉说，男孩儿。

这是我第三次知道他是个男孩儿，第一次看见他是个男孩。这一次看见也证明了那两次的判断都是准确的。科学仪器是准确的，那支在我手腕上摆动的铅笔是准确的。我的一根头发，从铅笔上端的橡皮里穿过去。铅笔悬在我的头发下，悬在我手腕的脉膊上。铅笔开始摆动。开始，铅笔的摆动是慌乱的。后来，铅笔安下心来。只从胳膊向指尖这个方向折返，心无旁骛。其实铅笔是个木偶，它的摆动轨迹受控于我的血液。我的血液规定它要沿着这个方向摆动。这是一个男孩的摆动。他在我的身体里，刚一个月大。但他已经控制了我全身的血液，并通过血液控制了我身体外一根铅笔的运动轨迹。

从那个中午，在同事薛果果的帮助下，证明了我身体里一个男孩的存在之后，我开始吃肉。吃各种肉。我想我得给他运输整车的动物蛋白了。在这之前，我是不吃肉的，我只吃碱性食物，也就是素食。我把自己从头到脚、从里到外，用碱水浸泡。我要保住性急而短命的 Y 精子。我选择 Y 精子。我在食物上做手脚，在洗澡液上计算碱的百分比。我杀掉所有的 X 精子。我用一个可靠的公式演算出我的排卵期，然后制定李礼的时间表。我要求李礼像上中学时一样，听到铃声准时跑到自己的位置上坐好，然后专心致志。在这件事上，他十分合作。他们家三代单传，列祖列宗都眼巴巴地看着他呢。

这么重大的一件事，李礼无法把信任建立在一支在我的手腕上晃动的铅笔上，他要眼睁睁地看见。6 个月大的时候，他就迫不及待地把我带进了Ｂ超室。Ｂ超室的医生是他战友的家属。她对他说，男孩儿。看得很清楚。胎儿正好脸朝外。

晃动的铅笔反复说：男孩儿！
Ｂ超医生对李礼笑着说：男孩儿！
小辉在无影灯下小声对我说：男孩儿！

汤碗白色，白得寂静。它的容积大到让我意外，完全可以在里面清洗一小捆青菜。我的眼睛一穿透麻醉剂的雾霭就闪闪发光。它们像是两只新生的眼睛，像是什么也没见识过的眼睛，它们开始了对这个世界的重新认读：汤碗白色，白得寂静；正对着我的是窗子，那么门在我的身后；窗帘是蓝色的，垂在一侧；窗台上一瓶假花，有五朵永不凋谢的玫瑰；墙边一个黄色的衣柜，门紧关着。一只苍蝇在房间的正中间最开阔的地带飞翔，我想不出它做那种轨迹复杂的飞翔的意义。我对目力所及的一切都忽然有了注视的热情。在403室，除了高频率震动翅膀的苍蝇，一直在动的是姐姐的手。她扬起一勺汤，又扬起一勺汤。汤里的热像一群小昆虫，它们惊慌地躲避着姐姐的汤勺。它们一边向开阔的空中逃逸，一边还组成了一个惊悚的图形。在这个图形的下面，我发现姐姐的动作发生了变化，她的勺逐渐向汤的深处勘探，并打捞上来一些固体物质。

最先被汤勺托出水面的是块鱼骨。它斜卧在那把凹度很浅的白钢勺里，随时可能滑落回去。鱼骨像个精致但残损的梳子。这样细小的梳子该梳什么样的头发呢？我的一定不行，我的梳子很大，形状接近于农具。在我把鱼骨与我的梳子做比较的时候，姐姐已经作完了对鱼骨的鉴定，她说这是草鱼的脊骨。姐姐家里有一个面积不小的鱼塘。里面养着鲤鱼、草鱼、鲢鱼。她熟悉她饲养的这几种鱼以及它们的骨头。姐姐说完了那句结论，手一倾斜，鱼骨就滑入下面琥珀色的汤里。再次被汤勺托出水面的是一块鸡骨头。没等姐姐说话，我就说出了这块骨头在鸡身上的具体位置以及这块骨头的名字——鸡锁。

我熟悉小鸡身上所有的骨头。

我熟悉我们家的院子。

房子是父母亲手盖的。建筑材料是木头、泥土和金黄的稻草。我出生时，这所房子至少已经存在了十多年。我睁开眼睛看到的房子，已经修缮过。墙上已经有了红色的砖。从我家或关或开的窗子看出去，我就看到了我家的院子。院子很大，长方形。冬天可以浇一个冰场。可以在上面完成一个基本的滑翔。院子再往外是菜地，面积是院子的几倍。菜地的外面就是大街了，就是外面了。从房门出来，经过院子，经过菜地，才能走到外面的大道上。这条通向外面大道的出路是笔直的，正对户门的。我家院子里的道路和外面的大道也形成一个丁字。我们家是竖钩。如果向后，顶多是退到家里，再往后是没有后退余地的。据说我们家这条出路原来是开在旁侧的，后来，在我出生前就被父亲修改了。我认为，我父亲对这条道路的修改是必须正确的。因为那不是一条普通的路，那是一条重要的路，它的走向寓意深远。它的走向指向父母的人生观、世界观。那是父母面对外面世界的姿态和表情。这条路的走向，直接规定了我面对外面的姿态和表情。我一打开家门就直接与外面的大路接通了。院子里的空气与外面的空气直接对流。从家里出来，到外面的大路上去，是不需转弯的。父母走的是直线。父母的世界观也是我们的。我们会走路后，从家门里一出来，不用转弯就走到大路上去了。我们也走直线。我无数次地走过这条直线，直线就渗透到我的血液里，随着我的年龄身高，随着被我摄入的钙质，长进我的骨头深处去了。

我们家的房子三间。西屋是万字火炕。西墙下是黄色的箱子。上面两面小圆镜、一台很大的收音机、一只座钟。墙上挂着镜框，里面是黑白照片。父母和幼小的孩子住西屋，东屋住长大的哥哥姐姐。这样西屋是幼儿园，东屋是中学生宿舍。中间屋子是厨房。灶台是水泥的。铁锅是韩式的。

概括归纳起来我们家是这样组成的：房子。院子。菜地。果树。人。家畜家禽。这里什么都有了：院子里的鸡鸭猪狗等，是我们家的畜牧业；

菜地里的蔬菜、玉米等，这是我们家的农业；房后房前的杨树柳树果树，这是我们家的林业。院子里通向外面的道路，那是我们家的政治和外交。这一切都是年轻的父母创造的。他们通过一条笔直的道路表达了对世界的信任和热情。但道路的后面也面面俱到，还很丰富，很兴旺发达。这样，父母和我们是可进可退，可攻可守的。

在众多春天孵出，秋天长成少年的小鸡里，母亲往往让我来决定杀掉哪一只，这是对我帮助她养育小鸡的奖励。母亲拎着菜刀从厨房里出来了，喊一两声我的小名。她让我在差不多一院子斑斓的小鸡里指出一只。我终止在泥土上画图的游戏，从淹没我的闪着磷光的翅膀中站起小小的身体。我不能指出哪一只应该死，但我有最喜爱的。我抱住我最爱的那只，然后坐在院子里的泥土上，把下额抵住它热乎乎的脊背，我说，别杀这只。

被我抱住的小鸡往往羽毛最为灰暗，甚至有些残疾。它总是抢不到食物，在小鸡们无来由的争斗中永远被欺负。我想给它一点公道，比别的小鸡多活几天。我给它一段生命的长度以弥补它生命的不幸。

母亲抓住了哪一只，我是不看的。我抱住那只小鸡，下巴抵住它的脊背。我闭上我的眼睛，我用手捂住它的眼睛。在那几秒里，我蹲在那里，身体的形态特别像肚子疼。是那种突然的、痉挛的疼。

我看到的往往是屠杀后的现场：一堆艳丽的羽毛，一堆还没来得及登上舞台就脱掉的准备了一个春天一个夏天的华丽衣裳；一碗冒着热气的血。血上的热气是那样软，软得像孩子哭到精疲力竭，软得像下雨天玻璃上向下流的水。

晚饭的时候，饭桌上就会有一盆酱红色的肉块。我以最快的速度在众多的肉块中找到包裹着鸡锁的那一块。母亲从不切碎它，在刀下它被完整地保存下来。往往我拿一块，姐姐以跟我差不多的速度拿到另一块。等我们找到了两块鸡锁，那盆本无头绪的肉块就更凌乱了。我在吃这块肉时，很像考古工作者从古墓的泥土中挖出一件随葬的器皿。我得小心别把它咬坏。那些牙齿咬不下来的筋肉，我就用小刀一点一点地剔除。

我的样子不像在吃肉，倒像在雕塑。我的工具首先是牙齿，然后是小刀。我跟雕塑家的区别，是我把雕塑的边角料给吃了。

一只小鸡身上叫鸡锁的骨头有两块，它长在翅膀上。位于翅膀的中间位置，形状接近大回形针。我认为鸡锁是小鸡身上最好看的骨头。一开始，母亲把弄干净的鸡锁穿上毛线，挂在姐姐和我的脖子上，原来它是女孩的胸饰。此后，我注意积攒这块特殊的骨头，好使脖子上的鸡锁串成一串。在我们家，把鸡锁串成一串并不很难，只要有小鸡的翅膀就可以了。在我们家的院子里，从来就不缺少小鸡的翅膀。

我看到一盆凌乱的肉块，感到是一只活着的鸡被推倒了。它倒下后破碎成一盆绛红色的肉块。如果给我一盆煮熟的鸡肉块，我是能把它们组合成一只小鸡形状的——我熟悉小鸡身上所有的骨头。

三、那么好看那么轻

眼前这碗汤里的鸡锁，我不能断定它来自公鸡还是母鸡。但如果这碗汤来自我母亲工作的厨房，那么这只鸡锁就一定来自一只小公鸡的翅膀。我幼年胸前成串的鸡锁，都来自我家院子里的小鸡，来自院子里小鸡中的公鸡。

母亲只杀公鸡。

母亲的庭院是很大的，但在春天，在所有的翅膀在喙的带领下一同到来的时候，还是拥挤了。喙实在是太多了。母亲提供它们一部分食物，另一部分得让它们自己去寻觅。觅食就得到院子外面去，而外面的道路上走着马车，草地上有散养的大型动物。这样，母亲小鸡的处境是不安全的。母亲就给我安排了工作：看护小鸡，等它们吃饱了再带它们回来。

在工作实践中我发现，不是所有的小鸡都能跟得上母亲的脚步一同走出庭院到外面的草地上觅食。一窝里总有一只或两只一出蛋壳就软弱，它在出壳那个环节没遇上什么意外，不需要母亲和一把锥子的救援。它们的问题是蹬掉蛋壳之后的问题：它站不起来。一条腿总是向一侧滑出去而又无法收回来。它的两条腿站不成平行线，而是错误地同地面组成了一个直角三角形。那条残腿是三角形的那条斜边。这样的小鸡一宿就会被它的兄弟姐妹们踩压死了。我目睹了很多次。当母亲准备把这只小鸡从开着的北窗扔出去，我及时地伸出了我的手——我伸出了我8岁的手。当我从那场发烧中苏醒过来后，正是春天。我坚决地阻止了那个春天第一窝小鸡中那只被母亲淘汰的小鸡的夭折。

　　我和6岁的弟弟一同躺在母亲的火炕上，一同躺在母亲黄色的苇席上发烧。第二天，一辆马车清脆地走进了我们家的院子。马脖子上的铜铃不再摇晃时，母亲已把弟弟用棉被包好，然后她抱着弟弟坐上马车去了四公里外的公社医院。火炕上只剩下了我，我被留在苇席上独自发烧。18岁的姐姐为此提出强烈抗议。母亲说，我也只能抱得动一个孩子。姐姐说，那另一个我抱。母亲说，家里的钱只够给一个孩子打针吃药。母亲也不愿选择，但是这道选择题母亲必须要做。母亲选择了弟弟。选择了男孩儿。选择了她的未来。母亲给弟弟制作的衣服，是要安上好几个口袋的。母亲把对未来的具体理想，分别装进弟弟衣服上的口袋里。而我的衣裙是不安口袋的。母亲给我做漂亮的裙子。她的手工十分精致。她给我做的裙子上没有口袋。我的裙子是单纯的裙子。我的裙子上有花边有百褶但没有口袋。我的裙子它是那么好看那么轻。我一奔跑我的裙子就被风吹得舒展开了。我要是往上一跳，也许就能飞了。

　　当我从那场发烧中独自苏醒过来后，我伸手接住了那只被母亲淘汰的小鸡。我找到一个鞋盒子，在左边放上棉花，右边放一小碟米，米里放上水。左边是它的卧室，右边是它的餐厅。中间部分可以散步。我把它从它母亲翅膀下的江湖里搭救出来，放到它的住宅里。放到它的命运之外。

　　几天后，母鸡带着她所有健康的孩子要到外面的草地上觅食去了。我作为它们的专职看护，我跟在它们的后面。我的手里抱着那只残疾的小鸡。我也想让它认识草地，让它体验发现草叶下面躲藏的虫子的快乐。我想让它被阳光照耀。晚上小鸡吃饱了，它们钻进母亲的羽毛里。钻进那个羽绒被子里。我没有羽毛，我不是羽绒被子。但是我有棉被。我把它放进我的棉被里。单独睡在纸盒里它也许会冻死。有一天，我搂着一只小鸡睡觉被母亲发现了，她说，你睡着了，一翻身，会把它压死。这种可能我可不知道。我开始害怕发生那样的事情。早上一醒来，就惊慌地寻找。在我的脚底下找到了它，在我的身后找到了它，在我的枕头上找到了它。我总是找到了它，在每一个早晨找到了它。它也总是活着的。生了八一后，我不管所有人的反对，坚决地把孩子搂在了自己的被窝里。李礼气愤地说，你搂吧，要是把我儿子压着要你的命！我知道压不到他，很小时都不曾压到一只小鸡，我怎么能压到那么大的一个孩子呢。李礼不信任我，我没给他讲过我搂着小鸡睡觉的故事。

四、我是个爱工作的小孩

姐姐舀了一勺汤，先自己尝了尝，然后送到我的嘴边。我坐不起来，身上压着一个沙袋子。我被一道伤和一袋沙子压在下面。我只能躺着喝汤。我的味觉也被麻醉了，还没有恢复。那汤什么味道也没有。加上喝的姿势不便，我喝了几口之后就想不喝了。姐姐说，再喝点，这汤是催奶的。

我总是抱着它。我一低头就看见了它。它离我是那样近。它在我的手心里。我一低头就看见了它，它在我的手心里发生变化。

它的头在我的胸部，眼睛是360度视角。它似乎是什么都看见了，它应该能看见自己头顶的冠子。秋天我看见它头顶一直沉默的冠子要说话了。我看见它的冠子像一座远处的白房子突然就失火。我惊慌失措。我知道它头顶举着的红色火焰是什么意思，它要长成一只公鸡！长成一只公鸡，在我们家的院子里意味着什么，我知道它不知道啊！我必须拦住它。它才刚刚开始，我要拦住它，我要把它引上正确安全的大道。我每天用手指抚摸它的冠子，我希望它能变小变成原来的白色。还像远处的白房子。安静地白，远离火灾。这时候，我发现我的手没有用处，它们对阻拦一只小鸡的幼稚行动无能为力。最后，我真着急了，我开始说话。我认为小鸡是可以自由选择性别的。我想利用语言，利用一砖一瓦的词语，砌成一堵高墙，从而彻底阻断它奔向死亡的道路。

我开始说话，我有资格跟它说话。我能站在它的未来同它说话。我说在我们的庭院里，只有一只公鸡能活下去。其余的将看不见今年的雪花。而你被留下的可能性是没有的。去年的公鸡还很强壮，妈妈说了让它继续工作。那么今年的所有公鸡就都看不见雪花啦。如果你选择做一只母鸡，只要你能下蛋，妈妈就不会杀你。而你不会只下一个蛋，你只要不停地下蛋，你就能不停地活下去。

我抱着的小鸡歪着头，用一只眼睛看了看我，然后又更大幅度地歪着头，看了看天上的太阳。然后它就低头在我的手心里寻找米粒。我不知道我的话它往没往心里去。

接下来，从它身上那些惊人的急切变化里，我知道它没听我的话。它在一意孤行。它在坚持着自己的生命理想，并且一直向前迈进。它推倒了我拦截它的词语之墙。它的冠子鲜红硕大，已经能在风里飘动。它举起了它的旗帜，在身体的最上端最高处。大片的红色映红了它的脸，映红了它的眼睛，映红了我的眼睛。它的头呈现出酒醉的颜色。至此，它的生命理想已经在它的头部完全彻底地阐明，任何阻挡都来不及了。我没有放弃对这个即将逝去的生命的挽救。我用白纸折成一个帽子戴在它的头上。几天之后我又看见它背部的灰黄羽毛里闪出了惊人的红色光芒。我看见这背部羽毛的红光上写着同冠子上相同的理想。至此，它像一座四处起火的房子，我奋力扑救，仍无济于事。在决然的大火面前，扑救的意义几乎是零。然后是尾羽，它从那扫帚形的尾羽里长出了黑色的新尾羽。这是真正的尾羽，它形成一个完美的弧度，黑色中流动着绿色的磷光。这种流荡的绿色振动了我。它们是活的，躲藏在那些羽毛里，只有强光，太阳光的召唤它们才会闪身而出，发出惊人的光华。它是化好了妆的舞者，等在帷幕的后面，它要跃上舞台，用生命和红色跳舞。而这一切都不可阻挡！它已经看不见了其他方向。母鸡的羽毛里没有藏匿多余的东西，光来了，光走了，它们平静如水。它们从来就不想在阳光下闪闪发亮。

面对这种局面，我对他的生命做了第二次拯救，也是最后一次拯救。当堂嫂子生了个大胖小子，母亲要去下奶，母亲又一次让我说出哪只公鸡该死的时候，我又抱住了它，又一次坐在一院子斑斓的翅膀中，我闭上了我的眼睛，但是我没有捂上它的眼睛。我要让天真的它看见死的形式，看见死的细节，看见自己的明天。

母亲那把菜刀搅起的恐怖漩涡，把院子里所有的生命都搅了进去。本无性命之忧的小花母鸡们，也跟着一同瞎跑瞎叫瞎跳。甚至波及了大柳树下一直安静地卧着的几只大白鹅。鹅总是迈着四方步，但它们看到刀和骚乱也从地上站了起来，并集体向柳树的根部退去，直到退出柳树的阴影，躲在秋天刺目的阳光里。我蹲在漩涡里，等待着恐惧的粉尘降落下来。那些以灰、褐色为基调的小花母鸡们，它们不知道自己一生下来就拥有比公鸡长得多的生命权利。它们披着一身无忧无虑的素花羽毛，跟着公鸡一同陷入恐慌。它们无法在少年时代就洞悉我们家院子里的生命规则。它们不知道，在自己的身体里，生有一堆颗粒。它们的生命数，是要加上这些颗粒的。它们的生命和它们的颗粒构成了一个算式，一个加法算式。而在公鸡的体内，与生命相关的颗粒一粒也没有，或者有，但不是以对我母亲对我们有用的形式呈现。在我眼里，公鸡的生命只有一，没有附加的东西来为生命的一加上数字。它们的生命只是一个孤零零的数字一，没有其他的数字加入进来增援它。它只有一个加数，没有另一个加数，形不成一个可靠的生命运算。

我是个爱工作的小孩。在接受看护小鸡这项工作之前，我就以出色的看家能力让母亲吃惊。乡下的家不是人出去了锁上门就可以了。有很大一块家的组成部分是锁不上的。比如果树，比如菜园，比如小鸡……

能锁的只有房子，而房子只是家的一小部分。最容易丢失的不在房子里。它们在李子树上，在海棠树上，在桃树上，在黄瓜叶子的下面，在西红柿叶子的下面，在院子里，在柳树下……母亲用一把永固牌锁头锁好了房门之后，剩下的部分由我来锁。隔上一段时间，母亲就要到5里地外的韩国屯商店买日用品。我们的商店是8里，要远。他们商店里的日用品总是比我们这边的品种要多。往返加上滞留在商店里的时间，得两到三个小时。看着母亲向南走去的后背，我就坐在院子大门口的一棵柳树下。我的身下是一块苇席或草苫。菜地、果树、小鸡，家的所有部分就都在我的身后了。两个小时三个小时我坐在那里不动。一直等到母亲从南面回来，等到看见了她前面的衣襟。母亲没有表扬我，但我听到她跟邻居二婶唠嗑时，说到我看家的行为让她很意外。她没想到一个五六岁的孩子能在门口一坐就是三个小时。其实，我们家不能锁的部分是可以丢失的，丢失的可能性是非常小的。我们家有的别人家也有，居民互相是不偷盗的。我是把我妈随口的一句话，当成了一项重要工作来完成了。我想要母亲的肯定，我想证明我有用，我想让母亲知道我活着在母亲的庭院里是重要的。我希望她给我做的裙子上可以安一个兜兜，在这个兜兜里她可以放进去一个理想。我承载得动。我愿意为母亲背负一个沉重的理想。

五、鸡冠子和巧舌

转眼就是秋天了。我仍然抱着它。它已经不可阻挡地长成了一只大公鸡。我针对它的所有教育都失败了。它的羽毛是那么惊人，那些颜色都从天而降。院子里的众多小鸡，已经长成大鸡。它们的性别也泾渭分明。谜底终于揭开了。母亲希望母鸡能多一些。有些小鸡都很大了，仍然看不出性别。在一些谜一样的小鸡面前，连内行的母亲都很难判断。我知道，那些看不出性别的小鸡在犹豫，在性别的选择上，它们还拿不定主意，还没下最后的决心。我发现，我们家院子里的小鸡有三种。一、坚定的母鸡。它们很小就呈现出突出的母鸡特征。连我这个小孩都看出来了。它们长出花翅膀，花尾巴。冠子快要看不见，永远像远处的小白房子，永远不会失火。它们的脸很白，眼睛四周长着花边。羽毛上的花，像母亲买的素花布，灰色、白色、褐色。二、坚定的公鸡。它们的冠子从火苗燃成大火，映红了脸。不长羽毛，先长腿。它们高大，目光在母鸡的上方。它们平视的时候，看见的都是对手。它们的尾羽迟迟地不长出来，在那空白着。空白着是在准备力量，准备最惊人的颜色。三、在性别上犹豫不定者。它们看上去既不是公鸡也不是母鸡。这样的鸡，母亲总是给它们时间，给它们考虑的时间。母亲还没杀过一只正处在犹豫状态的小鸡。我怀里抱着的小鸡是第二种。我希望它是第一种，不能是第一种，选择第三种也好啊。母亲已经开始一个一个地杀那第二种小鸡了。等第二种杀完，那第三种的犹豫也就差不多结束了。我们家总是来客人。第一个原因是我们家院子里的道路，它是笔直地与外面的大道连接的。它正对着房门，外面的人，不用转弯就进了我们家的门；第二个原因，父亲是大队书记兼大队长，本地的最高行政长官。党政集权于一身。民兵连长是我的堂哥，这样父亲也控制了军权。还有，哥哥姐姐都在学校教书，父亲还掌握着本地的教育和文化。这样，父亲的社交以及外交活动是很频繁的。在父亲的领土上，还没有商业。这样就没有一家饭店。父亲就把我们家变成了饭店。我们家就是饭店，我们家的小鸡就是我们家这个饭店的主打菜。还有我们家小鸡下的蛋也是招牌菜。还有节日，还有弟弟生病了，都是需要杀鸡的。这样，我们家院子里小鸡的消失速度是很快的。

弟弟对鸡锁及上面的肉都不感兴趣。他爱吃鸡的大腿。母亲多次引导他吃鸡头上的冠子。弟弟吃了但很快吐了出来，表情是受了一个欺骗。于是母亲就用语言说明，说吃了冠子长大能做官的。弟弟6岁，他只知鸡冠子是什么，不知另一头的官是什么。他不能把吃鸡冠子同做官联系起来。鸡冠子里面没有肌肉组织，只是皮和脂肪，软乎乎的弟弟不爱吃。弟弟不计较做不做官，他只强调里面有没有肌肉。母亲又在过年杀猪的时候劝弟弟吃猪拱嘴。而把猪的巧舌（猪上颚，形似洗衣板）给我和姐姐吃。母亲说姑娘吃巧舌手会灵巧，会干活，也会说话。省得手笨嘴笨被婆婆骂。吃猪拱嘴会有力气，能开疆拓土，为国家建功立业。弟弟真是不可救药，他也不爱吃猪拱嘴。他爱啃骨头。爱吃瘦肉，不爱吃鸡冠子，不爱吃猪拱嘴，对寓意他远大前程的部位都不爱吃。弟弟为了让母亲高兴就把那鸡冠子、猪拱嘴接过来，然后求我帮他吃。我吃完了猪巧舌、鸡翅膀后，还要吃鸡冠子、猪拱嘴。

等我吃了很多次鸡冠子、猪拱嘴后，我对母亲说，我长大要当皇后。

因为没有皇上了，我没有了做皇后的任何可能。虽然我越位吃了很多鸡冠子、猪拱嘴，母亲仍然没有重视我，连最小的期待也没有寄托在我的身上。她只让我做具体的工作。看小鸡，看弟弟。我是一只工蜂。

六、母亲的庭院

我最怕的事情还是发生了。哥哥的对象家来相亲。他们来的时候，已经下过了几场雪。我们家的院子里，已经是白色的了。在白色之上，是一群素花母鸡。有去年甚至更久的老母鸡，有今年初长成的小母鸡。在这些大大小小的母鸡的中间，站立着一只大红公鸡。它是所有公鸡中最强壮也最绚丽的一只。它被母亲留做了种鸡。它高高地举着自己的头，举着头上鲜红的旗。它的目光在母鸡之上，警惕而锋利，脚步迟缓而傲慢。这只鸡是不能杀的。而那些母鸡也是不能杀的。老母鸡的运算结果还没出来，小母鸡的运算才刚刚开始。母亲不会杀掉正处于运算状态的小鸡，她总是耐心地等一切停下来。等风停下来，等运转停下来。这样，我怀里的这只在母亲眼里，就是结果明了的了。几天前，大人在商量哥哥婚事的时候，我就感到了危险。我的身体接收到危险的信号后，这些信号使我的身体发生震颤，比如心跳的节律，比如呼吸的频率，还有我说话的声音。那危险在我的身体里旋转，然后从我的心跳、呼吸、声音里扩散出去。这些颤动通过我的身体传导给我怀里的大公鸡的身体。在我身体的作用下，它知道了一切，它开始了最后的行动。那天的早上，天还没亮的时候，它突然从我的被子里伸出它鲜红如醉酒般的头，不顾后果地、势不可挡地冲着熟睡的我们家所有的人，庄严地大叫了起来。它的声音怪异，不熟练，有刚一破声的嘶哑和走调，但它大叫的姿态和气势已经是一只成熟的公鸡了。它崩直的脖颈就在我的耳边，其音如同惊雷。我惊醒后急忙捏住它的嘴。我把它的头拉回来，我说你干啥呀？你不要命了啊！你怕人家不知道啊？公鸡在我的一个疏忽里，又一次伸出血红的头，又庄严地大叫了起来。它又叫了两声。我不再拦它。我知道拦不住。它一共叫了三声，然后，就沉默了。它沉默的样子像从来不曾大叫过，像不会发出任何声音。我的大公鸡在凌晨奋力大叫了后就沉默了。沉默了后我才明白我应该支持它大叫！它一个春天一个夏天一个秋天的所有行动都是为了今天的大叫！这是它的理想啊！它及时地宣布了它作为一只公鸡的存在！以一只公鸡的姿态存在了一个早上！现在，它可以死了！上午，客人一行就来了，其中有我将来的嫂子。她长得好看，是哥哥在众多的姑娘里挑选的。

我抱着我的已经沉默的大公鸡坐在院子里的柳树下，等着母亲拎着菜刀向我走过来，向我们走过来。

我是不能跑的。那样我的母亲会生气，然后也会把我找到，把我们找到。那样做是没用的。我能往哪里跑呢？我们能往哪里跑呢？我属于这个院子，它属于这个院子。我们的命运在这个院子里。那个冬天我8岁，那个冬天我很理性。我已经知道有些事情你是不能躲的。要做的是等待，然后努力承受它。

母亲的态度很好。她是可以粗暴地夺过我怀里的公鸡的。我不会反抗。我没有理由。我认为母亲是正确的。哥哥相亲是多么大的一个事情啊！连日理万机的父亲都请了假留在家里等候客人。这是我们家最重大的事情了。母亲为此杀掉我的公鸡是理由充分的。在这种情况下，我找不到让我的公鸡活下去的一条理由。我没理由，我们没有理由。一定是我日夜看护这只小鸡的行为让母亲不忍，她向我说明杀掉这只鸡的理由。

她是可以不说一句话就行动的。她说，她说了很多话。她除了对我说，也对相亲的牺牲公鸡说了。母亲说，它要是不瘸，我就把那只种鸡杀了，留下它。可是它站都站不住怎么能跳到母鸡的背上去呢？它已经是活得最长了，也没遭什么罪。你每天喂它大米我都看见了。我也不愿意杀生，妈从小信佛教。我把怀里的公鸡递给了母亲。母亲对公鸡说，早点托生吧，别再托生公鸡了。母亲从不像我那样抱鸡。她用一只手抓住鸡的两个翅膀的根部，鸡一悬空就惊恐地大叫起来。它已经知道自己大限到了。这个被捉拿的姿势已经告诉了它一切。母亲的另一只手拿刀呢。母亲几步就进了厨房。关上了门。

七、母亲的庭院

当我从那场发烧中独自清醒过来，我就8岁了。当弟弟在药水的援助下从那场发烧中清醒过来刚刚6岁。母亲让我等待弟弟，等到弟弟8岁了一同去上学。这样我就可以在学校继续为母亲工作，看护弟弟。我是母亲的派出机构，在母亲的庭院之外，继续为母亲努力地工作。

应该说看护弟弟的工作我完成得不好。往往，我和弟弟一同被前院的两个朝鲜小孩给打哭了。母亲也知道自己的两个孩子没有攻击性，不是那两个孩子的对手。几次下来，再文明的母亲也愤怒了。母亲第一次为孩子的小事同大人交涉。朝鲜女人穿带钩的鞋子，正坐在院子里洗衣服。那两个惹了祸的孩子藏到他们母亲宽大的衣裙的后面。母亲再愤怒她也不会骂人，她甚至不会大声说话。她也真无需大声说话，她是大队书记的夫人。朝鲜女人惊慌地说，我打他们，我打他们。说着就真的行动起来，拍打了两下孩子，并不用力。母亲转身就走了。要说我和弟弟同前院孩子发生冲突的主要原因，是他们捉了落在我们家栅栏上的蜻蜓，我们没说什么；当我们去捉落在他们家栅栏上的蜻蜓的时候，他们却不让了。然后我和弟弟也不让他们捉落在我们家栅栏上的蜻蜓，他们就动手打我们了。我们甚至要比他们大一些，却总是打输。那个女孩尤其凶猛，她梳板凳头，那男孩机智，熟练于突然的攻击。我和弟弟在面临暴力的时候都表现得惊慌不知所措，这导致我们的反击没有章法，效果极差。

在等待的过程中，在弟弟的一个冗长的午睡时，我独自走出了母亲的庭院。我站在了横在我家门前的那条东西走向的大道上。我是没有目的的。在我没目的的时候，我听见道路的西边响起众多孩子的喧哗。孩子的喧哗为我指引了方向。我走到了小学校。小学校是一座青砖灰瓦的宅院。操场很大，四周有很多老柳树。我看见很多小孩在那操场上排队。前街的几个孩子我认识，他们都和我一样还都没上学呢。他们为什么可以在操场上排队呢？于是我也去排队了。前面是一张桌子，桌子的后面坐着胡老师。胡老师是地主的儿子，他读过许多年的书，他有文化。父亲就让胡老师当了小学校的老师。上面是不让地主的孩子当老师的，但父亲经常不听上面的。胡老师问我几岁了？又问我名字。他说这个名字不行，是小名，得要大名。然后他说先写上，明天你要带个大名来上学。

我就这样自作主张上学了，突然不等弟弟了。这是我第一次反抗母亲。突然的，没有预谋。头一天我还不知道要做这件事。母亲什么也没说，给我大名曰：平。我看见母亲是从墙上的年画上找到这个字的。那年的年画是李玉和穿着白衣服，上面被打出几道醒目的血迹。年画是姐姐买的，她是红卫兵。母亲对这张年画很有微词。她说大过年的弄这么血了呼啦的，不吉利。可我们家是革命家庭，我们家过年是不要吉利的，因为吉利跟革命不协调。母亲是受旧教育长大，地主的女儿，她已经过时了。李玉和和他的伤痕的年画下面是有唱词的。母亲来到年画的下面，在那些唱词里找到了一个字：平。从此"平"就是我的名字。"平"这个字干干巴巴，没有什么生机。小学的时候，我对这个字不计较。在小学的那五年里，我把它写了无数次。中学之后，我开始对这个字不满意起来。我开始在原有基础上搞了一些延展。我在平的上面压上了草头。我的生活环境里，举目都是杨树、柳树、榆树。我没有看见过苹果树。苹果也很少能吃到。我决定我的名字叫苹，苹果树的苹；苹果的苹。22岁参加工作之后，我对苹也不是不满意了，我仍然喜欢苹果，但我发现了一个更好的字。这个字有水有草，它不是一种食物，它是一种生命状态，有颜色、姿态，它比苹高了一个层次，它跟我的生命趣味相关了。这个字是——萍。我在纸上写了好多个萍，可是我的身份证上是平。也就是萍字它不合法。我决定给萍合法的身份。我拿着身份证找到派出所户籍民警，户籍民警问我改名的理由，我就说了我的理由。我说到了水和草，说到生机、繁荣昌盛、生命姿态等词语，户籍民警说，这个理由不充分，不能改。一年后，我嫁给了一个军人，他的很多战友转业进警察局工作。我说你能帮我改名字吗？他说能啊！多大个事！一年后，我发现我的名字还没有改过来，那水和草、生机还不属于我。他说改什么啊，"平"字多好啊！平安、平平安安。我说可是没有水和草，没有生机啊！他说，可"萍"是浮萍的萍，萍不稳定，总是随着水漂荡。我把握不住，谁也把握不住。我不同意你叫萍。你就叫平，平安、平静地跟我过日子吧。

我就这样上学了，在我8岁的那个秋天。我走出了母亲的庭院，不再管小鸡和弟弟。我走进学校的大院子里。这个院子比母亲的院子大好几倍。房子也高大森严。在这里，我觉得自己的身体变小了，我甚至够不到那些窗台，无法打开窗子。

想不到我天生就是个工作的命。老师在四十多个孩子里挑选我做班长。我的老师不是胡老师，胡老师教二年级。教我的老师姓商，她是下乡知青。

我开始为商老师工作。我的日常工作之一是早上带领全班学生晨读。我们朗读课文。由我来领读。我要是读累了，就指定一个同学替换我。没有谁敢捣乱。我手里握着教鞭呢。我一边领读一边巡视，发现谁不用心读，或坐姿不对，我就走过去，举起教鞭，在他的桌子上猛打一下。声音之大足以吓他一跳。那遭到我的教鞭的几乎都是男生。如果教鞭不行我还可以打他们。几乎所有的男生都被我打过，他们没有一个敢反抗。老师默许我的暴力。我的工作之二是每天收昨天的作业。收齐了是很高的一叠，高过我的头顶。其实四十个方格田字格本叠不了那么高，我们的作业本老师规定得用本夹。我们的本夹上是一个节日的场面，是很多孩子手里举着气球，老师说他们是北京的小孩，在欢迎西哈努克亲王。我的工作之三是记班级日记。我不但要把一年一班的事情时刻放在心上，还要放在白纸上。我的工作之四是老师不在时顶替老师给同学上课。

这样我在学校里的时间越来越长，在母亲的院子里匆匆而过。我不看院子里那些小鸡，看不见弟弟摔倒了。我已经把挂在脖子上成串的鸡锁摘下来了，我的脖子上挂上了别的东西，那是一把钥匙，一年一班的。

一天我向母亲描述学校，那些砖那些瓦，那些跟我们家不一样的砖和瓦。还有院子的面积，老柳树的老。我说那个院子我一进去就觉得阴凉，哪怕头顶是太阳。母亲面无表情，不肯对我的学校说一句肯定的话，父亲说，那是你的姥姥家啊！

我从母亲现在的庭院，进入了母亲的过去庭院。原来所有的庭院都是母亲的庭院，我的背叛使我更深地陷入母亲的庭院，一个更高大精致的庭院。

八、多么安全多么模糊

由洁白的碗盛装的肉汤我一共喝了十一天。第十一天的时候，我就出院了。那汤对促进乳汁的分泌起到了重要作用。它使李礼的儿子满月的时候已经超过了十斤。使他在上学的时候，身高体重都不比别的孩子差，甚至是要好。7岁的时候他进入比我的童年更大的操场里，放学了，我在门口找不到他。上千的孩子都穿蓝白相间的衣服。像一大群小花母鸡。我知道他没有丢失，他就在这个大院子里。他没有自己的颜色，他掩藏在众多个相同里，他的处境是多么的安全。他不需要我的教育，他将成为一个有用的人。有能力赡养我，为我提供衣食，并最后把我埋葬。

《人民文学》2009年9期

鹅黄

一、那是蛹的害羞之处

一只藤条篮子，装着多半下剥出的褐红色蚕蛹。一个，两个，突然就无来由地摇了几下头（其实是尾）。

"买活的。"这是丈夫交代的。我从未吃过这种"蔬菜"，因此，不知道鉴别其死活的方法。但那能摇头的，应该是活的。可整整一篮子蛹，爱摇头、乐于证明自己还活着的，也就那么几个。

"都是活的。"——蹲在篮子后边那个脸又黑又皱的老头对犹豫不决的我这样说。我当然不相信他的话——谁能说自己出卖的货色都早已寿终正寝，正在进行着不易察觉的腐烂？他肯定要说、反复地说——都是活的，都是活的。

那几只摇头的，已在我的手里。这远远不够，怎么也得炒成一盘菜，于是我就抓了一把那一动不动的。

把那几个爱摇头的放在一个小碗里，准备留给儿子玩；其余的，就准备下油锅了。

油上的泡沫像云一样快速向天边飘散。油面风平浪静，但我知道，油开了，温度至少达到了三百度。三百度的油一声不响——几厘米的深度，构成了一个无底的死亡深渊。

蛹倒进油里，那巨大的炸裂声，我是有准备的。我不只一次地往油锅里倾倒过东西：蔬菜、面团、肉片、虾仁……我听惯了热油撕咬食物的喧哗，甚至有点悦耳。它和客厅里的家人、亲戚、朋友的说话声一起，共同构建了某一个假日、某一个节日的欢乐。

我是第一次往油锅里倒蚕蛹。这些正在以沉默和一动不动的方式孕育翅膀的生命，在遇油的一刹那，它们竟全都站立了起来！——一齐拼命地向我摇头！那至少有四十几个蛹，四十几个头齐刷刷地立着。它们在狂摇、在大喊：不不不不不不不不——我吓得连连后退，半天不敢呼吸。

——"它们都是活的。"那老头说的竟是一句真话。

我开始认真地看一只蛹。在能摇动的另一头，其实是它们的头。头上的眼睛、嘴、触须都在，连翅膀的一部分也在。只是这些东西都不像真的——像模具。它们给自己弄好了模子，然后就照着自己的设计生长——它们的工作重点该是孕育翅膀。现在，它们停止了一切生命活动，集中所有生命力量孕育在它们看来十分重要的翅膀。因为过于专注和执著，它们就像死了过去。它们认为：没有翅膀的生活，有点可耻。根本没法活。于是它们停止了爬行，开始了自己的梦想。并为接近自己的梦想开始了禅定般的苦修。它们得一动不动，这是最基本的。那极少数爱摇尾巴的蛹，一定是精力不集中的蛹。它们极有可能长不出翅膀，或者长出极差的翅膀。它们的心不静，尾总想动，留恋自己蠕动的过去——它们是蚕中的不纯洁部分。

我看着小碗里那几个仍在摇头摆尾的家伙——我留下了它们中最俗劣的部分。

片刻，油锅中蚕的优秀分子们都不动了，它们惊醒后的大喊也哑了下去——我中断了四十几个关于翅膀的梦想和努力。这时我发现：蛹在经历了死亡挣扎后，身体的样子大大地改变了：它们的身体突然变长了，螺纹与螺纹之间的嫩黄色暴露了出来。

那些嫩黄色，在它们死亡之前是看不见的。就算它们忍不住"摇头"，要动那些关联，也是小心地注意着分寸。那些深处的嫩色稍一闪现，它们立刻慌张地遮住。现在，它们死了，在死亡的挣扎中，身体里的嫩黄色暴露了出来。它们已不能把它收拾回去、掩盖好——那一定是蛹的害羞之处！

二、洗澡

母亲偶到城里小住，除了尽我所能给她买些好吃的、买套衣服外，我不会忘记带她去洗澡。

等我三把两把脱完了衣服，塞入编号的小箱子，回头一看，母亲坐在长条凳上，外衣外裤倒是脱了，内衣内裤也脱了，可她的短内裤和白色小背心则还穿着，看样子不打算脱了。穿着裤衩和小衣服洗澡是母亲的一贯作风。在乡下，我常随母亲去河里洗澡。我们一般是去小河，大河是男人和男孩的地盘。如果你走近小河，听到戏水声、说话声，那一定是有几个女人或女孩已经先来了。小河两岸蒿草没人，有一望无际的野地，没有什么道路从这里通过；顶多有水鸟突然从草丛里惊飞，不知何故抛弃窝巢奔向白云；再就是远处草甸子上可能会出现一头牛，又极有可能是头母牛。因此，小河是个私秘的空间。河水清得见底，又干净又安全。就是这么个好去处，母亲也不敢大白天来。她的担忧是：那头顶上不是有太阳吗？有太阳也不行。夜幕是母亲洗澡的必不可少的条件。虽然月亮挂在太阳那个位置上，但月亮总是善意地朦胧着。母亲对月亮的存在倒是没说什么。晚上洗澡有个不利因素，就是水要比白天冷。可在母亲看来，水冷是可以克服的。我费了好些话，母亲作了让步，但她也只让了一步，仅仅是把那个小背心脱了。我看见母亲的皮肤细致得几乎没有毛孔，而且白得纯净柔和，深深遗憾在这方面没有得到来自母亲的好处。短内裤母亲是说什么都不脱了，虽然我反复强调这里都是女的。

等到洗完了出来穿衣服时，母亲遇到了难题。她的湿裤子总得脱下来吧，然后换上干的。其实这只是我的想法，那个母亲的难题，也是难住了我而已。母亲从来不缺少对付那个湿内裤的办法。母亲不会在野外或有人的环境里换衣服。她认为没办法换，或不具备换的最基本条件。我记起母亲就是穿着湿内裤，然后把长裤穿在它的上面。向家里走时，她的裤子就一点一点从里往外洇湿。母亲的洗澡，一般不是一个人。她要约上左邻右舍，还有一两个自愿跟随的女儿，因此，母亲在晚上的洗澡，仍然是个集体活动。集体活动就不具备换下内裤的条件——女的，都是女的也不行。在母亲又要把长裤穿在湿内裤上时，我阻止了她。我告诉她，现在外面可是车水马龙，不等走到家，外面的裤子就会湿透了，这样别人会以为您尿湿了裤子。母亲被我难住了。我不是要为难她，我是有很好的办法让她从困境中解脱出来的。我须得先难住她，才能把她引上我认为的正确道路。我拿出了我的肥大的布裙子，一切都可以在它的掩护下安全地进行。我的办法很好。一向对换衣服的条件持苛刻态度的母亲也同意了。

母亲有七个孩子。在这七个孩子差不多都远走高飞了后，母亲想到了一个问题：谁能给自己送终？——送终就是在自己咽下最后一口气时，哪个孩子能赶到，并守在床前？母亲寄希望于嫁得离家最近的我的三姐和一直照料母亲的我的弟弟。母亲很想知道在她生命的最后一刻在自己的床前是个什么情况。为此她还算了一卦。算的结果是我的三姐。三姐是四姐妹中迎春一样的人物，她家离娘家只十几里路。我从小吃饭时拿筷子的位置特别靠近顶头，因此母亲早就看出我的脚野，将远走他乡，是四个女儿中最指望不上的。但事实上，最后的结局证明，那个卦算错了。

那个卦更像个理性的推理过程：一个老人临终时，给散落于各处的儿女的通知应该是同时发出的，而谁能先赶到呢！当然是离家最近的那个。离母亲最近的是我的弟弟，而弟弟为什么不能送终呢？常识是这样：那是个很忙乱的时刻，有好多事情要办。比如得出去购买寿材，再找个好木匠，为决意迁往他乡的母亲准备好住房；得请几个乐手，演奏出所有孩子心里的悲伤；让悲伤插上悲伤的翅膀，在村子的上空飞翔成婉转的乐曲，悲伤就有了悠扬的曲调，从大地的哭声里猛然超拔上去，成为地上哭声的升华；还有得开着车去十里路外的街上买回差不多一车的菜和肉，为接下来几天里所有参与的人提供饮食：这一切，都是我弟弟必须做的。因此，在母亲临终的时刻，弟弟反倒没有时间在母亲身边停留。

生活有时不按照逻辑运行，变数闪烁其中。母亲病危送到了我所在城市的中心医院。我从离母亲最远，变成了离母亲病床最近的那个孩子，于是我最先赶到了。而我的三姐则成了离母亲最远的了。

弟弟是一直守着的。我赶到医院后，让他回我家睡一会，晚上好替换我。弟弟走了也不到一小时，母亲的最后时刻突然就来了。

抢救的医生、护士潮水一样退去，我得以靠近被宣布死亡的母亲。她的口、鼻、耳被塞上了白色的消毒棉。丈夫此时赶来，我派他下楼买寿衣。但我也只能把我丈夫派走，而803室有4张病床，加上陪护，这个屋子里至少有8个人，并且有男有女。我得在这么多人的目光下，给母亲简单地清洗一下。

我端来一盆热水，给母亲洗澡。

母亲是决不会同意在这么"恶劣"的环境里洗澡的。她会愤怒，会悲伤，会失去生活的勇气。可我为什么一定要给她洗？没有人告诉我一定要洗？——不洗，我会不安；洗了，我更加不安。

应该说我尽力了：我把温热的毛巾擦上香皂，从母亲衣襟的边上，把手伸进去，一点一点地擦。母亲的身上全是湿冷的汗水，不洗一下她会很难受。我会很难受。

还有母亲的裤子在她生命的最后挣扎里，也湿透了。不洗一下她不会原谅我。我不会原谅我。

我换了两盆水，给她洗了最后一次澡。在母亲的衣服的掩护下，艰苦地做完了那一切。

给母亲洗完了澡，我期望母亲能给我的工作一些肯定，认可这次最为艰难的洗澡。当然我知道母亲对洗澡的要求是多么的高，我知道她不满意。我只希望她能理解我，理解我所处的困境。母亲躺在那里一言不发，像是睡着了。但我知道她早晚会对这次洗澡作出评价，她为此会走进我的梦境。我想，等着吧，那时再解释不迟。

丈夫抱回来一包寿衣。七件：短内衣内裤、长内衣内裤、棉衣棉裤、大衣。内衣红色，外衣黑色。丈夫说快点穿衣服吧，迟了穿不上。丈夫说完迅速揭开母亲的衣扣。我看见母亲的胸突然就暴露在很多人的目光里。我推开他，我穿！可是我的手不住地抖，我竟不能快速地把那汗水湿透的衣服脱下来。母亲所有的衣服都要脱下来，在这么多的目光之下！我突然全身无力，我知道我完不成给母亲换衣服的工作了。我什么也拿不住了——我突然开始大哭。我的哭声一定使房间里的人大为迷惑，因为这哭声来得太迟了，连我都知道迟了。母亲去世至少已经半个小时了，我一直在干活，没有哭一声。别人可能一直以为我是儿媳妇，万想不到是女儿。不过我若是儿媳妇，我会哭得很及时的，不会弄到让人说三道四。

母亲的寿衣是丈夫亲手穿的。这件事，我不敢期望母亲的原谅。母亲一生小心翼翼地端着的一盆水，最后在我的手里落到了地上，无法收拾。

《鹅黄》

花朵的布局

现在，我又一次打开了母亲的衣柜，打开那些安稳静坐的包裹。它们总是以这种静默的姿态等待我母亲的双手，同时对我的惊扰现出无可奈何的神情。现在，我又一次打开这个紧闭的衣柜的时候，我不害怕被母亲发现了，因为我的母亲已经去世了。她衣柜里的秩序已经没有人维护。母亲的衣柜已经是一座失守的城池，唯一的守军倒下去了。

我担心的事情没有发生，母亲少年时代的刺绣作品，并没有同母亲生前所用的大部分衣物一同从一团火焰的入口穿过，随母亲而去。它们留了下来，留在了母亲的衣柜里。也许它们在母亲的其他衣物紧张而静穆地手拉着手，穿过火焰，紧追母亲匆忙的脚步的时候，还没有从几十年的沉睡中醒来。衣柜中同伴压低了声音的呼唤，无法穿透它积压了几十年的睡梦。它们被遗落了，匆忙离去的母亲亦无意携带它们。

母亲的生命结束后，我发现我不了解她，尤其是她的前 40 年（母亲生我时 38 岁，父亲 40 岁）。多年以前，在我还幼小的时候，母亲曾以故事的形式，讲述过自己生命的前 20 年，而那时我没有注意听。我给予母亲讲述的注意力，被皮筋，嘎拉哈，天下太平你输我赢的游戏分散出去了大部分。我的记忆里只残存着母亲讲述的只言片语。有一天，当我突然意识到母亲的讲述对我是多么重要时，我的母亲已经不存在了，她的讲述也永远停止了。

母亲没有留下任何文字，虽然她有很好的语文修养，通晓现代汉语和古汉语，作文记事游刃有余，可她的手里没有放一支笔的空隙，生活的内容占满了她的双手。她从20岁就开始了长达20年的生育。她没有想到要在第一个孩子吃奶与第二个孩子形成胚胎的间隙写上一篇文章；也没有在第三个孩子断奶与第四个孩子降生之前忙里偷闲写上两行诗。如果打算从汉语文字这条道路上追寻母亲的踪迹，那无疑是走进了死胡同。母亲不在这里，不在汉字垒建的国度里，那么母亲她应该在另外的地方。

当我展开母亲的结婚幔帐，上百朵姿态各异，色彩纷呈的花朵随着我的手展开依次出现在我的面前。我突然意识到，这些花朵和叶片是母亲记录生命的隐秘符号。母亲抛开已娴熟掌握了的文字而运用了另外的符号，并不是有意藏匿。应该说文字更具迷雾的性质，更容易藏身，而母亲选择的植物符号，主要是花朵，叶片，藤萝，这些有颜色和姿态的符号，也许比文字更会言说。

母亲的结婚幔帐是一幅长卷，是她的嫁妆之一。在3米长的白斜纹布上，母亲耗时两年，刺绣了上百朵花。我疑心母亲的一生都在这些花朵里。我从那些花朵的名字，颜色，呈现的姿态，藤蔓的走向，甚至它们在幔帐上所处的位置上分析，我期望对母亲不清晰的章节，模糊的段落，都能在这幅幔帐上找到由花朵，叶子作好的记录。

这是70年后了，我的阅读才刚刚开始。

在这里，不能不说一说我的阅读方式，以及我为实现这种特殊的阅读所使用的辅助工具——我用了一把木尺，一把黄色的木尺。

当我展开母亲的幔帐，对那些纷乱的花朵一时不知如何解读的时候，一抬头就看见了那把在我的生活里处于赋闲状态的黄色木尺。它横卧在床头，呈一个休闲的姿势，我一抬手就能触到它。

母亲的绣花幔帐平铺在我的大木床上。上午的阳光先是穿过了我的半透明的窗帘，然后来到我的后背。我凝视着母亲的幔帐，阳光也凝视着幔帐。突然，我看见一朵花的花瓣动了一下；又看见一朵蝴蝶梅上的一只小黄蜂开始高频率地震动翅膀，嗡嗡的声音从白布上升起；一条藤蔓的旋状触须抖了一下，它又长出了一厘米。这就使它够到不远处的一根粗壮的主干的理想有了实现的希望。几秒钟后，我看见我母亲于70年前刺绣到一块白布上的所有花朵和叶子都颤动了起来——它们开始了中断了70年的生长。

我已把那把木尺拿在了手里，那些花朵在光线照射下的突然复活，让我的手发生了幅度不小的颤抖。用木尺和我的眼睛解读凝固状态的花朵，应该是游刃有余，但面对突然复活了的花朵，我的木尺还能不能担得起这个重任？我的手在抖。握木尺的手在抖。也许是木尺在抖。我感觉到了木尺的颤抖。

我握木尺的左手的颤动是无法立刻控制的，我给予我的左手以充分的理解，并允许它的情绪波动起伏，但我的右手从粉笔盒里拿出了一只红色粉笔。右手将推动我的阅读，并使左手渐渐地安静下来。木尺终于行动了，它在幔帐上从左边起，量出了1米的长度，红色粉笔在1米的点上画上了标记。木尺继续前进，它又量出了一个误差很小的1米，在这里，右手拿起了一只蓝色粉笔，并画上了标记。最后的1米是黄色标记。至此，我和木尺对幔帐阅读的第一步完成了，也就是分段。我和木尺把这个3米长的幔帐平均分成了3等份。我的第二步就不需要木尺了，因此我把它放下了。我要找出每段的主要内容。如果是一篇文章，这一环节会略有难度，但我的母亲在这里没有难为我。我看见，我母亲在三个自然段里的表达十分清晰而明了：1. 芍药花；2. 细粉莲；3. 莲花。

一、白布上的芍药花

母亲的幔帐最开端绣的是芍药花，并且不只一朵，不只两朵，不只三朵，有十几朵。它们的姿态各异，颜色也深浅不一。这些深粉、水粉、玫瑰粉的花朵们，在白斜纹布的上面盛开着或正准备盛开。花朵加上那些必需的叶子，铺满了那块面积，可以说它们毫不费力地就形成了一个芍药园。

在黄色木尺接近精确的刻度里，这个芍药园对应的是母亲的少年时代。

但母亲的少年时代是一个时空概念，除了芍药花还有大量的存在，多大的芍药园能将母亲的整个生活充满？空白是很大的。如果我一定要再现或重组母亲的少年时光，填补芍药花之外的空白就是必需的。19 岁之前的母亲，离我是多么遥远，即便可以随意虚构，我也找不到搭建它的词语，找不到材料铺就通向那里的道路。

实际上，母亲生前曾致力于在我们——她的孩子——面前垒建她过去的时光。她热衷于这种劳动的原因是她发现我们的少年时代也就是她的现在，与她过去的生活内容完全不同。差异给了她讲述的不竭激情。她用故事的体裁，口语讲述的形式，把她少年生活中最难忘的事情，一块一块地在我们的眼前拼贴了起来。母亲的组接故事的手法在今天看来有点后现代的意思。她是大块的无序拼接，抛弃了线性结构。母亲的激情讲述回荡在我们的头顶的时候，我还十分幼小，又因迷恋手里正玩的游戏而没有注意听。那时，我是母亲的年龄最小的听众。我发现，一些并不见得就重要的只言片语意外地停泊在了我的记忆之河的岸边，而那些大块的故事则如刮掉了几个鳞片的大鱼，顺着水流漂走了。现在，那些鳞片，那些只言片语，也已被时光晒干了，抽缩成了一个又一个孤立的词语。

考古学家能从一片有刻痕的龟甲上复原一个远古朝代，那么我所拥有的实在是太多了。走近一看，这是一些多么好的词语啊！它们个个语意明晰又枝蔓纵横，再一细看，它们还长着卷曲的触手或成排的小脚。它们根本就没有死，仅仅是在时光里休眠，只要略一惊动它们（比如放到水里），它们就会醒来，就会开始游动，开始爬行，开始呱呱呱呱地叫。它们不太可能像太阳系的那几个模范行星那样给条线就各自转自己的圈，老死不相往来，它们都很霸道，谁也不给谁让路，要不了多久，就会你碰了我的头，我压了你的尾，然后就扭结到了一起，再然后就勾连成我所期待的一片。

刺绣

刺绣是母亲 16 岁开设的一门功课，督导是我的姥姥。我的地主姥爷对这一学科也给予了必要的重视。他坚定地阻挡在我母亲上中学的道路上，其目的就是让女儿回到家里，将那还空白的白布绣满花朵、蝴蝶或飞鸟。每个女孩都坐在家里绣花，只有我母亲的那些白布上还没有一朵花。以去省城读中学为由就可以让那些该绣满花朵的白布空着吗？你总得完成自己的那一份作业。

被阻挡了去路的母亲坐到了木格子套窗下，白而纤细的手指捏起了一根细长闪亮的锈针，她想都没想就绣了一朵花。在这里，母亲的思维不见一丝活气，"绣"这个动词一定得对应着"花"吗？在这里，母亲没有想到要另辟蹊径绣它一个衣衫褴褛的乞儿，或是一个裸露着一个肩半个胸的在石板街上奔跑的疯女人，她不假思索就踏上了一条宽广的"绣花"的大道，不仅如此，她还运用了现实主义的创作手法，准备就把开在我的地主姥爷家院子里的芍药花绣下来。母亲也不是完全的写实主义，那些残花败叶她没有绣，她的现实主义目光其实是唯美主义。

母亲坐在窗下，木格子套窗半开着，芍药花在院子里怒放。花朵是粉色的，间或有白色的。母亲的手指在那一笸箩丝线里游移，在水粉、深粉、玫瑰粉上举棋不定，最后，她捏起了那团深粉色丝线。我母亲的手指的这一抉择是非常正确的。那五根手指，尤其是拇指和食指，也许还包括中指，同时意识到了一个词语——时间。它们用一个深色给予了这个词以基本的敬畏。深色，是十万大军，它们在穿越时光的道路时，会有重大伤亡。它们必胜的信念来自自己的无穷数量，砍不完的头颅。深色是数量庞大的物种，天敌的利爪或牙齿，只能使它们跑得更快，跳得更高，飞得更轻盈。

那团被选中的丝线，立刻就身负使命。它必须肩负起把一朵明天就可能凋谢的花移植到白布上的重任。从泥土到白布的迁移，犹如捧着一满碗的热汤从厨房到餐桌，小心翼翼是起码的。不能改变花的颜色，汤不能溅到地板上；不能改变它开放的姿态，即使烫了手指也不能把碗仍到地上，手指要坚持；要让这朵花在没有水、没有土的白布上、一个新世界上，不知不觉地继续开放，并使之永不凋谢，尽可能长久地鲜艳下去。母亲的手指和目光都隐在木窗的后面，这一移植行动，绝不可以让院子里、阳光下的花朵知道，不然，谁能保证那朵被选中的花不扭捏出一个恶俗的姿态。

母亲坐在窗前的刺绣是对花朵转瞬凋谢的有效补救，是对关东漫长严冬的精神储备。姥爷家有菜窖，爷爷家也一定有。谁家会没有菜窖呢？菜窖里储满了过冬的白菜、土豆、萝卜……这是大人在秋末冻土形成之前必须做的，而关东的少女们，则在白布上储备了整个冬天开放的花朵。这可比挖一个地穴式的菜窖要耗时费力，因此这一工作也许从春天就开始了。

暴雨突然而至，花瓣在雨中挣扎，最后死在污泥里，而母亲面前白布上昨天刚绣好的几朵芍药花，像几个在暴雨来临前及时找到了一个有雨披的屋檐的小女子，她们的衣服没有被淋湿，头发没有散乱，连脚上的鞋子都没有溅上一丁点的泥水。它们不像是躲过了一场大雨，而是躲过了一场直指生命的浩劫。

哭

我母亲的哭泣能成为一个事件并在整个少年时代占有一席之地，主要依赖于母亲哭得绵长持久，在跨越常规之后又走了很远。她哭了整整一年。如果母亲的少年时代是从 10 岁到 19 岁，那么这一哭泣事件就占了十分之一。这一比例实在是太大了，实难忽略，而且母亲哭泣的理由也十分的充分，足以将这个哭泣事件支撑住一个整年，365 天。

这一长达一年的哭泣事件发生在母亲 15 岁的时候，也就是她拿起绣花针的头一年。也可以理解为我母亲为拒绝绣花针而进行的个人的消极的反抗行动。我母亲的哭泣在我的地主姥爷的威压下，不可能发出太大的声音，但她可以哭得悄无声息、绵长持久，可以用哭泣的长度来弥补哭泣声音的微弱。

夏天，母亲坐在凉席上继续着她的哭泣，院子里忽然的阵雨，使母亲的沉闷溽热的哭泣透进一丝凉爽；秋天，母亲坐在大柳树下哭泣，南去的大雁从头顶飞过，抛下眈眈的两声大叫。母亲的哭声没能干扰它们翅膀的煽动。它们飞得平稳、秩序，看上去不累。

在母亲看似没有终点的哭泣的间隙，我的姥姥试图引导女儿绣绣花，做双鞋，试图用这些有益身心的手工劳动，把女儿从哭泣的泥淖里拖拽出来。当母亲拿起那枚细小尖锐比一支钢笔不知要轻了多少的绣花针的时候，已经是第二年的春天了。当她低下头准备把我姥姥所说的刚开的芍药花绣到一块白布上时，她发现她看不见手里的白布，更看不见手里的针，至于我姥姥所描述的开在院子里的灿烂芍药，我的母亲认为根本就不存在。不仅是那些花朵不存在，而是什么都不存在，在我母亲的眼前出现了大片的黑暗。她们视觉里的景物是如此不同，为此她们母女发生了争执。我的姥姥透过玻璃窗又看了一眼开得嫣红一片的花朵，突然就对我的母亲有了警觉。

芍药花

在我的地主姥爷家房子的东侧，有一个很大的菜园。那里边种着黄瓜、辣椒、西红柿，香菜、白菜、黄花菜。它们绿油油的，开着黄花。在菜地里，在那些绿油油的可食用的蔬菜的里边，也有一簇芍药花。这就使姥爷家的那片菜地，成为儿童作业本上的一道题：黄瓜、香菜、西红柿、芍药、油菜。问：上述词语中哪一个跟其他不是同类？答案：芍药。

芍药站错了队，在大片的菜地里，它遗世独立。它采取高傲的态度面对众多的异类。它拒绝与白菜的叶子交谈，不理会香菜的频频致意，对黄瓜媚俗的花姿不看一眼，更谈不上有什么共同语言。

芍药扎根在菜地里，推开四周蔬菜的喧哗，然后专注于自己灿烂的开放。它计较每片花瓣打开时的速度，最后呈现的姿态；计较光线的角度，以及天上云朵飘过时打在花瓣上的暗影；它再三斟酌每片花瓣上颜色的浓淡，不忘归纳总结评价每片花瓣在形成一朵完美的花朵的过程中所起的作用和所做出的贡献。

黄瓜、辣椒还有西红柿，它们无可奈何地开着自己的小黄花，在芍药艳丽逼人的硕大花朵面前，它们做了最后的挣扎：在细小的花朵的下面，它们暗藏了一个更为细小的果实。当芍药艳丽的花瓣在夏风中纷纷飘落的时候，黄瓜、西红柿……就在这个时刻，突然拿出了自己翠绿或红艳的巨大果实。这个果实的大和它们当初花朵的小是触目惊心的。如果没有仇恨和执著的报复，它们怎么能长得这么大？它们的春天才刚刚到来。

芍药同蔬菜的不同是本质上的，它们的价值观不同。

在菜地里，芍药就应该被铲除，如同在那串词语里芍药代表的花朵应该被删除一样。它不是蔬菜，拿不出果实，叶子花朵亦无食用价值。这样的题大部分的孩子不会做，他们还很幼小，还不能越过花朵看到后面的事情。这是人类引导自己的孩子进行简单的世俗思想的第一道训练题。

灵官阁和保宁庵

从木格子套窗向院子里望，我的姥姥看到了花砖墙边的几簇高大的芍药。这些芍药确实已经开放了。那大团的粉色，在阳光下，在不到 5 米的距离内，是醒目的。我 16 岁的母亲，同我的姥姥处在一个位置上，她的视线不应该同她的母亲差异太大。比如她的重点也许不是那些晨露中的花朵，而是偏左侧砖墙上砌出的镂空的花边，或者是右侧厢房屋檐下正在窝边对飞出去持迟疑态度的一只小麻雀，总之，她只要是睁着眼睛，她就应该看到些什么，但事实是我的母亲的眼睛确实是睁着的，可她却什么也看不见。她把她的这一奇怪感觉告诉了身边的我姥姥。

我的姥姥先是怀疑，以为自己的女儿在故意气人，但当她对着女儿大睁着的眼睛定睛看了 60 秒之后，突然就面露惊恐之色。她断定，自己的女儿已经彻底失明。她是真的看不见那些醒目的芍药花，准确地说，她是看不见了光。

姥姥不再说话，而是转身向姥爷的房间走去。她的小脚走路一慌就有飘摇之感。两个形状夸张的金耳饰急速地摇晃起来，甚至发出了叮当之响。

姥爷对此事也给予了高度重视。母亲旷日持久的哭泣他不是一无所知，但他尚能理解女孩子爱哭的怪癖，对此没加理会，更不与干涉。但失明之事可超出了他可以不闻不问的界限。这日后可怎么嫁得出去。一个女孩子一降生，嫁出去的工作就得着手做了，这是父母必须努力做好的一个事业。

我的姥姥姥爷两个人，分坐在八仙桌的两侧，每人各执一只一尺长的烟袋，针对我母亲的失明召开了一个家庭首脑会议。在是看中医还是看西医上，他们的分歧很大，最后在求助神仙的这一点上顺利地汇合。他们的依据是：谁家的孩子不哭？没听说一个孩子竟能通过坚持不懈的努力把自己的眼睛哭瞎的。这事不寻常，有说道，具有大量怪异可疑的成分。医生，不论是西医还是中医，尽管他们的医术有多高超，但医生是肉身，这就是局限。医生又无突破这一局限的力量甚至愿望。他们安于这个局限里，全无走出去的打算和行动，而我母亲的失明，恰恰出现在医生局限之外的空地上，也就是在医生力所能及的范围之外。医生的范围之外是神仙的领地。我的母亲既已闯入神仙的地盘，那么，这一案件，就只有求助万能的、对此事有责任和义务的神仙了。

母亲家所住的乌拉城，庙宇林立。城内有，城外也有。官建、民建、满人建，汉人建。城内著名的庙宇有：关帝庙、城隍庙、财神庙、药王庙、仓神祠。城外的大庙有：灵官阁、保宁庵、山神庙、观音阁、昭忠祠。在这些庙宇中，最辉煌且灵验、香火极旺的是灵官阁和保宁庵。

接下来，我的姥爷和姥姥在求助哪路神仙的问题上又发生了争执。姥爷主张去保宁庵。他拿出同治五年土匪马振隆深夜攻打乌拉并取得失败的事件为依据。他说，马振隆的队伍是很强大的，而乌拉守军"老者不堪差遣，幼者尚未由此长成"，满城几无可用之兵。在这种情况下，怎么能守住城呢？原来是保宁庵里的关老爷手持青龙偃月刀，骑着赤兔马，率领老、弱、病、残守军鏖战一夜，最终击退劫城土匪，保卫了供奉他的乌拉古城。保卫乌拉一役，关老爷身先士卒，谁能做证呢？证据是有的。是日清晨，保宁庵钟鼓齐鸣，关老爷站在那里，对自己昨晚的战功只字不提。但他老人家胯下的赤兔马则不应该也保持沉默。那战马，激战一夜，到了早上，归了原位，仍然在不停地流汗。那泥马流汗的情景立刻被许多人看到了，于是真相大白于天下。此后，这里香火更盛。这就是姥爷的依据，而姥姥则提出了反对意见。她说，关公是武将，他未必爱管女孩子的麻烦事。神仙也有个大致分工。先不说他爱不爱管这种个人的小事，就不应该拿这么琐碎的一件事去麻烦骑马拿刀的关公。他也许都不知道该如何下手。否定了姥爷的提议后，姥姥亮出了自己的观点：应该去灵官阁，去娘娘庙。那里供奉的三霄娘娘，极其关注民间疾苦，也法力无边。庙中灵官阁供奉的文殊、观音、普贤三位菩萨也极具普度众生的情怀。尤其那观世音，最为慈祥，好说话。她原来是个女人，女孩子的事，就求她吧。

观音从高高的莲坐上往下一看，认出了我姥姥。我的姥姥为什么能被观音认出来呢？因为她虔诚，平时功课就做得好。初一、十五忌荤，十八、二十八敬香。还常为庙上捐些细碎银两，因此，那观世音对她的印象极佳。观音又看到了跪在一侧的我母亲，她看见一只黑色大鸟正在母亲的眼前扇动翅膀。观音一眼就认出了这只黑鸟。它从一个深渊里孕育而成，以浓黑得看不见的颜色在人间飞翔。它的翅膀是无力挡住光明的。它不能对太阳产生多少影响，而只能对内心陷入黑暗的人推波助澜。观音弹了一下手指，那鸟就飞走了。

21 天后，我母亲的眼睛渐渐有了光感。她看见了木桌、茶碗以及上面描金的花纹，既而又看见了木格子门窗。透过窗子，院子里开得轰轰烈烈的芍药花，终于进入了母亲的视线。母亲第一次觉得那花是那么让人心动，那么美，她有了把那艳丽的花朵刺绣到大幅的白布上的想法，于是她用白而细长的手指拿起了一枚尖锐闪亮的绣花针，她的手在那一筜箩丝线上游移，在深粉、水粉、玫瑰粉上举棋不定。

乌拉学堂

母亲就读于乌拉国民优级学堂。在学堂的院子里，在四处的角落里，都栽种着草本花卉。芍药率先开放了。芍药醒来的早，它喜欢春天。母亲穿老式旗袍，梳披肩长发。课间常在芍药花下流连。那些艳丽、直率、执著于倾诉的芍药，不能不左右十几岁的我母亲的情绪。我为什么喜欢芍药花？为什么认为芍药是我见过的最美丽的花？那荷兰的郁金香，那也叫花吗？同芍药比起来，那种僵硬的，半开不开模棱两可的态度，说明它开得很犹豫，很勉强，打算看情况随时收回自己的花瓣。花的绽放是不计后果的，是不顾一切的。反正我要开放，彻底打开所有的花瓣，风雨或是阳光，都是好朋友。我为什么一下子就喜欢芍药花？一定是母亲在孕育我的时候，就把她对芍药花的认识和看法，同形成我的血肉，一同投放在一个杯子里，然后，她轻轻地摇晃了几下。

母亲的学堂也要做操，这不同于她 10 岁之前在乡下读的私塾。矮小的日本校长常在这个时候走出来。他穿着严格意义上的西装，但当他一走进高大的中国女学生的队列，就如同一只黑羊没入了深草中。她们的长发，他们的旗袍，还有她们肃穆的脸，一同将他淹没了。

母亲穿老式旗袍，迈着淑女脚步，寝不言，食不语，行不侧目，笑不露齿，在矮小的日本校长领导的伪满洲国小学里毕业了。她考上了省城的中学。那时的考中学比现在的考大学要难。一个学年只能考上几个。

省城在什么地方？母亲不知道，我的地主姥爷也不知道，但姥爷说，那可贼远贼远，当天怕是回不来。回不来那不就得在外面过夜？姥爷忧虑的是：15 岁的大姑娘在外面过夜，要是传出去，谁家肯娶？这个污点是没有办法擦掉的，是多大的学问都无法弥补的。女孩单独离家是万万不行的。女孩可以离家的那天，就是她出嫁的日子。女子幼年、少年由父亲管理，到了出嫁的时候，则由父亲转交给其丈夫。其实，那个形式复杂，场面喧哗，一片喜气洋洋的结婚仪式，完成的是两个男人对一个女人的交接，而这一交接能否顺利完成，是以该女子的肉体是否洁净如初为前提的。我的地主姥爷认为，15岁的姑娘，应该待在家里，绣上两年花，就该出嫁了。那书念多点念少点，都与娘家关系不大，对本人也没有什么益处。那些学问非但不能对日常生活有所建设，反而说不定在什么时候突然就对平静的日常生活起到彻底或不彻底的破坏作用。这是个有去无回、有害无益的投资，精明善算计的我姥爷是绝不会干这样贴笑大方的事的，因此，在我的母亲是否上中学这件事上，他是持坚决反对的意见的。他在理论上相当成熟，决无撼动的可能。他是寄希望比我母亲小一岁的我舅舅能读中学、读大学，进而学而优则仕，最终实现光耀门楣、安慰列祖列宗的现实理想，但舅舅贪玩，并未把这一家族使命切实放在心上，因此没能考上。

现实给我的地主姥爷出了一道难题。这个难题有两个答案。我的地主老爷毫不犹豫选择了儿子作为正确答案，但事实冷酷严峻地告诉我的姥爷，他选的答案已被证明是错误的。这个题到这个地步已经变得非常难了，但可别低估了我的地主姥爷。这题即使到了这步，也难不住他。首先他就不承认会有两个答案——儿子或女儿。他坚定地认为，答案只有一个，那就是儿子。如果儿子这一答案被证明是错的，那么这道题就没有答案！女儿不能成为重大问题的答案，女儿不是答案！相反，在我的母亲功课的突出成绩面前，他倒看出其不足来，比如都15岁了还不会绣花，更不会做鞋，这可怎么行，补上女工这一课已经刻不容缓。全是读书给耽误的，当务之急是快速提高做女人修养，以备将来出嫁别丢娘家的人。

而此时，我的母亲已在文字的道路上走了很远。文字的光亮已经在母亲的眼前闪亮。文字本身是黑色的，若能将其正确地组合，就会闪现光芒。母亲已经进入了这个游戏，并已谙熟将其正确排列组合的若干方法，实际上，我的母亲已经回不来了。

正当她一步一步向前迈进的时候，她的主宰，她的父亲，我的地主老爷，大声地喊住了她。她必须止步。这个从身后传来的巨大声音，足以使我的 15 岁的母亲再也无力迈动脚步。

停止前进的指令是姥爷发出的，而折返的路途则要由母亲独自走过。母亲转身回来的脚步是何其艰难和痛苦。她转过了身，看到了文字的反面，那些比黑暗更黑的物质。她一回身，立刻就陷入了漫天的黑暗。

母亲走得很慢，同时开始了旷日持久的哭泣。夏天，她坐在凉席上哭泣，院子里突然的阵雨，给母亲沉闷的哭泣带进一丝清凉；秋天，她坐在大柳树下哭泣，南飞的大雁在母亲的头顶咣咣地叫上两声，它们飞得平稳、秩序，看上去不累。

二、白布上的细粉莲

一段稍有松脱的丝线突然挂住了我的无名指上残破的指甲，那个以黄色木尺为依据的红色粉笔记号，也在同一瞬间出现在我试图前进的左手的前面。我看见那条由红色粉末垒成的土堆突然高耸了起来，而那挂住我的指甲的丝线向后的拉力也在暗暗加大。

在这里需要停顿。木尺的刻度，还有那段有了思维的丝线都在提示我的手要在这里停下来。我意识到，我的手恰停在母亲婚姻的前夜。红色标记是母亲 30 年婚姻的起点。这是母亲生命中最重要的时段，在这里，我将出现。我怎么能匆忙掠过母亲的重要生活？怎么能忽略我来到人间的时刻？我的手怎么能在这里不停留？

在这里，母亲刺绣到白布上的花朵母亲叫它细粉莲。它的果实和浆汁有止痛止泻作用。母亲在房屋后的一小片花园里，种植着北方常见的草本花卉：姜石蜡（八月菊）、包指甲花（凤仙花）、蝴蝶梅（虞美人）、夜来香（野苏子）、细粉莲（罂粟？）——在这一片赤橙黄绿的花朵里，有两种花具有实用价值。它们除了能看，还能用，能以切实的功用从母亲的花园中脱颖而出，走进母亲日常生活的腹地。第一种是包指甲花。它的花瓣挤碎后的汁液可以用来染指甲，相当于指甲油彩，一种植物染料。我在幼年不只一次地染过。母亲少年也用这种花朵染指甲，并由她把方法传授给我。我认为效果不好，主要是色浅，加上我的做法不得要领，往往是不仅染了该染的指甲，最后连手指甚至是手掌都给染上了。我等于用这种花朵的汁液洗了手；另一种有用的花朵就是细粉莲。它在我幼时的眼里不是花朵，而是一种长着枝叶并且开花的药丸，是一种散落在大地上的未经包装的药片。

细粉莲大朵大朵地出现在母亲的幔帐上，出现在对应着母亲婚姻生活的那片白布上。它是母亲经营一个大家庭的强有力的助手。母亲的孩子多。她以两年一胎的平常速度，在生产生命。母亲是造人神仙派往人间大地上的一个工作人员，是一个生产人类的工作站。依我看母亲的使命完成得很好，她从 20 岁一直生育到了 40 岁。若不是 1966 年我的弟弟出生后不久，政府的避孕药发放到了母亲的手里，从而使卵子的温暖窝巢突然就变成了光滑的陡坡，我母亲的生育工作将继续下去，不会在 40 岁时就戛然而止。

说我母亲的生育工作做得出色，不仅是因为她生的多且成活率高达百分之百，另外还有一个主要因素，那就是她把工作做得细致且具才华，她生的是花胎，在生态平衡上还有所贡献。她若先生一个男孩，那么下一个一定是个女孩；若再生一个男孩，那下一个一定又是一个女孩。母亲编就的这一生育程序，其优势在 20 年后会进一步呈现。邻居常家一连生了 5 个女孩，后街闫家则是相连的 7 兄弟。常家的女儿会一个一个地嫁掉，曾经热闹的房子最后将成为空巢，而闫家则要不停地娶进 7 个儿媳妇，房子会突然变得窄小，征用了仓房后问题仍得不到缓解，境况堪忧。只有母亲可以平静地坐在那里，先娶进一个儿媳妇，然后不慌不忙地嫁出去一个女儿。母亲不输不赢、不急不恼、不多不少，她同世界的交易合理而公平。

我是母亲生育链条上的一个环节，是母亲为了获得而需舍出去的那一个。我将被从兄弟的链条上解下来，然后抛出去，我的漂泊轨迹将是一个弧线，最后的落点在那里，我和母亲都不知道。我将被扭结到一个陌生的生命链条上，上、下、左、右、血型、染色体、家族遗传疾病，我要接纳这一切，在接纳的过程中做一些毫无用处的挣扎动作。

我们这些间隔 2 ~ 3 岁的孩子们，每天喝生水，吃瓜果基本上不洗。刚刚在小水沟里抓到了几条小鲫鱼，回家吃午饭前洗不洗手，我已经记不清了，反正我们不生病。25 岁前，我没住过医院，没打过吊针，药片加一块没吃过 10 粒。但是我们吃过大烟，吃过妖艳的花朵细粉莲。我们的肚子会偶尔地疼一疼，这时，我母亲就会从后院的花园里连根拔下一株细粉莲，洗掉根上的泥后，连叶带茎加上花，一齐下锅煮。喝下一碗这样的水，肚子疼的症状就会消失。这种水有些苦，作为补偿，会再给一碗糖水。为了喝那碗糖水，会出现几个孩子一齐喊肚子疼的局面。你说肚子疼，那我也疼了。母亲没有工夫分析判断哪个真疼，哪个假疼，反正细粉莲的水有一锅，糖水也不缺，就依次每人一碗。这样，母亲的后花园，实际上就是我们这些孩子的一座小型医院，一个飘着花香的药房。我们也不得什么复杂怪异的病，一般也就是肚子疼啦，感冒发热啦。在这方面从未难为过那个简单朴素的药房。它在承担我们 7 兄妹的身体保健方面基本上还能胜任。没出什么重大的医疗事故。我们都成活了，在细粉莲略为苦涩的汁液的浇灌下，像农作物一样长高了。

在母亲的婚姻生活里，孩子是重要的，但更为重要的是我的父亲。他看似被众多的孩子遮挡了。他可是我们生活的主宰。我们这些孩子，是一个一个升起又落下、落下又升起的彩色气泡。我们杂乱无章地飘动在母亲的周围，而使我们能飘然升起的力量来自我们的父亲。没有父亲，我们无力聚成一个彩色圆球，更不能在空中做哪怕短暂的飘动。

母亲从父亲的手臂下钻过来，把手里捧着的一碗菜汤放到饭桌上。那碗菜的上面，漂浮着几朵红辣椒的横断面。那辣椒被火烤了一下，竟闪出了金属的光彩。里面的香味因烘烤而逃逸了出来。香味原是藏在辣椒里面的，它们像一窝幼小的吃奶动物，火一烤，它们就受不了了，就你推我挤地往外跑。因为幼小，就慌不择路，跑得四处都是，跑得整个屋子都飘满了惊慌失措的香味。母亲将烫手的碗放到我面前的方桌上，就对父亲说，快吃吧，一会儿就凉了。母亲在说这句充满关怀的话时，脸上全是不耐烦，这不耐烦又殃及到了语气。其实母亲的不耐烦不是针对着父亲其人（他们很恩爱），而是针对着父亲正做的事。我的父亲正在干什么？这个我知道。我已经2岁了，就坐在火炕的苇席上。那碗冒着懒散是热气的由白菜的条和土豆的块组成的菜汤，就放在我眼前的饭桌上。这碗漂着"红花"的菜是父亲的，虽然它放在我的眼前，但它不是我的。那红色辣椒的味道是我不敢靠近的。它像一个脾气奇特的人，我一时很难同它建立起来友谊，然而它却是父亲的老朋友，他们每天在饭桌上相聚。父亲的菜不断地冒着热气，那热气像是在呼喊父亲，但现在，热气寥寥，声音微弱了下去。这说明它已等待父亲多时。我的父亲此刻眼里似乎没有它，而是专注地望着门楣上毛主席的画像。父亲不是孤单的一个，他组织了一个队伍，这个队伍包括了我们家的所有青壮年：两个哥哥，两个姐姐。他们排成一列。他们所做的事类似于后来我知道的餐前祈祷：感谢主赐予我们食物！感谢毛主席赐予我们早饭！感谢毛主席赐给我们土豆、白菜、粉条、大米！

在这个队列里没有我，没有我母亲，看来父亲领导不了我的母亲。母亲以端饭端菜为由，拒绝参加父亲组织的政治或宗教活动。我们家是分餐制，有几个人吃饭，就有几个菜盘或碗。这众多的碗和碟，需要母亲一碗一碗地端上来。这看似她不参加父亲的活动的理由。

在生育、早饭、父亲的革命思想、植物药房、泡泡一样多的孩子，看似纷乱，实则都在规范地运转的生活里，我的母亲突然就出了故障。我的母亲是仅次于父亲的一个家庭主要部件。她出了问题，整个家庭就陷入了恐慌。

我的母亲在一片生机勃勃、欣欣向荣的大好形势下，又一次双目失明了。她突然就什么也看不见了。她看不见地上自己的鞋子，看不见了手里正在缝制的衣服，看不见了窗外的柳树，看不见了菜地里的蔬菜和花朵，看不见了我父亲，看不见了自己的孩子。她像被一块黑布突然兜头罩住，于是世界只剩下了声音。依着听觉，她知道世界并未远去，更未消失，它还在它原来的地方，只是自己同它的联系中断了一大部分。几缕联系的丝断开了。母亲想凭靠着听觉继续生活在原来的位置上，但实践证明这存在着难度。比如她要穿鞋，却把脚伸到了孩子很小的鞋里去了；比如她要到院子里去，却找不到房门，在一面没有门的墙上摸索了半天；比如她想摘下几根黄瓜，却把茄子摘了下来；她把醋误以为是酱油；把苏打误以为是淀粉；将面粉当成奶粉给最小的那个孩子吃了。总之，一切都在母亲的手里错了位。这使我们家的生活陷入了空前的混乱。靠听觉是无法准确地料理那个生活的。视觉不可缺少。如果我们家想在原来的轨道上运转，就必须要让母亲的眼睛重新看见。

同第一次失明不同，这一次失明的原因母亲生前没有披露，她只是详细说了这次失明后的治疗过程，至于原因，母亲不说，那么我们就不知道。母亲在讲述这两次失明的事件时，第一次讲述的重点是原因，对第二次失明则把讲述的重点放到了如何治疗上。

我们家房后的那个植物药房，对母亲的双眼无能为力，那些叶子、花朵、根，只能对肉体局部的疼痛施展手段，它们溶在水里后，迅速来到那块疼痛的地方，手拉着手，跳着滑稽的舞步，那块疼痛的组织，就一边看一边笑，然后就忘记了它正在做的工作。细粉莲花的这些小手段，无力驱散母亲眼前的黑幕，它们的法力有边。

就在这时，我的父亲在这个关键时刻负起了责任。他虽然不懂任何医学哪怕常识，但他有能力推动细粉莲花陷入僵局的局面。父亲带着陷入黑暗的母亲踏上了一条通向光明的道路。

半个月后，母亲重见光明的事实有力地证明了父亲的正确，也证明了父亲的共产主义信仰的正确。事实证明，父亲能够改变、主宰母亲的命运，能够在母亲陷入一片黑暗之时，把她引领到阳光灿烂的早晨。

父亲拉着母亲的手，母亲手里抱着还在哺乳期的二女儿。先是走了4公里不通任何车辆的道路，然后就来到了火车站。火车要走4小时。当火车终于抵达终点，母亲的双脚踏上那个陌生的城市时，母亲不知道，这就是她 15 岁时，为此哭瞎双眼的可以读中学甚至大学的省城。13 年后，她来到这里，手里抱着第四个孩子。她将走进一所医院。

父亲来过省城，他不只一次地在这里开过会。在省城众多的医院里，父亲选择了白求恩医科大学附属医院。父亲知道白求恩，父亲有阅读能力，作为一个农村基层干部，他读过老三篇。因此他信赖白求恩。他深信，白求恩的医院，一定能给他和他的生活带来光明，那光明会照亮他的一切。

白求恩医科大的医生没有让父亲失望。他们果断地用细长的针，对着母亲徒然睁着却什么都看不见的眼球扎了进去。那根针不是实心的，而是暗藏了一条通道。一种白色透明的液体通过这条细窄的通道，缓慢地流进了母亲眼球的内部。它们是一支从天而降的士兵，一支有思想的士兵。母亲的眼睛里正在混战，两股势力拼杀得烟尘弊日。从针管的通道进入的士兵都带着最先进的武器。它们迅速平定了母亲眼睛里的内乱，镇压了那些刁民，把几个领头的砍了头，剩下的乌合之众随之四散。为了进一步稳定局面，这样的针连续扎了 7 天。充足的兵力和正确的方针，使母亲眼睛中的秩序得到了彻底的恢复。一切都归了位。硝烟散去，战场上的尸骨和血迹已被长出的青草和野花所遮盖。太阳又升起来了，而且万里无云。光明如闪亮的金币从头顶倾倒了下来。

世界在母亲的眼前真像一个梦境，它忽远忽近，甚至忽有忽无。它可以瞬间消失，也可以通过神力甚至人力奇迹般地重现。

最先在母亲的眼前显形的是菜盘的边缘上的勾结成一圈的蓝色花——景德镇民用瓷器上的通俗符号。那些千年不变的花朵被藤蔓勾连着，围成一个直径 30 厘米的圆圈，从容地把一盘炒豆腐围在了中央。那豆腐由不规则碎块垒成，颤巍巍的情况让人担心豆腐们的团结局面极有可能在转瞬之间瓦解，但那圈手牵着手的蓝花，像是阻拦它们四散而去的栅栏。视觉上的安全屏障使那个早餐平静、没有危险。我母亲最先看到的就是这些蓝花的图案。我不知道景德镇餐具上的蓝色花是以什么花朵为摹本，但它们那种被时光彻底压平的姿态，已经不是任何一种花，已经抽象成一种符号。那里有所有花朵的灵魂。有光世界最先呈现给母亲的实像就是这种花的符号，它是大地的象征物。然后，母亲的目光不是看见了盘子里的豆腐，而是看见了一碗米饭。这说明母亲的目光走的不是直线，而是转了弯，也许那花朵符号同样阻挡了母亲目光的进一步踏入。这时，母亲的目光没有在饭碗边缘花纹上停留，而是直射到了米饭上。母亲看见，那米饭的晶莹颗粒如昆虫的卵一样在阳光里闪亮。米饭呈一座山峰的形状，而且是一个白雪的山峰，出现在母亲渐渐打开的视野里。那是一个直径只有20厘米的小碗，却在母亲的眼前形成了高耸的山峰。在那个餐桌上，母亲看到了大地上的主要的事物：植物和花朵、山峰。接下来，母亲就看见了人，看见了我父亲。父亲坐在她的对面，一桌之隔，正在吃饭。父亲的蓝色中山装，首先从浓雾中析出。她看见了父亲的上半身。别在父亲右胸的一枚金光闪闪的金属毛泽东头像，则在晨光中耀眼地闪了一下。这时，父亲的头和脚还隐在雾霭里，但这时，母亲眼前的雾已经越来越淡了。阳光从雾的缝隙照了进来。母亲眼前的浓雾已被光线撕开了裂口。母亲的目光像一把锈迹斑驳、卷了刃的旧铧犁。她前进的速度很慢，但终于，父亲的头部出现了，她看见了我的父亲。然后，她把目光折回，又看见了手里抱着的孩子。母亲的目光把身前、身后、身左、身右，两米内的空间打开了之后，开始向更远处开垦。她越过父亲的右肩，将目光推向父亲遮挡了一半的玻璃窗。窗外是伪满洲国国务院的遗留建筑，十分的巍峨。她又试着打开了天空，而天空在那里，流云舒卷。鸟或者是家鸽从那里飞过。至此，世界的一切视觉上的景象，都呈现在了母亲的眼前，世界的果壳在母亲的眼前又一次重新出现了。世界像是一只眼睛，它也许突然就在母亲的眼前闭上了，现在，它又懒洋洋地睁开了。母亲看到的世界，实际上就是这一只眼睛里的山水。

　　母亲在生前曾详细描述过她第三次重新看见世界的次序：花朵，器皿上的花朵；山峰，米粒垒成的山峰；人，我的父亲；孩子，自己的孩子；房子，一个设想中的国家的建筑；天空，玻璃窗切割的一块天空，以及这块天空里的过客，鸟和云。第三次看见世界的形态也有些异样：首先它是变形的，比如我母亲说那盘子上的兰花，像是漂浮在水上，又像被风吹得在颤动；说那碗米饭如一座巨大的山峰出现在眼前；说我父亲的出现就更奇怪，他的上半身看上去很大，尤其那张别在胸前的主席像章，不仅大而且会闪光，而我父亲的头出现时，则只有原来的二分之一大。

母亲在省城只住了7天医院。当医生听了母亲关于那个早餐的讲述后，就决定让母亲出院了。他们回来了。回到了她熟悉的生活里。

母亲远远地就看见了自己的一棵大柳树下的房子，看见了那个自己家的枯黄的干草堆。阳光下的干草处境危险。那是一堆陈年的稻草，每根草都是空心的，里面储满助燃的空气。母亲在与干草存在一定距离的时候突然感到，那直射下来的阳光，打算先把干草烤干，然后在一个时刻，唰地一下把它点燃，而忽然的阵雨，使太阳的烘干工作受到打扰，以至那个恶作剧的点燃动作，总是处在时机不成熟的阶段。太阳每天按时到来，同地上的湿气以及斜插进来的雨水，比着耐心。

母亲准确地找到了房门，她的恢复了的视力，在拉开房门这一动作上没有出现一丁点的误差，门上涂着蓝色油漆，而铁制的门拉手闪着白光。

母亲准确地抬起了脚，她没有在门槛这里绊上一跤。她跨过去了。

火炕的苇席上有一层灰，这是她离家7天里落下的，孩子还不知扫。母亲将怀里早已熟睡的孩子（不是我，那时我还没出生，据说是我的二姐。）放下，发觉火炕十分凉，就在她直起身，准备在灶下生起火，她看见敞开的北窗里，高大美丽的细粉莲，在夕阳下开得轰轰烈烈。那灿烂的粉色，连成一片的粉色，差点又让她再次失明。

三、白布上的莲花

母亲幔帐的末端，也就是最后一米的平面上，是大片的莲花。它们是粉色的、白色的；展开的、闭拢的。在花朵的下面，母亲绣了几条水波纹；在花朵的上面，一朵花蕾的尖上，又绣了一只醋睡着的蓝蜻蜓。这只休息状态的蓝蜻蜓让我迷惑，以我的经验，蓝蜻蜓是不降落的。它们是在水糖上飞翔。在幼年，我抓到过无数的黄蜻蜓、红蜻蜓，我能以80厘米的身高，和没有发育成灵敏的小胖手抓到它们这些有翅膀的东西，是因为它们就停落在我家的栅栏上，小葱的尖上，晒衣绳上，甚至是我竖起在空中的一根手指上。它们相信一切有尖的物体都可成为座椅。水田里的草尖是何其多，它们却要飞到农舍区来，飞到木栅栏上来，飞到幼童胖而险恶的手指上来。它们是不是生就的喜欢烟火的气味？在这里，却从来看不见蓝蜻蜓的影子。它们止步于远离于尘烟的水泽之上，它们不到人间来。我也到水塘或大片的沼泽的边上玩，在那里，我能看见蓝蜻蜓接近于黑色的幽蓝翅膀平铺着飞过来。面对这巨大的有震慑力量的美丽生物，我从未想到要对它竖起一根引诱的手指。我是明智的，从它们飞行的姿态上，我看出它们根本就不是在寻找座椅，它们专注于飞翔本身，没有在哪个草尖上落下来的打算。整个童年，我没有抓到一只这样的蓝蜻蜓，因为它们从未在我的眼前落下来。它们总是在飞翔。紧贴着水面，或掠过一片蒲草的尖顶。我深信，这是一种不相信一切的动物，对所有可以停靠的尖顶，持谨慎警惕的态度。它们看到了危险，甚至看到了结果。它们是一个受到几世追捕的家族，所有的子孙一生下来，就踏上了逃亡之路。它们不敢停歇。

而在母亲的幔帐上，在母亲的荷花池里，母亲却让它们停歇了下来。它们怎么就相信了母亲？相信了母亲的荷花绝对安全？母亲与蓝蜻蜓是怎么交谈的？

在母亲的幔帐上，荷花的出现很突兀。北方不产莲花，它不可能开在人家的房前屋后，它不在母亲的日常生活里。那么莲花是怎么进入母亲的内心，并占有重要位置？我找到的答案是母亲少年时代信仰佛教。母亲心里的莲花来自菩萨的莲花座，那是母亲刺绣的蓝图。莲花开在母亲的精神之野。莲花出现在世俗的细粉莲的后面，中间没有任何过度的花，这样的衔接生硬，突然，但母亲不与理会。什么样的技术手段，能使精神与物质的对接不出现缝隙？

莲花不在母亲的日常生活里，母亲的晚年，在我们都没注意的情况下，独自走进了一个开着莲花的精神世界。莲花是母亲的精神世界里的花朵，她要靠近它，却因于世俗的肉身而无法迈动脚步。母亲于是派出了神灵般的蓝蜻蜓，它从母亲的灵魂里起飞，去寻找那世外的荷花池。那在我幼年看到的不肯降落的蓝蜻蜓，从我的身边飞过的蓝蜻蜓，就是母亲的蓝蜻蜓。它正飞翔在寻找莲花的途中，它没有完成母亲的使命，又怎么能落到一枚草尖上？

在母亲的幔帐上，在细粉莲与莲花的连接点上，我画上去的蓝色粉笔印记若隐若现。同母亲的绣线相比，它很表层，一阵风就可以将它们吹得无影无踪，但它又是信心十足的，像隐在蒿草中的低矮但坚硬的由石头构成的国界的界碑。界碑是阻挡脚步、车轮，还有马蹄的。母亲幔帐上的由我画上去的界碑，竟然有力量阻挡了我的强大的父亲的脚步。细粉莲花到这里戛然而止，它完成了使命，我们都长大了，被交到医院和医科大学毕业的医生的手上。我父亲的生命走到这里也突然停了下来，他被这一道蓝色线段坚决地阻挡了。他竟然失去了跨越一条粉笔线段的力气，我的父亲死了。

只有母亲走了过去，走进了莲花开放的世界。我和我的兄弟姐妹也都在这条蓝色线段前止步了，它还找不到进入我们的灵魂的途径。我们并没有停下来，而是四散而去。我们突然发现了许多条岔路，有了从母亲身后逃走的打算。接着，我的哥哥姐姐率先这样做了。他们各自选了一条看似鸟语花香的方向，绝尘而去，许久不见回来。我们剩下的几个，从哥哥姐姐的成功实践里悟出：世上的道路有千万条。我离开母亲的日子在一天天地逼近了！

我偶尔会从我所选择的背离母亲的道路上折返回来，看望孤独的母亲。依她的要求，我给她带回来了一串佛珠。至于她托我打听庙宇的下落，我则没有找到。我住的那个城市，满眼都是酒店、歌舞厅、洗脚和洗澡的招牌，庙宇的飞檐，我可是没看见有。我告诉母亲，庙宇已经离开了人间，至于那庙里的神仙亦不知去向。神仙们可能是集体搬家了。

木质房门已经摇摇欲坠，拉开它我不敢太用力。已转动了几十年的铁合页，会不会在这一次的转动中突然折断，从而死在我的手上？窗子在我的眼里突然低矮了。当初我怎么也爬不上去的窗台，我估计现在不用抬脚就可以坐在上面了。穿过堂屋，进西面母亲的房间。见她端坐炕上，腿盘得像莲花座上的菩萨。膝前是一盘红艳艳的大李子。果子来自房后父亲亲手栽种的果树。母亲的手里拿着一个吃了一半的李子。我突然看见那个被母亲吃了一半的李子的果肉上，有一只白胖的肉虫正在挣扎。从它肉体的扭动，我看出它极为愤怒，但更多的是恐惧。它惊异于自己浑圆的家，房盖怎么突然就不见了？光线一下子把它照得通体透明。我猜它躲阳光就像人躲雨一样是本能。人怕被雨水淋湿，而深居一个水果中的小虫怕被光线照耀。我看见那小虫子的房盖在母亲的嘴里，正在被认真地咀嚼。就在母亲低头准备再咬一口，准备连同愤怒的虫子一块吃掉的时候，我已经走到了母亲的面前。我抢过来那半个李子，一扬手，把它从北窗扔了出去。扔到了我家那绿莹莹的菜地里。那条被我搭救的虫子，将无可奈何地爬上一片绿色的白菜叶，开始刺目的光线下的新生活。它的身体一定会改变颜色，食物结构也会发生翻天覆地的变化。将果肉的甘甜存放在记忆里，接受吃苦菜汁液的现实。我不知道它能否适应这命运的突变，总之我给了它一条生路。我不知道这种善举会给它带来的是幸福还是痛苦。

回过头来，我凝视母亲的双眼。她大睁着一双眼睛说，学校放假了吗？母亲眼睛的表层没有白色的云翳，但我仍得出了结论：我的母亲又失明了！第三次失明了！

我一惊一乍地说出了我的发现和经过初步证实的结论，却不料，我的母亲用十分平静的语气否认了在我看来的事实。于是我又得出了进一步的结论：母亲不知道自己失明了！

我坚持我的判断，母亲则不与我争论，而是打算用实际行动来有力地证明，我的判断是错误的，而她是正确的。

请注意我母亲的一系列动作。

母亲伸开盘了不知多久的腿，准确地找到了自己的黑布鞋，用那种半拍都不少的连贯动作，将双脚插入地上的布鞋里，踏上了向我证明的漫长征途。

她准确地找到了房门并推开了它，接着轻盈地迈过了门槛，至此，她在证明的道路上走得一帆风顺。

从起居室穿过堂屋抵达户门的道路上，母亲也没有出现任何差错。趴在堂屋地中央的一只老花猫，并未被母亲一脚踏上或踢翻。她从它那没有任何现实理想的懒散的身体的边上，成功地绕了过去，连伸出的长尾巴都没有被踩上，因此那被我期待的猫的大叫就没有发出来。

母亲打开了房门，随着吱呀的一声响，她已经站到了院子里，她甚至还抬起手为双眼遮挡了一下刺目的阳光。她是不是还残存着一丝光感？

我站在母亲房间的红砖地上，透过玻璃窗向院子里的母亲看：她拉开菜园的木门，走进去时没有踩到菜苗上。她开始抽蒜薹，抽了能有二十几根，她的手抓不住了。出来时又顺手拔下了几棵菠菜。这样她的两个手就都满了。在回来的路上，她突然转了湾，也就是往房门东侧走了过去，她腾出一只手，伸进了一个草编的鸡笼，当她把手抽出来的时候，两个红皮鸡蛋就握在母亲的手里了。

母亲进了厨房，接着我听到了擦火柴的声音。我过去帮忙。我的工作就是往灶膛里续加柴草。母亲则开始做菜。我注意看她的动作，在油、酱油、醋的使用上没有出错；在盐、糖、味素的使用上没有颠倒。她甚至还给菜用淀粉勾了一下芡。至此，对于母亲是否失明，我也有了一丝不确定。

端上桌来，母亲竟然给我做了四样菜：鸡蛋炒蒜薹、切开的咸鸭蛋、辣白菜，然后就是菠菜豆腐汤了。我疑心母亲真的还有视觉。当我拿起筷子准备吃饭时，我看见那碗白色的米饭的颗粒间镶嵌着几颗未脱皮的稻粒，它们的数量不少，至少有五六个。我看见母亲的碗里也有，她第一口就吃进去了至少两个带皮的米粒。在我的记忆里，母亲煮饭之前对带皮米粒的检查是非常严格的。唯一的解释就是她看不见。当我拿起汤勺准备要喝那汤时，我看见，在那个漂着碧绿菜叶和白玉般的豆腐的汤的上面，在一朵一朵的油花的空隙里，直挺挺地漂浮着至少3条菜青虫。

它们已经死了，不然我怎么就那么容易地看见了它们腹部的类似于脚的突起？我阻止母亲喝汤，劝她吃鸡蛋和蒜薹。我说这碗汤很好。母亲说那你就全喝了吧。

北窗开着，窗外是一片花园。那里种着北方的草本花卉：凤仙花，虞美人，八月菊……它们都在开放。母亲一边吃饭，一边向我描述那些花朵的颜色。她说，八月菊有三种颜色：粉色、白色、紫色，而凤仙花也有三种颜色：红色、紫色、粉色。我向窗外看了一眼，八月菊都是粉色的，凤仙花则全是红色。

至此，母亲向我做的所有证明自己能看见的努力都在我这里失败了，应该说明的是，在某一个环节她做得很成功，但在关键时刻，她功亏一篑。我从母亲的证明里，得出了相反的结论：母亲又一次失明了，而且自己不知道。

在母亲坚信自己能看见的情况下，带她去医院，她是肯定会拒绝的。我于是对母亲说，学校正放暑假，我们去省城哥哥家住两天吧。

母亲同意了。

我把母亲领进了白求恩医科大学附属医院的大门。我试图扮演我父亲，并期望能取得父亲当年的辉煌成绩。

这次白求恩医大的医生没有给母亲往眼睛里扎针，没有立刻往里派驻维和部队，而是通过一个构造复杂的镜子往母亲的眼睛里看。我猜测这就跟军事望远镜的作用一样。他们是先观察，然后再说。他们把观察的结果告诉我。用的是医学术语。我听懂了，现翻译如下：你母亲眼睛里已经全乱了套了，而且无法清理整顿。负责呈现图像的那一层组织，已经分崩离析。一大部分已经背叛了初衷，同别的组织混到了一块，从而再无组织起来的可能。总之，局面已经无法控制，更无法收拾。只能任它混乱下去。要说办法还有一个，那就是换一个新的眼球。我一听，上哪找那现成的颗粒状的眼球呢？医生也说没地方找。其实眼球是最多的，可都是一个萝卜一个坑。谁也没有多余的。移动过来一个，世界就会出现一个空洞。

最后，医生给母亲开了几瓶安慰性质的药水，我们就离开了曾在 30 年前给予过母亲光明的白求恩的医院。

我开始总结母亲这两次去医院的不同。医院是同一所医院，母亲的病症也没什么变化，所不同的，是两次陪母亲去医治的人不同。第一次是父亲，第二次是我。父亲是强有力的，从肉体到精神；我是虚弱的，也从肉体到精神。父亲成功了；我失败了。我缺乏父亲的那种渗入肌肉，甚至血液、骨头里的精神力量。我的无力的手不可能实现把母亲从黑暗拉入光明的理想。我意识到，父亲的坚定的共产主义信念是母亲能在 30 年前重见光明的的关键。医院只起到了一个辅助作用。

父亲去世了，父亲不存在了，剩下了我和又一次失明的母亲。我感到全身突然就虚弱无力了，脚步越来越沉重。

离开医院的路上，母亲走在我的身边。她说路边的树是小叶杨树。我扭头一看，那真是一行树龄至少 40 年的小叶杨树。母亲又开始向我描述那树的叶子的形状。

我的眼睛开始模糊，我看不见了被母亲描述得十分准确的杨树，我只看见父亲带着年轻的母亲，母亲手里抱着熟睡的我的二姐，走在我正走的离开医院的同一条道路上。母亲用刚刚恢复了光明的眼睛，侧目看路旁也许是刚刚栽种的小叶杨树。她记住了那些绿色的，生机勃勃的树叶的形状。

（逢母亲去世十年，以此文纪念）

《大家》2007 年 1 期

回乌喇

　　我是母亲最小的听众。对乌拉古城的讲述，从她被迫离开的那天就开始了。最初的听众，是乡下草屋的木格子套窗，是手中白布上的芍药，是黄泥墙头风中吹笛的空心草。不久，父亲就出现了。母亲把流浪的父亲留下来，做她的第一个听众。母亲的讲述进入明亮部分。但父亲不是一个好听众。一座古城及一个少女的故事，父亲的阅读一目十行。他很快就从母亲那遍布细节、传说、场景的叙述中挣脱出来，并转过身去。父亲太年轻，那些与寺庙、学堂、布料相关的温软故事只属于母亲，而父亲的一切都在未知的未来。母亲的讲述从地上升起，最高抵达庙宇的飞檐；而父亲要倾听那来自云端的声音。云端的声音覆盖了地上的一切，母亲的声音父亲已经听不见了。父亲是那个宏大声音的一个接收机关，然后他按照那个声音的指示率领民众进入母亲的故事，砸碎那些细致易碎的部分。面对父亲的背影，母亲的讲述并没有停下来。母亲开始让自己长出枝杈，让自己生产听众，让倾听的耳朵围绕在自己的身边。她从自己的身体里找到了七个倾听者，我是母亲最小的听众。母亲的讲述是电影的循环场。我入场的时候，母亲讲到她的 15 岁，讲到她的第一次失明。

我考上了中学。全学年只考上 12 个。你姥爷不让我去。他说 15 岁的大姑娘应该回家，绣两年花，就该出嫁了。哪有工夫上中学？中学在省城吉林（民国吉林省会在吉林市）呢。坐船得走一天才到，那晚上也回不来呀？姑娘家能在外面住吗？我额（读去声）娘不说话，她也是不同意女儿到兵荒马乱的外面读什么书的。读完国小就行了，也没有几个女孩儿上学。在上中学这件事上，我没有一个支持者，而我的反对者又是那么强大。父亲的声音从身后传来，我被迫停下脚步，往回走。我的眼前一片黑暗。

远方的中学已经开学了，我坐在南窗下绣花。额娘要求我绣好自己的嫁妆。我不愿意绣花，更不愿意出嫁。我就想上学。上不了学我就开始哭。我的哭声不能太大，不能让父亲和额娘听到。我哭给手中的苏针，哭给白布上的芍药，哭给院子里的砖墙，哭给不远处娘娘庙上的风铃……我哭的声音小，但是我哭得长久。我哭了差不多一年。第二年的春天，我的哭就停下来了。停止哭也是被迫的，我的眼睛失明了，我什么也看不见了。

吃了一个月沈子泉的弟子李大夫的药，不见好。最后李大夫说，怕是虚病。治虚病应该去哪里？额娘知道。

正赶上四月二十八，额娘带我去了娘娘庙。去娘娘庙的路就是我上学的路。学校和娘娘庙挨着。出门往西走到宋八银匠铺，转弯往南过芙蓉成衣铺就到了。学校的对面一个高台上就是灵霄殿，也叫圆通楼。里面供着三霄娘娘。因为庙和学堂离得近，每天的诵经声、木鱼声、钟声，和我们的朗读声响在一起。这条路我走了好几年，以为闭着眼睛也能走到。但是，真看不见了却是寸步难行。

我拉着额娘的衣襟走到三霄娘娘的面前跪下。我额娘是在家居士，除了规定的日子要到庙里来拈香进贡，平日在家里还要吃花斋。这里的住持还去过我们家。每年乡下下来新米，额娘都给她们送去一些。由于平时跟神仙走动得勤，跟尼姑感情基础好，这次家里遇到了事，娘娘不会不管，住持明空不会不管。那个叫明空的老尼带着三个小尼来到偏殿，给我念了很长时间的经。念经的声音很好听。除了木鱼，还有一种像盆样的乐器，声音很清脆。后来知道那个法器叫磬。磬不像木鱼似的像下雨似的不停地敲，磬的声音拉开很大距离。一会响一声。我在她们诵经的时候睡着了一小会儿。记得是在磬的一个声音里睡着的，又在一个磬的声响里醒了。

后来，母亲的眼睛就好了。这为她避匪避兵弃城而逃提供了便利。母亲在几次大难临头的时刻都在恢复的视力的帮助下成功地逃脱了。

二

1985 年，母亲 60 岁。她再一次看不见了有光世界。人间在母亲的眼前又一次被完全涂黑了。

这次失明仍与哭泣有关。10 年前父亲病逝。母亲开始生命中的第二次哭泣。这时母亲的哭，已经不是少年的暴雨倾泻，这时的母亲雨滴细小、连绵。有时仅仅是薄云，是寂静的阴天。

这时的哥哥姐姐已经长大，连我也快 20 岁了。我们开会，商议为母亲治病。母亲像个儿童，跟随我们去大大小小的医院。我第一次去长春，就是带母亲去医大二院。住在离医院很近的小旅馆里。第二天早上 4 点就去医院门口排队，买到一个就诊的号码。来自教授的诊断令我绝望。他说眼底，视网膜毁坏。母亲的眼睛是掉到地上的镜子，再也不能出现完整甚至是破碎的图像。现代医学只能阐释不能粘合。破碎的镜子，甚至无法从地上收拾，

从此，为母亲治疗眼疾的脚步停了下来。我把科学仪器看到的一切真实告诉了母亲，但意外的是母亲不绝望。她从黑暗里走出来过，相信还会再次走出。最关键的是找到那条出来的道路。母亲说，不对。这样

不对。

母亲的治疗方案与我们的完全不同。甚至方向相反。

母亲再次向我描述她少年时的经历。详细描述了那条走出黑暗的道路。她说，只要再次走过。

我是不信的。我被教育成不信。童年母亲的讲述不能进入我读的教材。但是我从孝道出发愿意把我的衣襟放在母亲手里，然后上路。

这是我第一次来到母亲的出生地，第一次进入母亲从我的童年起就反复叙述的家园。来到这里，我对母亲的讲述产生了怀疑，她所说的一切都是不存在的。我疑心母亲的叙述来自她的臆想和虚构，或大部分来自虚构。我左顾右盼，想在满眼简易、粗糙的屋舍中发现母亲叙述的青砖和鳞瓦。母亲说，城内城外有八座寺庙，可是我一座也看不到，只看见简陋的电影院和农机站；母亲说，十字街商铺林立，过年的时候，南街北街比赛烟花。天都照亮了。我只看见农民坐在路边卖菜；母亲说，寺庙的钟声还有飞檐下的风铃声，我只听见学校里广播体操的口令配乐播放，身边两个孩子打架，粗口熟练。走在十字街上，我对母亲的讲述产生了怀疑。这里曾经那么细腻过吗？母亲的少年生活存在过吗？

母亲的光明之路必须要经过那座娘娘庙。也是我们此行的目的地。怎么能找到娘娘庙？我见到人就问。娘娘庙早就没有了，路人说。娘娘庙没有了，那遗址在哪里？

我们找到了遗址。看到遗址我才知道我们为什么能找到遗址。这是个特殊的地方：高七八米的土台，长有百米，宽有 50 米。因巨大，又是泥土的，所以无人破坏。不然，这里早就长出绿油油的蔬菜或金黄的稻谷了。

土台的正面还砌了水泥台阶，顺着台阶往上看，台阶连着水泥的"革命烈士纪念塔"。除此，土台上什么都没有。母亲说的娘娘庙，不见片瓦。

母亲说，找到一棵树也行。

母亲要找的树，是当年的树。我环顾，满眼的树木都和我年龄相仿，不大于 20 岁。这么年轻的树，是托不住一个神灵的。神灵也是很重的，神灵也需要浓密的枝叶遮挡。小树漏光，阴影太薄。在风里主干都要摇晃。这些都不符合神灵的基本要求。但是我必须要为母亲找到一棵树。好在母亲是看不见的。她的眼前是四五十年前的景象：香烟缭绕，古木参天。风铃轻响，木鱼和铜磬的敲击声从内殿飘出来。一个小尼姑在扫殿前落叶。她认得母亲，浅笑招呼。

最后，我在那些小树中选了一棵比较粗的榆树，把我们带来的香火、水果和一蓝纸花摆放在那棵被选中的树下。我把香点上，插在泥土里。把水果摆成塔状。

母亲对着那棵榆树跪拜。没有比丘尼为她诵经、敲响那些悦耳的法器，只有对神持怀疑态度的我站在旁边。风吹树叶响。我看见香烟散乱，惊慌失措。

我是不肯跪的。我不知道要向什么跪。在这点上，母亲没有疑难，她清楚地知道。她的眼前有佛，有各路神灵。在这些面前，母亲知道自己小，是需要帮助的。但是，在跪下的母亲身边，我站着是不对的，我不应该比母亲高出来这么多。我不知道我应该以一个什么姿势在母亲身边，最后我蹲下了。蹲是个非常别扭的姿势，不是坐，不是跪，不是站，蹲是一个暂时的姿势，随时可以站、坐、跪。蹲是不安静不踏实的。为遮掩姿势的尴尬我扶一扶被风吹得歪斜的泥香，维护它们的笔直，再把花篮里的艳丽纸花一根一根插进泥土。我把那些花插成一个圆形的花圈。

那棵稚嫩的小树，没能肩负起为母亲擦去眼前黑暗的重任。但它却使母亲的每一天都活在对光明的希望里。

三

许多年后，在我单位一位政协主席的书柜里，我看见了一本书——《乌拉史略》。遂向该主席索要，获赠。

《乌拉史略》作者尹郁山。系著名满族历史学家。母亲的口语叙述，在尹先生的书面语里找到依据。由此我知道，母亲的讲述是真实的。

关于乌拉古城

乌拉最早的城池，为明初扈伦国主纳齐布录所建。当时称乌拉洪尼勒城。乌拉汉译为江，洪尼为要塞。

明嘉靖年间，原扈伦国主七世孙不颜，收复附近诸部，建立乌拉国。王城建在洪尼的地方，其城称乌拉。

明万历四十一年（1613）乌拉国被后金努尔哈赤所灭。

顺治十四年（1657）在乌拉初设打牲朝贡机构。设立八旗，奉旨开辟贡山和贡河。

民国时期。1912年，清王朝覆灭，民国创建。汉人大量入住。满汉杂居、通婚。商业兴起，开辟商埠。打牲城成为商业城。

现在，行政建制为乡。属吉林市。称吉林市乌拉街满族乡。

关于乌拉庙宇

有清一代，乌拉街是个封建堡垒。后在汉文化的影响下，儒、道意识形态与满八旗人固有的礼尚习俗相混淆，很难辨识其民族文化属性。寺庙林立。城内有，城外也有。官衙建，民间也建。汉人建，满人也建。乌拉城内庙宇有关帝庙、城隍庙、财神庙、药王庙、仓神祠五处；乌拉城外有灵官阁、保宁庵、山神庙、观音阁、昭忠祠五处。

关于娘娘庙

灵官阁，亦名圆通楼，俗称"娘娘庙"。在城西北古城内小城高台上。始建于清康熙三十六年（1697）竣工于康熙四十九年。光绪十九年（1893）修葺。整个建筑群体坐北朝南，前有山门三间，进山门为灵官阁一座，其后为东禅堂、西禅堂对立。之后为三霄宝殿，层次分明。

遗憾的是，整个主体建筑焚毁于1947年旧历九月初四，即解放乌拉街之役。附属建筑因建国初期无人管理，逐年坍塌而废弃。所剩的唯一历史见证物铁香炉，也于1966年被化铁为犁了。

大乌拉老城创建娘娘庙碑记

粤稽老城，乃乌拉之故墟。环顾皆山，天堑长江，壮哉伟地也……自丁丑岁，有东鲁禅僧正孝者，瓢笠行来，仰观祥云蔼蔼，知非凡子可居；俯察瑞气腾腾，定为神圣所依。既而愤兴曰：此固胜境，可为神之妥侑，何荒榛若斯乎？是以诚心立愿，募建天仙圣母行宫……夫而后草棘尽除，仆石顿起。幸神启佑，大殿先成，丹碧炫煌，金象灿然，瑶阶层接。又逾年，东禅堂初就，僧栖卓锡，勤课经文，钟鼓有音，幡幡增色。至丁亥岁，西禅堂继起，以待云水僧人。如是庙立矣，而尤有进焉。……又于戊子春，修建灵官阁，为圣母之前护法，神威彰瘅赫濯。至庚寅之夏，阁甫告成，缘将众善，受兹景福，勒石垂芳，以志不朽。

……

大清康熙四十九年岁次庚寅季秋月中浣二日

四

1947年农历九月初四，乌拉城硝烟骤起，两支军队为争夺乌拉而战斗。昔日祥云蔼蔼、瑞气腾腾的天仙圣母行宫，转瞬成血腥沙场。母亲一家弃城而走。灵官阁地势高陡，守军退入寺庙，攻城部队强攻，死伤过百。最后，攻城部队下令放火焚烧庙宇。大火冲天，战斗结束了。双方共死伤500人。

娘娘庙遗址上的树，都是这场战斗以后，从灰烬和血水里长出来的。它们的叶脉里有红血球。

娘娘庙里的诸神诸仙，在战争打响之时就携手逃离，庙宇无法撤离，在战场上被挟为人质，最后同失败一方同归于尽。

女人没有故乡

替身

——帷幕下的人间生活

一、序

　　我的生命存在争议。十八岁前，我的身上携带着一个个令我的父母困惑不解的谜团。当母亲同大神（巫医）还有工匠，一同用丝绸和长发为我制作了一个替身（替身，我的复制品。我由血肉构成，而我的替身由木头竹子、棉布棉花扎成。）之后，那些不解之谜都如绳索上看似复杂的活扣，被一一抽开了。

　　十八岁开始，我就不是一个，而是两个。我是一个复数。有两个我同时在这个宇宙中存在，一个在地上，一个在天上。在地上、在人间的是我；在天上、在天堂的是我的替身。我的替身就是我的复制品，是另一个我。她被送到天上去了，替我在那里司职。这样我便得以在地上的人间活下去。

　　这说明，我在地上的肉体生命是一个违法行为，是一个错误。但地上的、人间的肉体生命是我刻意追求的，是我的一个重大的、思考后的选择。而我们的生命一直是由不得我们自作主张的，可我得天独厚，恰有一个自作主张的机会。我的决定同我的生命形式的预先设定相背，我实际上是个逃犯，我需要遮掩和躲藏。我应该被修正、被更改。可是，我的母亲执意要保留这个错误。她为了挽留自己十八岁的女儿的生命，同天上的王母娘娘展开了看似毫无希望的较量。但母亲不是一个人，她知道自己的肉身不是天上的王母娘娘的对手，于是母亲召集了她熟悉的、一直护佑她的、让她信赖的地上的众神和众仙。他们较量的结果是打成了平手。于是我被分成两半：一半（替身）给了天上的王母娘娘，一半（我）留给了地上的母亲。

而这一结局，天上的王母并不知情，她一直被蒙骗着。不然，她是不会同意平局的。她一定要全部，而地上的母亲必须妥协。这就是我的替身存在的重大意义。她（替身）遮掩了我的存在，用她的长发还有迷人的丝绸衣裳有效地遮掩了我在地上、在人间的生活。我的生命实际上就像一只小虫，我躲在一片叶子的背面，风、雨、雷、电，还有天敌的目光，都由这片细窄、碧绿、不堪一击的叶子来抵挡。

二、苇席上的梦境

亮泽、细密的金黄色苇席；印着大朵粉色牡丹和金光四射的凤凰的棉布被子；荷花、水波以及碧绿的荷叶下安眠的一对鸳鸯图案的绣花枕头，它们共同为我二十年前的一个午后睡眠中的梦境搭好了舞台。也许是窗外四月流荡的阳光；也许是窗下菜花之上飞舞的白色粉蝶弄出了些微声响，我从那个正上演离奇故事的梦境的舞台前回了一下头——我被惊动了，我醒了。我睁开了注视梦境的眼睛，而梦境的大幕就在我睁开眼睛的一刹那拉上了。那些花朵、水泽、道路还有屋舍，包括那只一闪而过、细脚长尾、全身赤红的精灵，都似被从梦的深处投来的一张巨网罩住。而这张网没有网眼，它是一块黑色巨大的布，裹住了梦中的一切色彩。网迅速收紧，最后被看不见的手拖拽走了，拖到了梦开始的黑暗之处。我的目光放弃了对那个包裹了我的美丽梦境的黑色圆点的追赶，无奈地投向身边窗外的蓝天。窗外的一切似乎远不及我刚才的梦境生动有趣。虽然，窗外有碧绿的油菜，蓬勃的黄瓜架，几株虞美人已长出美女般欣长的细胫，开出如蝶的花朵。它们颤动在窗外，茎和叶片被墙所遮挡，这使它们更像翻飞在我的视线里的流连不去的蝴蝶。

我躺在那里，躺在金黄的苇席之上，躺在梦境和现实的中分线上。牡丹、凤凰、荷花、鸳鸯簇拥着我一动不动的身体。我仿佛坐在一只飘摇的由梦境驶向现实的渡船之上，我得等待，等待这船将我沉重的肉体载入现实的水域，并期望现实的耀眼阳光把我的被冷却的思维照亮、烤热。我不敢动，稍一动，船就会倾斜，我就不知道会坠入哪里，梦境？还是现实？因此，我躺在那里，只缓缓地转动着眼珠。

阳光是如此刺目，我的在梦的阴凉下生长起来的地衣般的目光，害怕它的直射，于是我放弃了对窗外那几朵红花的漫不经心的注视，将疼痛的眼睛再次闭上了。我翻了一个身，将头和身体慢慢地转了一个九十度。当我再睁开眼睛时，呈现在我眼前的就不是蓝天、黄瓜的黄花、虞美人红色的花朵，而是站在屋子中央、红砖地上的一个"女孩"。她站在那里恰面对着我。身上穿着大红的旗袍。两条辫子垂在两肩。而在我午睡之前，屋子里是空荡荡的，只有我一个人，地上也只有我脱下的一双鞋子。

她从哪里来？她与我刚才的梦境似有理不清的刮葛。梦境后退时，她被遗落了下来？梦是有意的，它知道该把什么带走，而把什么永久地留下来。那么，这个穿着美丽衣裳的少女，是那一串纷乱绮丽的梦留给我的唯一的东西。那些色彩纷杂、变幻莫测的梦极似魔术师手中抖动的红绸，它遮盖着一个真实的事情。梦遮盖了她从那层层包裹中脱身而出的全过程。她与梦是个因果关系，而因和果被从中间遮挡了。她是那个梦的内核，她被层层包裹。梦如一个女仆仅仅收拾走了那些剥落的碎片。那我的那个冗长的睡眠其意义和目的就是为她的诞生而铺设母床？牡丹、凤凰、苇席、鸳鸯、荷花，都为迎接她而一齐来到我的身边？

瞬间的迷惑后，我终于明白，她是我的母亲从十公里外的古城乌拉用车子拉回来的。她的酝酿和制作我都参与其中。我虽然知晓她的几乎全部底细，但她的到来仍让我十分惊奇。我无法想象，她会进入我的梦境，并神奇地从梦境中析出，最后稳稳地站在我的对面。

实际上，她就是我，是我的替身。用木头、竹片、布匹、棉花构成。我在那个工匠的面前站了有十分钟。瘦高的工匠仔细地打量我，在心里一笔一画地画好了我的图纸，然后，他就依照着这张蓝图，用那些易燃的材料，创造了她，也就是创造了另一个我。他的制作极其认真仔细，用了半个月的时间，也就是月亮从亏到盈。

站在红砖地上的"我"是真实的，她不是我的影子。我有众多的、各种各样的影子：太阳下的，月光下的，水里的，镜子里的。区别影子和真实存在的办法有一个，那就是看你能不能和它并肩站在一起。想到这里，我从苇席上坐了起来，穿上了地上的那双鞋子，来到了她的身边。我同她肩并肩站了有二十秒。她比我略高一些，这该是那工匠的一个小小误差。应该是一比一的比例的。但我用这一办法证实了她的存在，将她从我的众多的影子里拉了出来。她将拥有自己的影子。至此，我看见了她，她也看见了我。我证明了她也就是证明了另一个我的真实存在。我是两个！我将在二这个基数上开始复杂莫测的生活。

三、复活的长发

我们开始了对视，因为她也有眼睛。虽然她的眼睛是用碳墨画上去的，但我从不敢轻视这样的目光。蒙娜丽莎的眼睛也是用碳墨画上去的。最初和她对视的眼睛都早已闭上了，而蒙娜丽莎的眼睛仍毫无睡意，仍在微笑地看着创造了她的人的子孙后代。她的目光和笑容已被复制了千千万万，充满了世界的每个角落。那个创造了这双永恒目光的人，是不是觉得人间缺少这样的目光？而这样的目光又是人间所必需的？就像工匠在母亲的授意下创造了另一个我，而我也是人间不可缺少的。准确地说是我母亲的世界不可缺少的。世界原本是空的，世界是被一点一点充满的。上帝充填了光、空气、水、万物以及人。上帝用直线将世界弄得横平竖直。这样，世界就被分成了几大块。这些大块是很不细致的，甚至很粗糙。那上帝的直线间的空隙是需要大量的曲线的。那些空隙、那些曲线、那些细节，将由我们（包括所有生命）来充填、描画、讲述。比如蒙娜丽莎的微笑就是由一个男人充填进来的。他认为：世界，我们的世界需要这样的微笑。于是他创造了那个必需的微笑，并把它放置在全人类的对面。它占据了一块人间的空隙，从而挤掉了一块人间血腥的画面。母亲将我充填进来，我也占据了一块空隙，也许一个邪恶的人就会因此而无法挤进人间。那么，在我们的世界里，在人间，如果缺少什么，都不用着急，它们会慢慢地到来！

我知道自己不是这样的目光的对手，于是将视线调高了几厘米，安全地落到了"我"的头发上。那些头发是我的。若干年前，我将及腰的辫子剪掉，剪成了一个日本式板凳头。那些被我遗弃的长发并没有随风飘逝，它们被一双手拣拾并且捆扎。母亲珍爱头发，她保存收藏她的四个女儿所有剪下的头发。而在那些长短不一的头发里，我的头发是最长最优质的。母亲的头发略黄且软，而我们都遗传了父亲黑且亮泽的头发。我们的头发，其实就是父亲的头发。在父亲过早地离开这个世界之后，母亲从我们黑而亮泽的头发里发现了父亲。实际上，父亲一刻也没有离开我们，没有离开母亲。父亲从我们的每一根头发里现身，而我们的头发又何止千万。那么，我们的父亲就是无穷的，他充满了我们的生活，他无处不在。而这些我们不知道，十岁的孩子不知道，只有拾起地上的头发的手知道，只有母亲知道。母亲突然就找到了父亲，找到了父亲的藏身之地。在母亲眼里，父亲的藏匿变不出多少花样：他在女儿的发丝里，在儿子的步态中，在所有孩子说话的声音里；母亲从大儿子的眉宇间看见了父亲，又从二女儿的手指尖发现了父亲的踪迹。母亲发现了这一秘密后，就停止了悲伤的哭泣。父亲没有离开，他只不过在同母亲做一个游戏。他藏起来了，故意让母亲着急，然后寻找。父亲将自己分成七部分，存放在七个孩子的身上。父亲放在我这里的是他黑而亮泽的头发。母亲小心翼翼、不慌不忙地拣拾着那些被我们随意丢落的父亲的颗粒。母亲在拼凑、在搜集，她相信她最终能将我们的父亲，散落在七个孩子身上的曾经破碎的父亲，聚拢成一堆，然后依据对父亲清晰的记忆，将父亲一块一块拼贴组装，然后把一个粘糊完整的父亲还给我们，像从帷幕的后边拉出一个藏匿的孩子一样容易。

那些在我十二岁时剪掉的头发，六年后又重新回到了"我"的头上。它们与我分别了六年，在母亲的一个纸盒子里沉睡。它们是做好了永远沉睡的准备的，但只有六年，它们的梦就被惊醒，一双手打开了尘封的盒盖，一缕阳光照亮了它们。我的那些头发，被母亲的双手从众多的头发中拣取出来，然后坐上辚辚的马车，来到扎制替身的工匠的手中。它们被安放在我的替身的头上，梳成两条辫子，又隆重地系上了红色蝴蝶结。而它们在我的两肩时，扎着两个形不成任何花朵的细皮筋。六年后，红色的丝绸蝴蝶栖落在"我"的肩头，它们一动不动，像蜻蜓紧紧地抓着竹竿的尖。它们从何处飞来？

那两条丝绸发带一定来自母亲的一个不轻易打开的包裹。那里边有长筒丝袜、折叠纹很深的老式旗袍，还有我从未见过的丝绸布料、形状怪异的绣花鞋。它们被母亲用一块黑色的布包着，放在衣柜的最里边。像用层层的泥土和纷乱的树叶掩盖着的一罐金子。母亲从不在外人的面前打开它，我也只看到一次。它是母亲的一个秘密。

母亲的衣柜里塞满了我们这些孩子的日常衣服：蓝衣、黑裤，旧军衣、列宁制服。这些衣服的用料都很粗糙。在这样一个装满了粗糙的衣服的衣柜里，那个包着丝绸的包裹是那么的孤独。它远远地躲在一边，不参与其他衣服的不断被穿上被换下。它永远不动，不像是现实中的东西。它像一条远古的沉船，从一个遥远的梦境中搁浅。它在我童年生活的那段特殊时空里找不到一个落脚的地方，更谈不上展现姿容，一见天日。它只好将自己沉到海水里去，远离阳光，停止前进。

姐姐们穿的都是时髦的旧军衣，列宁制服。她们的头发很短，任何头饰也无法在上面停留。那些被母亲从梦境一路带来的丝绸和丝袜，没能从她众多的女儿身上、头发上找到位置。它们只能被暂时掩埋，用一块同泥土一样黑的布包裹起来。衣柜的每一次开启，都与它们无关。那些丝绸已经绝望，它们在母亲繁忙的衣柜中大睡不醒。

那两条美丽的红色丝绸发带只能从那个沉睡的包裹中来，它们终于被母亲扎到了她的一个"女儿"的头上，这也许是母亲的一个梦想。母亲结婚时，从富裕的娘家携带了一包美丽的丝绸布料。她要用这些绚丽的布匹，打扮她的女儿。然而，当她的第一个女儿降生时，丝绸便成了一个被通缉的逃犯。母亲于是匆忙将它们用最黑的布掩盖了起来。那两条死而复生的辫子，还有那两朵丝绸的花朵，飘在"我"的两肩。我的头发已经很短了，扎不成任何辫子，更无法让丝绸在上面停留。母亲总是阻拦我们剪去长发。她说，女孩子要留头发。她说她年轻时头发很长，连辫子都不扎。我那时认为不扎辫子太不可思议了，那岂不是一个小疯子。我们的头发不应该让它在风中飘动，它们生来是被束缚的，只有死人的头发才是散开的。只要你想活着，就得捆扎住头发的飘动。母亲拿出了她少女时代的照片：十六七岁的母亲同她的两个姐姐或坐或站在一个小几旁。母亲最小，穿老式的看不出曲线的旗袍，而我的两个姨的衣服和鞋就更是讲究。她们都是大家闺秀的神态。

长大后，我迷恋丝绸和长发，迷恋母亲的过去。那是皮鞋踩在青砖地上的生活，那是穿丝绸旗袍和长筒丝袜的生活。我十分遗憾自己的身材不够挺拔高大，我长裙长发的样子不是太好，或者没有我预想的效果。即便如此，我仍一寸一寸复原着母亲的过去：我将如绳索般的辫子打开，让每一根发丝都浸泡在风里；我穿上古老的丝绸衣裳，迈着六十年前母亲的淑女脚步；我的话语得体、轻柔，绝不在人前大笑……我在一点一滴地复活母亲，如同小心地粘合一个打碎的蓝花瓷瓶。

四、面若挑花

有着我父亲若隐若现的影子的头发下，是"我"的脸。那脸是用一块淡粉色的布做成的。眉、口、鼻都是画上去的。从眉、口、鼻等五官还有脸的颜色看，他（那个工匠）并未毫厘不爽地依我的原样画：眼睛比我的要大，眉毛又细又弯，嘴唇的红色极其鲜艳。而站在他面前时，我完全是一副病容：眼睛暗淡无光，因失眠还常有红色的血丝；嘴唇几乎没有什么红色；脸色也极灰暗。这巨大的反差，我猜不像是误差，而是他有意的。他认为我是个病人，正被一块巨大的疾病的阴影笼罩，他是复制一个我，而不是复制一个有病的我。他是依照我的病容，制造了一个健康的我。也就是他修改了一个错误。他是对的。我的脸色是一生下来就这样灰暗的吗？不是。是后来的病痛让我蒙上了一层云翳。所以他去除了所有不洁的东西，努力地将我还原了回去。

那块淡粉色的布，使我的脸看上去面若桃花。可我的脸是什么时候被一块乌云笼罩？它又为什么滞留在我这里长久不去？当灰暗的脸色再加上心律不齐、近视、澳抗阳性、萎靡、时而失眠，时而嗜睡，我病得几乎就接近了死亡。连看了几个医生都说没什么病。一个男医生还乘给我听诊之机，将伸到我胸前的手离开了听诊器。我木然看着他，没有一丝害怕。我想我也快死了，对肉体的看护已毫无意义。我已提前放弃了我垂死的肉体。若不是我的母亲就站在我的身后，将他的小动作牢牢地控制在我的衣襟下面很小的范围，我似乎无力对他的更进一步的侵犯做丝毫的反抗。（而他进一步侵犯我的可能性是有的。母亲讲过一段关于他的有趣故事：说这金医生原是省城一所大医院的医生。一天，来了一个女病人，金医生看她不像是普通的感冒，就决定给她做个胸透。他说，到里间去等一会，把衣服脱了。等他处理完了另一个患者，来到里间准备开动机器透视时，他发现那女患者不仅依他的指令脱掉了外衣，还把裤子包括鞋都脱掉了。在那个黑暗的房间里，白条女人像点燃的白炽灯一样立在屋子的中央。医术高明的金医生犹豫了一犹豫就在那个黑暗的房间里把自己变成了一只刚刚破窗而入的飞蛾。金医生变的飞蛾绕着女人变的白炽灯转了三周，最后稳稳地落在了熠熠闪光的灯管上了。事情坏在这个女病人身上，她穿好了衣裳，把那医生是怎么给她看的病都详细地告诉了等在走廊里的母亲，并吵着明天还要来看病。金医生犯的这个错误是应该判刑的，但那时医生实在是太少了，就把他流放到了我们家那个地方。艰苦的生活并未让他有多少改变，他只是细心地辨认手里的女人是否弱智。还能不能把医生的事告诉自己的母亲。他有了长进，我没有把他的手告诉母亲。）我听任那些钢铁的冰冷的仪器还有男医生不安而温暖的手，逐一翻看了我的心、肝、肺，摸过我的毛细血管和神经末梢，最后，它们没有找到任何可疑的东西，我于是被医院宣判无病，但我的母亲坚信不疑我有病，而我的病也确实就摆在她的眼前。母亲于是将目光从医院医生那里移开，转向了另一个方向。母亲怀疑我得了虚病，也就是肉眼也叫俗眼无法诊视的病。母亲认定，她的十八岁的女儿患上了神秘的虚病。我在母亲的眼里有了"说道"（说道：来历，通常指人间以外的）。

疗治我这"说道"的医院和医生在哪里？母亲却能将他们从芸芸众生中认出：他们藏匿于市井和深宅之中，隐没在柳树和蒿草之下；他们穿着无异于常人的衣服，吃着一样的食物，出入于千篇一律的屋舍、街巷；在母亲眼里，处处有他们的足迹，处处能看到他们的身影。他们千年不死，一脉相传，攀爬的枝蔓伸沿到生活的各个角落。它们吸纳着大树枝叶间筛漏的一点阳光，维系着细弱琴弦的生命；它们手里干着同别人一样的活：种田、锄草、收割，还有储藏，但他们除了看到庄稼、生活，还看到了另外的物质；他们像一个木箱子，里边有两层格，一层码放着他们的日常生活，一层则安放着他们信奉的神仙；他们时刻铭记自己是哪位神、哪位仙在人间的代言者，并在自己居所的一个僻静之处，供奉着那位时常光顾，爱对人间的事情操心的神，并以自己是这个神仙的奴隶而骄傲。

这样的人，被一个神或仙选定的人，在民间被叫做"大神"。他们的肉身和灵魂就是神偶到人间落脚的居所。他们用一个肉身凡胎，盛装一个飘然无形的神仙，他们的肉体因此极其痛苦。神可能极其庞大，潜入一个弱小的人体十分吃力，盛装一个神的人也就十分痛苦。我曾看到，大神的神下来时，大神的身体在一瞬间剧烈抖动。他目光笔直，语无伦次，其状如同在炼狱里受刑；他又似杂技中一串人体中最下层的那个，最高处的人在起舞，在轻盈地飞，而他则艰难地支撑起这个高空中的舞蹈。这样的一个苦差事谁会愿意做？后来我了解到，这不是人愿不愿意的事，而是那些游荡的神和仙选中谁的问题。人完全是被动的。在这个事情上，人不被征求意见。神和仙认为人是自己的奴隶，就像菜粉蝶看见菜青虫。神看上谁就是谁，没有给人留下一点讨价还价的余地。我听到不止一个大神无奈地说：不领不行（领：答应神借助自己的肉体来行善人间）。地上的人，在神仙的眼里，都是供他们暂时落脚的房子，如同溪水中供人踩踏的浮石。神的脚踏到谁的头上，谁就得努力托住他，别让神落到水里去。

　　被神、仙的脚踏到的人，其实是极平常的人。他们不是智力好，也不是身体漂亮，神在这方面不挑剔。神只需要一个肉体来传达神的话。神不便在人间显形，那是不被允许的。神只能通过这一条被指定的道路来到人间。神要造福人间，以此积攒功德。所以，这个人会说话就行。神让他说什么，他就说什么，不需要思考和选择。

　　依我看，他们（大神）的作用巨大。神界的指示、指点要由他们传达到人间，而人间的疾苦和病痛也要经由他们去求告于神。他们用自己的有限的肉体搭建起了人与神、人与仙之间唯一的通道。他们不辞辛劳，来往于道路的两端，为满溢的人间疾苦挖开一个流淌出去的缺口，同时也为无所事事神仙找到了工作。

　　神是万能的，神什么都知道，什么都有办法解决，人间的一切问题都难不住一个神或一个仙。神会着手解决两个月不下雨的事，也会把王家二姑娘的眼疾列入工作计划。神的眼里无小事。神有神的尺度，神的尺度跟人间的不同，甚至有些相反。人间的一丁点的事，在神那里也许很大，于是神就来了。我们的神是有求必应的，这是神对人的庄严承诺。只要有请求，那神就来，就会来帮助我们这些无依无靠的人，无依无靠的肉体，无依无靠的灵魂。

　　神的存在，很大程度取决于我们对神的需要。

　　神在人间已获得广泛的信任，他们的座位已变得牢不可破。我相信，神是人的亲密伙伴，神和人将永远携手，永远共存。是我的丈夫让我坚定这一信念的。我的什么都不怕的除了眼前的东西什么也不相信的丈夫，在他四十岁的时候，突然提出要去一趟北山。（吉林北山有众多的保存完好、香火极盛的庙宇。其中有佛、道、仙等。北山原名九龙山。因九座山峰相连得名。据《鸡林旧闻录》记载：康熙北狩，到鸡林城，看到鸡林城王气太重。尤其九龙山，龙虎之气太盛。于是命随军用火药及人力将其中八座山头削平。并在该山余脉欢喜岭设法场，以破坏吉林城的王气，又将九龙山易名为北山。现在的北山就是康熙留给我们的那个山头，也是他老人家认为对他的权杖没有威胁的山头。）到了北山他并未看山游水，而是一头向半山腰的庙宇冲去。他选了一个看上去威风凛凛、气势磅礴的神像跪下就拜。他的直立了四十年的身体第一次弯曲了下去。他双手合十，还闭上了眼睛（他不再相信眼前的事物了吗？），极虔诚地乞求这位神能保佑他八岁的儿子平安、健康，最好是日后能有点出息。

丈夫是个身材高大的人，似乎还有点武功在身，有一个可以配一只手枪在身的工作，他应该是无所畏惧的。但，他到了四十岁，事情悄悄起了变化：他突然开始怀疑自己的武功，不信任手里的那只铁家伙。他突然觉得，自己的身高、肌肉、武功、钞票还有枪，全加在一起，也不能胜任保佑儿子的重任。危险无处不在，人的看似严密的看护实际上是个漏洞百出的网。他在四十岁的时候突然就看见了那些漏洞，并吓出了一身冷汗。人的自大轻狂是多么的可笑和无知，而自己就在那自大里度过了那么多年。他小心翼翼，把保护儿子的重任郑重地委托给一位配着刀的威严诚信的神。他知道神的保佑是一张经纬极其细密的网，那上面是没有洞眼的，那里是唯一安全的地方。可他也未敢松懈，目光一直跟随在危机四伏、虎狼遍地的人间忘情玩耍的孩子的身影。他认为危险实在太多了，一个人和一个神的力量是不够的。世界已经改变，人神必须联手，共同努力，才能保佑一个孩子安全长大。

五、通向神祇的道路

有了目的地，然后才有道路。大神的居所就是我和母亲的目的地。

那么，通向大神的道路在哪里？这个问题似乎不用我来操心。母亲的心里不仅有目的地、有方向，甚至也有道路。我只需跟在她的身后，不停地行走。

那条通向大神的道路给我留下深刻印象。二十年过去了，它仍清晰地横在我的眼前，没有隐退、模糊下去。我不知道通向大神的道路有几条，一切选择、判断、决定都与我无关。我是母亲身后的影子，母亲到哪里，我就跟到哪里。母亲走上了什么道路，我就走上什么道路。

我跟在母亲的身后，时而走上一条水稻田的田埂，时而拐上一段高高的堤坝，然后又走入了一片小柳树林，低头从它们柔嫩的枝条下穿过。最后，我们来到了松花江边，看似已把所有地上的道路都走到了尽头。我站在母亲在身后，看母亲如何把断开的道路续接。母亲在江边站了六秒，就迈步走向了江边的一只停泊的木船。木船载着我们向对岸划去。木船像一枚粗糙的骨针，将我们脚下断裂的道路缝结。其实，这完全是一条不存在的道路，它是被母亲创造出来的。

大神的家在古城乌拉街，我家的正西方。母亲只有这个方向，她将方向找准了后，就开始了两点之间的行走。母亲忽略了脚下的道路。在母亲看来，方向是最重要的。只要有了方向，道路就会出现。母亲是极其智慧和正确的。我跟在坚定地走向她心中的神祇的母亲的身后，将田埂、水堤、小树林、木船，这些原本散落在大地上的毫不相连的东西，用我们的双脚穿缀成一条通向神祇的道路！

我们来到乌拉街，一百年前的乌拉城，四百年前的乌拉国，现在仅存一条街。在那条古老的街巷的上空，凝聚不散的是一朵原始宗教的云朵。它仍笼罩在那里的居民的头顶，给它们带来阴凉。母亲就在这片阴凉下长大。那些徘徊在乌拉城上空的神仙，那些护佑母亲幼年的神，在母亲遇到了困难时，马上都从沉睡中清醒了过来，争着要为母亲排忧解难。他们认识母亲，母亲也熟悉他们。他们和母亲很少见面，却彼此铭记不忘。

让我惊奇的是，五公里外的，完全没有道路相通的陌生街巷里，母亲没有打听任何人，就径直走进了一座宅门。那是一座老房子，鱼鳞状屋瓦已成黑色，绿色苔藓斑斑点点；老式木格子套窗紧闭着，影壁墙上有我不认识的怪异文字或图案，弄不清那到底是绘画还是文字；院子里青砖铺成的甬路呈直线通向户门。那些地上的青砖有的已经破碎。我疑心那些残破的青砖来自乌拉国早已颓圮的城墙。我走进那个院子，如同走进了母亲的过去，走进一幅已经卷起尘封的古画。

母亲同房子的女主人客气地说着话。那女人吸一支有一尺长的烟具，这是满人习俗。母亲不吸烟，她是汉族人，而且有不低的文化。我猜测那吸烟的女人也许是母亲少女时代的同学。母亲是在乌拉读的书，这里是她的娘家。娘家的事情谁不知道呢？前街拐角的布店，相邻是银匠铺；后街有一家药房，坐堂中医姓钱，至于口碑好的，神灵（灵在这里是形容词）的大神的住所，则如星座一样闪烁在母亲心里，永不熄灭。

那女人和母亲聊了一会家常，就把我一个人留在那间偌大的房子里，到另一个房间里去了。

我滞留的那个房间里的布局和陈设与我家基本相同：南北火炕，铺着金黄而光亮的苇席；中间是狭长的地，铺着青砖（我家找不到青砖就用红砖代替）；西边是细窄的条炕，它与南北炕相连，形成一个工字形，条炕上不用来坐卧，而是摆放供品的地方。在满人那里，西方是神灵和祖先的方向。再后来，西边条炕上就放上了柜子，柜子上的祭品被台式收音机、有摆的座钟、铁支架的圆镜所取代。那上面还有一种摆设不能不提，那就是花瓶。有的人家是古老的蓝花瓷瓶，有的人家是花哨的玻璃制品。几乎谁也不用那花瓶插花，大多斜插一支鸡毛掸子，也有用野鸟的羽毛的。那掸子也不用，成为一件不动的装饰品。这房子的主人的花瓶是老式瓷瓶，掸子上有颜色绮丽的野鸟尾羽，看上去十分华丽。我坐的炕沿（火炕的边，用木头封住）是厚重的木头，已被磨得石头般光亮。在乌拉城，炕沿是一个家庭的重要组成部分，它能反映一个家庭的经济状况、社会地位。我还记得幼年时，我家的炕沿是水曲柳木的，那上面的木花纹如水波一样。到我出生时，那条水曲柳木头已被我的父母还有我的哥哥姐姐磨得油光锃亮，木纹像滚动却突然静止了的水波。关于炕沿，我知道一个故事：清末民初，乌拉城有一侯姓富绅，在城外建豪宅、买家兵，其奢华一言难尽。可被方圆之内广为传扬的却是侯府的炕沿。说那炕沿是水晶的。一传十，十传百，终于传到当时的土匪绺子绰号马傻子的耳朵里。马傻子从未见过水晶炕沿，这激起了他的好奇心，于是带领一哨人马，星夜赶往日见衰败的乌拉城。他们夜袭了侯府，扛走了那条水晶炕沿。又将拿不走的豪宅付之一炬。至于侯府中的居民，他们是怎么处理的，我有些记不清了。这个故事来自我母亲的讲述。许多年后我在一本叫《乌拉史略》的书里，又看到了大同小异的记载。大神家南炕上有一只柳条编的笸箩，里边盛着半下烟丝，边上斜放着一根一尺长的纤细的烟袋，一缕从木格子窗上透进来的方形阳光将它们的大部分照亮了。这些东西一定是女主人的，东北满人女子几乎没有不吸烟的，尤其是我的母亲那一代往上的。屋里的一切都闪着幽暗的、像是存放多时已陈旧了的光线。苇席、笸箩、木杆铜头的烟具、一缕被木窗改变了色调和形状的阳光，它们加到一起极像一幅油画静物，有着一种制作出来的陈旧。

　　后来我才知道，在我细致地观察这间屋子的时候，大神和母亲到另一个房间去了，那里供奉着神仙。大神去上香请神，看看她的神（她领的神）对我这个人怎么说。我不知道她领的是什么神、什么仙，但都在狐、黄、白、柳之内。也有的大神东屋供着狐仙，西屋则供着观世音。这似乎是不对的，佛和仙不是好朋友，他们从来谁也看不上谁。让他们同居一宇，麻烦似乎不少，但糊涂的大神就这么供了。大神知道自己不过是凡人，作为人哪路神也不敢得罪。见佛就叩头，见庙就烧香是没错的。跟哪路神仙都别较劲，先同他们都交上朋友，到时候也好有随风倒的余地。

　　这位被母亲信赖的大神是否也对神们用情不专？我不得而知，但她在同母亲谈话时，锐利的目光从我的身上扫过不止一次。我觉得她的目光有如那种探照灯，扫过我的身体时，我立刻就在她的眼里成为透明体。我有些心虚，有些担忧，她能看到我的一切：肉体、灵魂，我的过去、将来，还有我从小到大的所作所为。她的目光是那个坐在她体内的神的目光，任何一个人都将在一个神的注视下惶惑不安。人是有原罪的，谁敢说自己干净，谁敢说自己从没生过邪念？我们——人，是不愿意有那些罪恶的，我们很想把那些不洁之物摘除下去，而摘除又不是我们人自己能做到的，就像一辆汽车，虽然时速可以高达多少，又如何智能，却不能清洗自己。它需要天上的雨水或高压水枪。我们也不能清洗自己，这时候，我们需要神的关怀，而神也从不嫌麻烦。

我的身上都有些什么脏东西，这要由神来看一看，然后告诉我，并着手清除它们。好在我落入一个神的视线里时，我只有十八岁，一切罪孽还没有开始，我的身体还有思想还都算干净。但我仍然对自己进行了省察。但查了半天，除了爱抚摩自己的乳房之外，没干过什么不好的事。我总是把两只手都放在自己的乳房上才能入睡，这已形成难改的痼疾。我知道这是不对的。虽然它们长在我的身上，但它似乎不属于我。我一把手放到那里，就马上想到偷摘东院红姑娘（一种草本水果）的事。我一次次地犯这些错误，一次次地下决心改掉，又一次次地暂时原谅自己。后来，我比同龄女孩提前发育，被我关怀备至的乳房的发育更是迅猛，它们已在短短的时间内，超过了我的姐姐。我认为藏在我体内的魔鬼比别人的大，比别人的高，而且脾气特别不好。它在我还幼小的身体里，又唱又叫、又踢又打，我难以盛装它那庞大的身体，最后，它将我挤压得变了形。我穿上姐姐手工缝制的（商店里没有）胸罩，还有姐姐的明显肥大的不合体的衣服，而书包里装的却是小学的课本。我在两个乳房给予我的强大压力下，不敢抬头走路，心里怀着罪恶感。我整日低着头，试图用头和头发的阴影遮掩它们。我在十几岁时，是那样依赖长长的头发和肥大的衣裳，它们有力地帮助了我，轻易地增大了我的体积，帮我将就要冲出体外的大魔圈拢住了。我痛恨我的不安的手，一切都是它俩的罪过。一定是我的不老实、不文静的手不小心按到了我身体上的一个什么机关，以致惊醒了体内醋睡的鬼怪，它们像洪水一样袭击了我。我在它的猛然攻击下，面目全非，奄奄一息。

关于那个神对我的诊治和最后给我的诊断是回家的路上由母亲简要

转达给我的：神说我的生命是一个重大错误。我在人间、在地上的肉体生命是不被允许的，是我自己的主意。而生命形式以及生命存在的空间由自己说了算，这是十分荒谬的，也是极其违背天伦的。我的错误犯大了。神说我是天神王母娘娘身边的一个侍女，私自下凡到了人间。为了遮掩还想办法投了胎，转了世。但这一切皆骗不了神的眼睛。因此，我的生命没有经过必要的处理，走的是一条小路，而其他被赶往人间的生灵都是由一条固定的道路走过。那路上是有一道道关卡的，每一环节都是必需的，比如忘记过去，比如削去智力回归混沌，一切从零开始。而我则没走这条路，可怕地清醒着。

现在，天上的王母发现了我站的那个位置的空缺，已开始心不在焉地询问我的去向。这样，我就会病痛缠身，并且很快地死去。肉体留在地上（肉体只能在人间的空间存在），而轻盈的灵魂会回到我原来的位置上。毕竟，那个地方不应该长久地空着。我在人间的位置（我母亲的第四个女儿）远不及在天上的重要。偷偷地下凡可以，但被发现后就只有乖乖地回去这一条路。所以，我的离去不可避免。但，考虑人间的血肉关联，尤其是母与子，也惊天地、泣鬼神。大神的神也下不了手，并部分地同情、理解地上的母亲。于是，神想了一个办法，用以拯救我们的母子关系。神说，天上是不需要血肉身躯的，所以，你女儿的肉体不需要上天去，而只要魂魄回去。而魂魄似乎是可以切割分配的，它不似肉体般流血疼痛，它还永远不死。这样，留下你的女儿就有了可能。大神继续说，依你女儿的样子，制作一个替身，然后在我指定的日子、时刻，将替身送走，送到天堂她该站立的位置上去。这样，就两全了，地上的母亲还有天上的王母就都没有失去什么。

第一次听到这样的话，我并不惊讶。我一直隐隐地觉得自己在另外的地方存在过，我的生命不像是突然的无中生有，我一定是从一个什么地方来，只不过我忘记了，无论如何也无法将它描画清楚。但那个地方一直隐隐约约地存在，它只是无法在我现在的空间里呈现图像。大神的话，像一根有力的手指，将一个与我有重大关系的、早已被锁闭的文件夹打开了。我看到，我是一枚树上的果子，而在这果子之前我是一朵花，在一朵花之前我是一个有芒刺的种子；我是一只菜粉蝶，在粉蝶之前，我是一个两头尖的暗红色的蛹，悬挂在一条枯枝下，在蛹之前我是一条肥胖、长着鲜艳毒刺的毛毛虫，不会飞，爬得也很慢。蝶不知道自己曾经是虫子，只有人才知道；人不知道自己从前是什么，只有神才知道。

我乐于相信神对我下的结论，我乐于接受我是天上的仙女这一说法。这些由一个神秘的神通过人间的一个大神再由母亲转达给我的话，像一束光源，它一下子就照亮了我，使原本模糊、漆黑的道路一下子变得清楚、明确而且简单。这些来自神的话语对我至关重要。"我从哪里来？"谁不想知道答案。它像一个巨大的铁栅栏，它等距排列的铁条，围困了地上的所有有思维的人。没人能从它细窄的空隙中出逃，我们，像是一群被圈住的茫然的羔羊。然而，我的转机突然出现了，神的手似乎是摸了一下我的脑门，然后，我发觉自己已经站在那个不能逾越的铁栅栏之外了。我试着迈动脚步，我的身体周围没有任何障碍。我获救了！我将走得比网中的众生快捷而准确，我没有迷惘，没有羁绊，只有宽广纵横的空间，我奇迹般地获得了拯救！

而在我刚刚来到人间时，面对这个庞大而拥挤的泥土世界，我的脚步是迟疑的。母亲说我从一岁到四岁，一直是坐着的。我在一岁的时候就有了记忆，我依稀记得那些坐在苇席上的时光：南北洞开的窗子，北窗外李子树如雪般烂漫的白花；南窗外是院子里与房子同龄的婆娑柳树。整整四年，我不会走路，其实是不敢走路。我坐在敞开的玻璃窗下，长时间地凝望院子里飞跑的小鸡，还有一闪而过的花猫。我似乎是满足于这种对人间生活的静观角色，没有迈动脚步涉足其中的激情。我看到，鸡的脚是何其细小，但它却不畏惧泥土，怎样的泥土也无法将小鸡的一双嫩黄色小脚弄脏；而猫的脚在尘土中走过，它的脚始终是雪白的。我看着院子里比我还小一岁的弟弟与泥土、小鸡、猫一同奔跑、玩耍而无动于衷。我对院子里安静的泥土，珠帘般飘动的柳枝，以及如雾如烟的李子花心存惧怕。我更乐于坐着，满足于看见。同它们拉开一些距离这样更安全。我怎么敢把稚嫩的双脚贸然踏到古老而可疑的泥土上呢？怎么会去接近那也许是妖怪幻化成的柳树海棠花？我得想一想，再冷静地观察一段时间。于是，我老老实实坐着，坐在生下我的那面苇席上，长达四年之久。在这静坐的四年里，我不但不试图走路，还拒绝爬行。几乎所有的孩子，在几个月之后，就毫不犹豫四肢着地，向茫然的前方笨拙地爬行。而他们的前方往往只有一只水果，一个玩具，有时只是一粒细小的大人看不见的东西。他们不顾一切地向那个目标爬过去，然后将那个前方的东西抓在手里。母亲说我是个太奇怪的孩子，那种安静得如佛般的坐姿，令家人十分恐惧。一个幼小的孩子，拒绝走路，拒绝爬行，对眼前的任何玩物不感兴趣，一直安静地坐着，不哭不闹，睁大眼睛茫然若呆地看着周围的一切。

我的怪异，是我们家的不解之谜。母亲担心我会瘫痪，想尽种种办法，试图引诱我爬行和行走，但母亲失败了，最后放弃了对我的一切劝诱。她任我枯坐，打定主意伺候我这个活佛一辈子。

我现在是可以说明我的幼年了。那时，我刚刚来到人间，来到一个陌生的泥土世界，我怎能不惧怕那漫天的尘土？我在思考，在犹豫，我只是略一迟疑，人间的四年时光就流过去了。我努力回想我的前世，寻找我来到人间的目的。在我想明白之前，我不能贸然地向人间迈出唐突的第一步。毕竟这不用着急，道路和空间是无穷的，生命也很长。行走以及奔跑都不需要太着急，而为什么迈出脚步以及将双脚踏到什么物质上则是重要的。我在一岁至四岁，像一尊佛一样坐着，思考着这些重要的事情。坐是个思想者的姿势，也是思考的最佳高度。我在思考，在权衡，在分析，在抉择，我的双脚是迈出去，还是缩回来，还是干脆回到天上去？

四年后，我终于作出了最后的决定。应该说我四年后的决定，是受了北窗外那些海棠花和柳树的诱惑，它们在我的眼前数度荣枯，让我对地上的生命产生了信心和好感。我在四岁那年会走路了，将自己的双脚踏到了泥土上，并马上学会了在其上的行走和奔跑。那么，人间生活，泥土上的生命，是我的选择，是我经过了四年慎重思考后作出的决定。我再次选择了人间生活，我的生命是自主的，自愿的。由此带来的一切，我都乐于承受，并作好了承受一切的准备。

我猜测过，那天专程为我而来的那个住在古老的房子里的大神的神是什么样子，什么形式。从母亲的话里得知，护佑这一方土地上的生灵的神有很多，但狐、黄、白、柳是民间求助最多的，也是最灵的。狐是狐仙，它是一种机敏的智商很高的动物，母亲从不让我们说出它的名字，说时要在后面缀上个仙字，以示恭敬；黄是黄仙，也是一种神奇的动物，它行动如闪电，本领更高，也更受本地人民爱戴。关于它的神奇的传说也最多。（我的弟媳妇给我讲过一个黄仙报仇的故事：她说，她的父亲在世时以打猎为生。一般的猎人都不打黄仙这种动物，可她的父亲不管这一套，因为这种动物的皮毛很值钱。一次她的父亲用夹子夹到了一只母黄仙，他不但没放了它，反而把它吊起来活剥了皮。母黄仙痛苦地死去了，它在临死的时候放不下的是它窝巢里那六个没断奶的孩子。它记住了这个凶残的男人。是他杀害了自己的孩子。它在一个月后就开始了报仇行动。它先是让那男人暴病身亡，然后又让男人的妻子在几个月后死了，最后，它留下了男人的六个孩子。那些孩子最大的十八岁，最小的三岁。我的弟媳妇就是三岁的那个。）白是什么我不知道，而柳就是柳树（一说是蛇）。柳树遍地都是，但这并不妨碍它成为我们心里的可爱神仙。

我觉得我同一棵大地上的柳树十分相像。我与它有着共同的癖好，共同的对大地的虔诚向往。你看那些一丝丝垂向大地的柳枝，如同被施了魔法。在我看来，一株古老的柳树更接近一个神，它不食人间烟火，能死而复生，默默无语。它形在地上在人间，而精魂不在这里。柳树是有着婆娑身姿，无数手臂，低头沉思的神。那些柳枝里藏着无穷的人间秘密，它什么都知道，天上的、地上的，以及天上和地上的因果关系。它站在那里，站在天地之间，它是两界的桥梁。

我希望为我而来的神是一株柳树，有着古老的形貌，像一个长髯智者。它飘然而降，通过大神的人间口舌，对我的过去和将来给以指点和帮助。

善良的树神略思索了一下，就给出了解决困扰母亲的难题的办法。神不强迫你信它，它有时仅提供解决人间难题的参考意见。母亲对神的话从来是毫不犹豫地去落实，从不疑惑。

我想，当关怀我的树神，来到那大神的体内命她说出神意时，那大神的舞蹈一定像狂风中的柳树，那些柳枝的扭动、摇摆，该是多么美丽。当大神传达神的话语时，唇舌间一定会发出风吹树叶的沙沙声。

六、丝绸的光芒

站在红砖地上的"我"，扎着六年前打散的发辫，系着母亲由一个梦境采折的丝绸花朵，面若桃花的脸上有一个暧昧不清、不知是人间还是天堂的笑容。

脸的下边是我的身体，它应该是我的重要组成部分。一个侍女，即使是天堂里的，头脑和灵魂也不是最重要的，这就是在我的身体里放入一部分灵魂就可以的原因。而身体则是主要的，她要站在王母娘娘的身后或身侧，打扇、递茶，这些都需要身体去完成。因此，工匠在制作时，在身体的这一部分一定是花了大力气。我看见我的重要组成部分"身体"挺拔而纤弱。三围都是按照一个侍女的标准。而在这由三组数字构成的圆柱体的外边，是一件让我惊讶的美丽衣裳。那是一件旗袍，暗红色的丝绸，上边绣着黑色的凤凰。在那暗红色里，又透出明亮。那是我见过的最美的一件衣裳。丝绸的特殊质地和颜色，使它的光泽不是浮在表面，而是由里向外的闪烁，有如茸光从黑暗的屋子里透出，那光经过了黄色的窗纸或红色的窗帘，原有的颜色发生了改变，颜色变得柔和、稳定，如一个天真好动的女童长成了一个沉静如水的少女。丝绸是最让我痴迷的人间创造，它让一个平面散发出立体的光芒。还有它的质感，比任何细腻的肌肤更滑软，那是人间无法承受的一种柔软和光滑，是对人间女子美好迷人的肌肤的充满激情的模仿。它又凉又暖，又滑又涩，集矛盾于一身，却又舒缓而自然。丝绸是从什么时候来到人间的？它来自何处？

拥挤嘈杂，泥水和血水横流的人间用什么来托住一块惊人的丝绸？它是如此的细腻，一只粗糙的手的抚过，足以酿成它的灾难。然而，这样的丝绸，却顽强地存留在人间上千年。它的柔软，无与伦比的光泽，在人间深处闪光。丝绸给予人间的启发是巨大的。它不语，却无时无刻不在倾诉。丝绸使人间处处闪着不是由火发出的闪光。这样的光，不能烧毁家园，也不吞噬生命；它包裹发抖的肉体，并使它们慢慢地温暖。我的少女时代，就是一个丝绸无法存在的年代。我在幼小的时候，没有得到一块丝绸的拥抱和安慰，这使我成年后，加倍地迷恋丝绸，就像我成年后迷恋绒毛玩具，那也是我的童年没有的。我在童年包制过布娃娃，哪个都不像。在那时，丝绸它必须躲进一个包裹里，躲过一切被刀和枪还有农具磨得粗糙的手。丝绸在黑暗中闭上眼睛，默默地等待一双细腻而柔软的手的出现。

"我"美丽而洁净，穿着被遗忘和废弃的丝绸。它来自母亲的神秘包裹，虽然我没有留意母亲打开它并取出一块衣料的全过程，但那衣料是当时任何商店里没有的。它不属于那个年代，那个年代驱逐了它，而只属于梦境，属于那个包裹。

在我的整个童年和少年，母亲也许是唯一同过去保留一丝牵连的人。丝绸曾将母亲的生活层层包裹，那些日子无法磨灭。母亲在突然的变故面前抱紧了她的包裹。那是一场针对丝绸的屠杀，母亲以其大胆和智慧，成功地保护了惊恐不安、瑟瑟发抖的丝绸，并使它们在我们暗淡生活的一个隐蔽角落发出幽暗却持久的光芒。丝绸，母亲包裹里的丝绸，是唯一躲过屠城灾难的孤儿，是诺亚方舟上的一对飞鸟。丝绸是母亲压缩的希望，折叠的梦想。在那个包裹的狭小而黑暗的空间里，母亲将我们的未来存放和折叠。母亲不像是人间的普通女子，她像是被赋予了使命。母亲是丝绸的守护者和保护神。而母亲注定是最后的胜利者。

母亲在"我"的身上提前预演了十年后的胜利。我是母亲的试验田。她在我的身上种下花朵，并使它奇迹般地开放。我其实是母亲花园里最后的花朵。母亲将我从不知距离的以后，提前摘取过来，放在她的眼前。

母亲是个女神，具有神奇的力量。谁能让若干年后的花朵在现实中提前开放？谁能看清多年后的生活面貌？

站在红砖地上的"我"的美丽衣裳，开放在我面前的丝绸花朵，是母亲的杰作，是神来之笔。她已经细细地端详了它们，怀着一个实现梦想的激动心情，到菜园里摘菜去了。我不是一个旁观者，我参与了对这个梦想的追求和实现。我跟在母亲的身后，跟在一个绮丽梦想的身后，又一次走上了那条通向过去的道路，通向梦想的道路！那条由田埂、水堤、树林以及木船拼合搭建的道路，像七仙女脚下的鸟背，它们一个个首尾相连，用炙热的肉体，扇动的翅膀，将一个人间的梦想接通。

这次同上次略有不同，这次母亲的手里拿着一块美丽的丝绸布料，还有一双绣花鞋。后来我才明白，被母亲拿在手里的布料和鞋子，还有头发，都是我的重要组成部分，是母亲梦想的最基本构件。它们在母亲手上的时候呈零散状，但母亲不怀疑，它们在母亲信赖的一个工匠手里，在母亲的热切注视下，会奇迹般地跳动起来，舞蹈起来，直至将母亲的梦想化作现实。工匠的双手是必不可少的，母亲只提供一个梦想的蓝图，提供一个梦想的散件，而工匠的双手则是个实干家。

工匠的家在古城乌拉街，在乌拉古城一条幽静的小巷的尽头。我发觉，乌拉古城是个神秘的地方，它的城墙、庙宇以及大部分古建筑已荡然无存，甚至已不叫城而叫街，但它似乎仍在母亲的眼前完好地存在着，在它的遗民的精神里巍峨地挺立。母亲在父亲家里的生活，极像是她的肉体生活，而她的灵魂一直滞留在乌拉古城高耸的城墙内。母亲在遇到一些麻烦的时候，总是执著而无意识地回到乌拉。停留在乌拉上空的母亲的灵魂在召唤着她。母亲的肉体在这绵绵的呼唤下，快步如飞，涉过田野和树林，在不存在的道路上行走如飞。此刻，母亲如同一个仙女，带着我从那地上的田野、树木、河流上一闪而过。我们向着母亲力量的源泉飞翔。

同大神不同，制作替身的工匠是个男性。他的个子奇高，又瘦，这使他在衣服里摇摇晃晃，随时可能摔倒。他像他制作的那些纸人。他的工作室看上去十分灰暗，不知是因为光线不足还是因为灰尘太多。他的工作似乎没能给他带来可靠的收入。这一手艺是他家的世代相传，那个鼎盛时期看来已经过去了。也许是天上的秩序得到了加强，像我这样不守规矩、私自逃离的犯人越来越少了；也许是天堂上也砌了如地上的监牢般高耸的围墙，阻挡了那些想飞翔的翅膀？总之，天上和人间都已悄悄发生了变化，而他家的祖传手艺没变，而且制作技术较以前更臻完美。

在他对母亲抱怨了自己的衰老，抱怨了手艺的后继无人之后，仍十分认真地投入到了对我的创造工作中来。他坐了下来，坐在了一把不太牢靠的椅子上，开始仔仔细细地打量我。我是被他注视的第几个来自天堂的逃犯？他可能也不知道了。他不像裁缝那样依靠一把蛇一样的软尺，而是躲在目光的后面，一切由目光来丈量。他遗弃了尺子，他的目光上全是刻度。这样的目光一定比一把尺子更精准。目光能进入尺子无法进入的地方，这就是目光的优势。他的工作方式以及他使用的工具，使我觉得他更接近一个艺术家而非工匠。那么，由他制造出来的我，就不是一个简单的复制品，而应该是一个艺术品，一个充满了生命力的作品。

这和大神的要求以及我母亲的期望完全一致。我不是一个简单的纸人，我要跋涉千里万里，历经风、雨、雷、电，直达天堂。在我应该站立的地方站立，注意一个至高无上的天神的一举一动，这不是一个没有生命的纸人所能胜任的。我甚至还有灵魂，虽然不是完整的一个，但我是有灵魂的。

至少有五分钟，他目不转睛地看着我，终于，他说行啦。我于是也坐到另一把吱吱作响的椅子上去了。他的目光似乎很疲倦了，他用目光丈量我的工作不是一件轻松的事。

他为了休息，开始和母亲闲聊，聊着聊着，他们的话题就渐渐地滑向过去。是什么物质影响并左右了他们在现实中话题的走向？我想一定是放在他们二人中间小桌上的那块不动声色但一刻也没停止闪烁过去光芒的丝绸。那些柔软光滑的物质，使他们的话题，如冰坡上的耙犁，无可挽回地向着坡下滑去，向着过去滑去。

七、充填

站在红砖地上的"我"看上去完整而美丽。我从那苇席上坐起来，来到了地上，来到了"我"的面前。距离的拉近使我从"我"的身上有所发现："我"的身上还背着一个包。那个包斜背着，一条细细的带子从胸前而过，那是我小时候背书包的姿势。包是黑布做成的，手工一般。工匠在这个地方没有花费多少心思，它可能是做完那衣服之后做的。精力以及创作激情都在那件华美的丝绸衣裳里。当做这个包时，他几乎连力气也所剩无几了。我犹豫了一下，就把那个小黑包打开了。里边还真装着东西，先是三张粗糙的黄纸，上面画着奇异的文字和图画，在纸的下边，我又发现了一缕头发，那是我的。母亲剪下它们时，口里还念念有词。我的头发十分茂密，像一个没有人迹的原始森林。母亲的砍伐丝毫不能改变那里的生态，我毫不怜惜地任由母亲剪；同头发纠缠在一起的是一个白地间粉色花纹的布条。它也与我密切相关，那是我内衣上剪下的一条，我找了半天才找到；包的最底下，是一块银子，它从哪里来我不清楚，也许同我的衣服和鞋一样来自母亲那个神秘包裹。

后来，母亲对这个背在我身体一侧的看似多余的包裹里的四样物品作了简单的说明。她说，那三张黄纸以及上面的图案文字是由大神画上的咒语，是符。它们一张用来保佑我路途上安全抵达，一张对我的身份加以证明，另一张是写给王母的信件。至于在这封由地上直接寄往天堂的信件里都说了什么，我不知道，连母亲也不知道了。那也许是那个神写给天上王母娘娘的私人信件，完全与我无关，只不过由我充当一下信使。当然，我的主要目的不是传递这封信件，但我可以捎带着完成；那缕头发的用处，大神没有明说，她只是告诉母亲要这样做。头发必不可少，我猜想，那头发是长在我的身体上的，它具有我的元素，我的气味，我的品性甚至我的灵魂。它从我的身上剪下，放到我的包里，是试图将我和"我"混淆，使"我"成为我。那个我内衣上的布条的作用，跟这头发一样，它来自我的肉体，代表我的肉体，与我的肉体密切相连。那剪下去的，实际上就是我的血肉。它们将我与"我"的界限擦掉了。我们在失去界限的一瞬合而为一又清晰地一分为二。看来，工匠的制作仅仅完成了我的一半，他只是制作了我的躯壳，并使这躯壳美丽、发出光彩。他采用了无与伦比的丝绸。我的另一半由大神和母亲合作完成。她们的工作看似简单，像往一个坛子里倒入稻米。我被母亲充填，充填血肉、思想和灵魂。她严格按照大神的要求：血肉几斤，灵魂几两。母亲的精细工作完成后，"我"才接近于完整。至此，我已是一人两体，去不同的两个方向才成为可能。

从母亲的角度讲，她别无选择地从自己的女儿身上分出去一部分给天上的神王母娘娘；从王母娘娘的角度讲，母亲扣留了王母娘娘身边一个侍女的一部分。母亲是个知情者。她同意把自己的女儿舍出去一部分。因为她知道，神的需要是高于她的。母亲已经很满足，她还能部分地拥有自己的女儿，而天上的王母娘娘则什么都不知道。如果知道，她是不会答应同地上的一个母亲平分一个女孩的，她要全部，而地上的母亲必须妥协。自始至终，母亲都异常兴奋，她在用一个人的力量和办法，在同一个力量强大无边的神争夺一个女孩。母亲力量的基点是：她是这个女孩的母亲。她只要女孩在地上生命的短暂时光。母亲知道自己不是天上王母的对手，于是她求助于一直护佑她的可亲可敬、不怕麻烦、乐于插手人间纷争的神和仙。母亲求助的神仙来到地上。这实际上是一个力量相差悬殊的较量。母亲和母亲的神仙结成同盟，共同对付她们必须仰望的一个强大无比的神。母亲是个胜利者，她的女儿活了下来，没有死去。而母亲的胜利是在天神王母昏昏欲睡，对一切都不太注意的情况下。所以，我在地上的生命，就是一个侥幸，建立在天神的疏忽之上；还有那块银子，它一定是基于一个地上的人的思维才来到我的包裹里的。那是路费，去往天堂的火车也不可能免费。那是我的川资，是我顺利抵达天上世界的经济保障。它也许是母亲自作主张放上去的。不然，她对女儿的远行怎么放心得下？

站在红砖地上的"我"虽然面若桃花，梳着美丽的发辫，穿着人间最好的衣裳，包里带足了旅行用品，但她是替我去做一个苦差使。天上的王母不是个好伺候的主儿，给她递茶打扇枯燥无比，不然，我怎么会逃离？我不想回去，那里的生活我已过了千年万年，已让我十二分的厌倦。我不想回去，这从我对制作一个替身的积极合作态度里可以知道。我对这个穿着美丽衣裙的"我"充满了同情。**我的痛苦，那些已被我用力挣断的苦恼的丝线，将一一续接到她的身上，然后一一地承受。**她不会再逃离了，因为她就是我。她只有站在那里，自己的另一部分才能在地上存活。这就像一个小动物，在被天敌抓捕时，会断然舍去被抓住的那条后褪。

八、我走了

　　夜幕降临，我起程的时刻到了。送我上路的队伍由舅舅、母亲、姐姐和弟弟组成。

　　我的鞋子精美漂亮。两朵粉色牡丹开在黑色丝绸鞋子的外侧。但我无法在人间行走，我的绣着盛开的牡丹的鞋子如果沾上了人间地上的泥土，就无法在天上行走。这和十年后我结婚时穿上了一双红色的鞋子却不能行走，十分相似。绝不能让随我一同出嫁的鞋子沾上一丁点娘家的泥土。土就是金。娘家本就不富裕，怎能把娘家的金子带走一些呢？我结婚的那个早上，从我坐着的火炕到院子里汽车的这段距离，我不能走过去，因为有我娘家的泥土横在那里。丈夫无意占我娘家那点泥土的便宜，就弯下腰准备把我像背一袋水泥一样背到车上去。我觉得背着不好，背着，岂不是把我抛到了脑后？不重要的东西才往脑后一甩。比如一袋玉米，一袋猪饲料；而重要的东西都抱在胸前，比如孩子，比如金银细软。所以，我要求被抱着。我不如一个孩子重要，且远不及一包金子惹人喜爱，但我总比一袋猪饲料要紧一些。其实，我介于金子与饲料之间，即不应背也不应抱。但那时丈夫乐于迁就我，也没多计较，抱就抱，但他说，抱着太沉。我说你可真愚蠢，背着抱着一般沉。再说我的那双去往天堂的鞋子，黑色丝绸面料，鞋的外侧各绣着一朵粉色的牡丹，还有两片绿色的翻卷的叶子。这双鞋我幼年就看到过，它就在母亲的衣柜里，在那个包着丝绸的包裹里。它是母亲嫁妆的组成部分。母亲原是打算穿着这双鞋开始婚姻生活的。但母亲发现父亲的家里都是泥土，泥土的火炕，泥土的墙，泥土的地面，院子里也没有青石小路。母亲就把这双丝绸的鞋收了起来，放到了那个包裹里。同时收起来的还有母亲的梦想。四十年过去了（母亲生我时三十八岁，父亲四十岁。她二十岁结婚）当我需要一双去往天堂的鞋子时，母亲马上就想到了那双不能沾染泥土的鞋子，并且没费什么力气就找到了它。它干干净净地躺在包裹里，粉色的花朵因未被阳光直射而鲜艳如初。它用四十年的时间饱饱地睡了一大觉。当它醒来，一切都枯萎衰老了，只有它仍是顽童。它已认不出母亲，母亲已经六十岁。它们分别了四十年。它不知忧愁，坚信自己的明天更美好。母亲一直没有忘记它，并在四十年后，终于为它找到了一个穿在一双脚上的机会。天上的道路应该没有灰尘，没有泥土，那两朵娇艳的牡丹是可以在天堂里无忧无虑、悠闲地开放千年的。这双母亲少女时代用梦想绣制的结婚嫁妆，终于在四十年后有了一个圆满的结果。

　　这双美丽的鞋子，已穿在了"我"的脚上，它不能沾上一点儿人间的尘土，但是天堂没有派人来接，不像婚礼有个迎接的角色。这样，送行就必不可少。我被哥哥姐姐抬着，这似乎比背和抱都好，看上去很庄严。

　　虽然没人迎接，但去往天堂的车子还是为我备下了。那是一堆干枯的树枝。它们被聚拢在一处，每一根木头里都蓄藏着惊人的热量和力量。它们不是一根而是无数根，那么它们的力量也就无法计算。我被放在这"车子"上站好。车上没有座位，可能是这车子跑得十分快，一会就到了，因此坐椅就是多余的。我穿着那双没有沾染人间泥土的鞋子稳稳地站在了那热量和力量的集合体上。

　　我的车站在村外的十字路口。这里十分开阔，下面是一望无际的洼地、沼泽，芦苇长得十分茂盛。不远处的水稻田里的秧苗也都抽出了有芒刺的叶子。我们居住的地方是一块高地，被一条江和一条小河环绕。那自然形成的河堤有十米高。我们居住在一个神龟的脊背上。这一说法来自父亲，来自父亲认识的一位风水先生。

那么，我就处在这个不动的神龟的脊背的最高处，处在距天堂的最近点，我将依凭这个高度，起步迈向天堂。

我辞别人间，辞别母亲的时刻到了。这是一个被神选定的时刻——农历四月二十八日（这天恰是我十八年前的出生日）子时。我怀疑在时间的里面，蓄存着无穷的能量，神力隐匿在时间里。我被安放在一个指定的时刻上，而这一时刻是神为我打开的出口。强大的，被时间压抑的能量，从这一时刻喷涌而出。我被它们推离地面，推离人间，推向天堂。

火也是必不可少的。火并不是地上的物质，它来自不可知的地方。由一个接受了天启的人，从莫名其妙的物质中找出。火是被呼唤出来的。那从远古一路传递下来的火种，就揣在我的十六岁的弟弟的手中。火光从弟弟两手间的一个快速摩擦动作中跳出。火焰从弟弟的手中诞生，或者叫做醒来。弟弟手中的那团火苗，凝聚了我们整个家族的所有力量和光芒。它一点一点地向我移动，弟弟将我们家族的所有力量和光芒捧了过来！我感到了那光亮的耀眼和热度。我的衣裙在风中抖动，它们向移来的火焰伸出了双手。我的衣裳，我的鞋，我的头发，我的脸，它们将在火光中化成一朵灿烂云霞，然后飘然远去。是神奇的火使我由一个木偶成为一个会飞的神仙。工匠的劳动使我有了支架，有了衣服，而大神和母亲在我的躯壳中安放了一些灵魂，而这团火焰，使我由静止开始运转，开始飞翔。在这里，我的祖先赶来帮助我，指点我。在先祖和神的合作下，我完整了，可以迈步走向任何地方，包括天堂。

还有母亲的叮咛也必不可少。这样的灵魂和肉体未免太匆忙太轻飘了，还必须缀上母亲的话语。母亲将嘱托和叮咛都一缕缕捆扎好了，整齐地码放在我灵魂的内仓。有了这些沉甸甸的物质，我的去往天堂的脚步就不会偏离原来的方向。

"我"的道路已经选好，"我"的方向的指针也调好了。那从时间里喷出的能量以及火焰和光芒的力量已经凝聚在一起，"我"走了，永远不能再回来!

九、我来了

我被留了下来，没有去为"我"送行，因为那是危险的，不被允许的。我也许会跟着"我"一同飞走。我们的分离是十分艰难和复杂的。母亲、大神，还有工匠，甚至那些无言的丝绸都为此作出了不懈的努力。

我被留了下来，留在了家里，留在了那片苇席之上。我坐在那里，坐在一片月光的中央。我看到了"我"在一团火焰中的笑容，我看到去往天堂的道路已从云朵的后边现形，我看到"我"的背影在那若隐若现的道路上渐渐地消失。那条道路是我熟悉的，因为我曾从那里走下来。

在那些寂寞的日子里，我曾从天堂这个角度观察过人间的，也就是地上的生活。那地上的炊烟让我向往。泥土里和泥土上众多的生命让我向往。还有女人，她们生殖生命的激情让我着迷。还有那些弯曲的寻找食物的男人的脊背，他们的姿态极其优美。那些弯曲劳作的脊背和深陷泥土中的脚趾与女人、幼童，还有众多的花朵、飞鸟、游鱼、大树，共同构成人间的迷人画卷。

我开始厌倦天堂。我每天站在王母娘娘的身侧，递茶、打扇、陪她去看那永远盛开的鲜花。那些不凋谢的花朵让我厌倦。天堂什么都有，天堂无须创造。天堂的神大都在昏睡。

我不是一个完整的神或仙，我发现我的身体即使在天堂这样的地方也在偷偷地发育。我越来越像一个人，一个女人，一个可以生育众多生命的女人，而天堂无法使我怀孕。

我意识到再这样站在王母的身边是错误的。我身上过多的人的成分使我向往人间，甚至向往人间的苦难。而人应该生活在地上，同鸡、鸭、老鼠，还有能开花结果的植物生活在一起。我的逃离已经不可避免，甚至不能再延误。

王母是整日昏睡的。尤其她的午睡，漫长而缠绵。她清醒的时候少。所以，逃离的机会是很多的。

一只珠帘外荷塘上的蜻蜓飞了进来。（天堂种植荷花，天上诸神的座位由它们装饰。而荷花的种子由人间带来。）我的目光被那只误入的蜻蜓吸引，蜻蜓透明的翅翼，无声的飞翔，将我逃离的欲念鼓动。我试着迈动脚步，试着离开我站了千年万年的位置，我的衣裙和环佩随着我的小心翼翼的脚步发出极细弱的声音，它们让我有些害怕。在那个由睡眠统治弥漫着梦境的雾霭的午后，一切都是静止的，只有我在悄悄地移动。

在逃离的路上，我没有遇到什么阻力，他们，那些天神，还以为我在散步，在欣赏那千年不变的景色，沉浸在天堂的幸福里。很少有逃离天堂的。地上众多生命的最高境界是天堂，是脱离人间，脱离泥土。所有灾难都从泥土中产生。要想远离灾难就得远离泥土，离开泥土只有上天堂这一个选择，所以，地上的生命（所有的生命）大多选择去往天堂。地上的最大灾难是死，是消失。而天堂的魅力在于不死，永远存在。这是让人间尤其是人最满意的。可我知道什么是不死，不死其实很无聊。人间最大的不幸是有天堂，天堂否定了人间生活。它宣布地上的生命仅仅是一个准备，一个过度，是一堆杂乱的原材料。

我要回到人间，重拾被我遗弃了的人间生活。我乐于接受最后的死亡，我乐于让自己的肉体再次变成泥土，使生命的下一环燃起生机。

我从那个有着不败的花朵，不枯的大树的花园来到了一个锁着的小门，我是可以打开的。这些事我早就作好了准备。当我一步从那个天上人间的分界门跨出来后，我被一团冷风包裹。我的衣服单薄而华丽，无法抵御寒风。这在我的意料之中，但天堂没有一件御寒的衣裳。天堂没有四季，也就没有寒风。寒风专为人间而备。我必须这样上路，暂时的寒冷不可怕，我的目的地——人间，一定是热乎乎的。马是热的，牛是热的，鸟和人也是热的。他们都有恒持不变的温度。我只要一落入这些恒温动物的中间，我就不会再寒冷。我将成为他们中的一个，身体慢慢地变热，成为一个能产生热量的女人，让我身边的一切生命感到温暖。

我要创造出新的生命，由这个来自我的生命继续地上的生活。让他住我住过的房子，读我读过的书。让他好好地生活，享受幸福也承受苦难，最后微笑地迎接死亡，就像迎接他的孩子的诞生。

十、尾声

我头上的那片树叶，优美飘动的丝绸旗袍，他们都很好地遮盖了我，掩护了我。使我的人间生活得以实现。我成功地活过了二十岁，又艰难地度过了三十岁，现在，四十岁也指日可待。我的孩子已经开始读书，打算认真地生活。他用坚定的语气向我承诺，要为我生出三个孙子！但他说这就需要三个媳妇。我已被有效地遮盖了这么多年，我已乘机加速了生长，我的枝蔓已经铺展开了，花朵和果实都历历在目。这些累加的年龄在我十分重要，它还关系到我母亲的成败。我希望这个数字大下去。我不知道我会在哪个数字上被发现，被追索，但我认为：我在人间的主要生活已经结束，或者说，可以结束了。

《布老虎散文》2004 年

躲在镜子后面

　　新娘子从车上下来，手里抱着一个洗脸盆。一般是印着祥瑞图案的搪瓷盆。里边装得满满的，用一个大红的手绢盖住。那盆里装着什么，我可都知道。在幼年，我就目睹了两个哥哥结婚。两个漂亮的嫂子都是抱着这样的盆走下车来，走进我们家那个院子，然后走进我们家的门，然后坐在铺着妈妈亲手缝制的红红绿绿的被子上。那被子的下面藏着一把斧头。斧与福谐音，良苦用心十分明了。我看新娘子日后的幸福是没有什么可靠依据的。无计可施的人们只能在日常的某一物什上找到些灵感，然后把沉重的担子安放在它的肩上，然后用暗示的招数让新娘子相信神秘的力量，相信女人的幸福就隐藏在这块生铁里。坐住它，压牢它，绝不可以小看它。如无法拿出糖果给女儿的父亲急中生智给小女儿讲了一个关于甘甜的故事。父亲试图以此证明，那糖果它有，只不过它没在眼前，它在故事里，在从前，或者在以后。因为我们想要的东西它存在，所以就不要哭，不要难过，让等待成为信仰。被婚礼选中的是砍木头的斧子。我不知道铁斧它知不知道自己的责任和义务，知不知道自己的名字已被所有的女人压住。它愿不愿意活在女人沉重的期待之下？

　　新娘子坐在这福上，然后要梳头。梳头是象征性的。其实婚礼上的很多习俗都是象征的，隐喻的，差不多就是诗歌的。新娘子的头发早已作为重点在娘家打理好了。在这无须再梳的头发上梳一梳，它是不是隐含，从头开始的意思？这是一个重要的仪式，我看见为新娘子梳头的女人拿着木梳，手在新娘子的头上轻轻抚过，那梳子基本不碰头发。即使是象征的梳头也需要梳洗用具。这时，那个被新娘子一路从娘家抱来的脸盆就该上场了。先看看盆里都有什么吧：先是揭开了那个红色手帕，然后拿出的是两条印着鸳鸯的毛巾，又拿出的是两瓶雪花膏，接着是两盒香粉（我记得我二嫂的粉基本上没用，一年后都擦到我那个早产的侄儿的屁股上了），两支眉笔，两盒口红，两把梳子。从那个盆子里涌出的东西都是成双成对的。一会，那个梳妆台上就红红绿绿，高高矮矮，十分好看了。最后，在我看来是这个魔法之盆中的王——镜子，现身了。从这个盆里拿出的镜子一定是一对，一定得是圆的。没人想到要用其他形状的镜子来取代圆镜。圆，团圆。破镜重圆。只要是圆的，不小心摔坏了都没有关系，圆是可以自己修复裂口的。圆没有缝隙，圆里盛装了一切。圆是有力量抗拒分离的，圆紧紧地抱在一起。据我所知，古代的镜子都是圆的。圆也是古人的理想，甚至是信念。月亮以它的形状左右着抬头仰望它的人们的情感。月亮的节日。月亮它虽然也缺，也损，但它无数次地圆了，它最终都圆了，这坚定了人们生活的信念，既而忽略了眼前的一切缺憾。

圆是可以滚动的，圆是随遇而安的。圆与其他发生触碰，不会撞伤对方，圆没有破坏性。镜子映照着生活，圆镜里的生活就是圆的，没有锯齿的，就是顺的。一面三角形的镜子是无法想象的，别说人脸，就是一块居室的环境，在里边也如刀砍斧劈。尤其那个尖刺，让人寝食不安。三角形，只存在于破碎的镜子里，它的命运是被扫到角落里去。圆镜它也不能映照出生活的全部，它也要切割。但圆的手法是柔和的，是小心翼翼的，轻声细语的，是只流血不疼痛，是打了麻醉药的。

我出生时，父母结婚已近十五年。到我知道照镜子了，是四五岁。

这时我发现我们家只有一面圆镜。那镜子是铁框、铁支架，镜面的左下角栖落着两只交颈而语的小鸟。那时我还不知道镜子应该是一对。以我现在的经验看，那面在我出生之前就失踪的圆镜，极有可能被母亲毁坏。女人一生气就爱摔东西。母亲的时代物资匮乏，可摔之物较现在少了许多。比如我就摔过廉价的照相机，砸过呆头呆脑的电视机。我母亲当年是没有这么多东西可摔可砸的。她只有两面圆镜。于是，她在一次针对我父亲的愤怒中，断然摔碎了一面圆镜。虽然一架照相机，一台电视机比一面圆镜不知要贵重多少倍，但我现在认为，我母亲摔一面镜子所需要的勇气要比我摔照相机大出多倍。镜子，结婚的镜子，它已不是镜子了，它就是婚姻的比喻，是婚姻的同胞姐妹。母亲时代的摔镜子，一定是发生了大事，那绝对是不想过了，甚至是不想活了。母亲不惜用一面镜子的破碎来告诉父亲一句话，在这里，母亲用了这个明了的比喻句子。那镜子的破冰般的碎裂声，使这个比喻生动而形象。

但母亲的镜子破碎了以后，母亲同父亲的生活没能破碎。事实证明，母亲的比喻仅仅是个比喻而已。父亲是强大的，父亲看不起比喻。父亲说，还有一面镜子，一面已经足够。两只本就多余和浪费。母亲继续着一面镜子的生活。镜子足够脆弱，它比它的象征物生活韧性差得多。

由于我出生在只有一面镜子的家庭里，我对单数怀有情感。我知道观察我的生存环境的时候，我家成双成对的东西已经没有了。木梳是一把，洗脸盆是一个，雪花膏也是一瓶。到我9岁时，我们家最后的一对——父母，也变成了单数：我的父亲，我的高大英俊的父亲病逝了！这时，我们家彻底成了单数的国度。这给我以深刻影响。我十八岁时，我的语文老师结婚了。因为我们十分要好，我决定送她一件结婚礼物。若是小礼物是应该买一对。大礼物可以是一个。但我没有多少钱送老师大礼物。但送小礼物而且是一对是可以的。可那时，我的头脑中没有成对这个概念。我给我的美丽的语文老师买了一匹马，就是那种陶泥烧制的工艺品。等老师有了孩子后，那马就成了孩子的玩具，并且被摔断了一条后腿。再后来，我听说我的老师离婚了，我隐隐地觉得是不是因为我送了不吉利的不成对的单数的马。到自己结婚时，我没为自己买一件成双成对的东西。我从小没有得到它的护佑，长大后，我已对它生出了仇恨，我不需要它！我的口红是一只，眉笔是一个，梳子有一把足够，镜子，我的镜子，是一个！

在童年，我们家那面孤独的圆镜一直立在矮柜上，它像一只忧伤的眼睛，看着我们失去了父亲的生活。母亲一直没有再嫁，虽然她有很多机会，她坚守着那面镜子，和在镜子里跑动的她的幼小的孩子。

我们家的镜子同母亲一样孤独，它似乎永远没有找到一个同伴的希望了。因为，那种铁支架的镜子商店里已经没有了，代之的是塑料镜子如花朵一样开放。

父亲英年早逝，母亲为此重病。险些没能挺过来。悲伤过后，母亲开始省察。母亲从小信神仙，对风水也略知一二。她从丈夫的过早亡故，想到自己十九岁时，一个月内死了父母。一夜间成了孤儿，现在又中年丧夫。这都是人生的重大不幸。母亲没做过坏事，文雅而善良。不幸为什么一再降落在母亲的头上？一再压在母亲只会绣花的手上？一定另有原因。母亲对自己有了警觉。她找到了大神，请大神给看一看。大神坐在几公里外，说对了我们的家宅的差不多一切细节。尤其被大神重点指出的是，我们家房子的对面有一座厢房，这房子的屋脊正对着我们家的房门。大神说，那房脊就是利箭！它在不停地向着你家的房门瞄射。这样，你们家就会有灾难，有伤亡。房子和房子之间也是能产生矛盾，甚至是仇恨的。房子的信仰由方位决定。比如正房（坐北朝南）就信仰南方，信仰热量；厢房（坐西朝东）就信仰东方，信仰开始。一顺排开的房子没有争执，没有矛盾，它们步调一致，信仰相同，它们或面对着同一个东方的太阳，或冲着南方的温暖闭目休息。这时，世界是和平的。

但如果在正房的前面突然出现了一座厢房，仇恨就有了。两座朝向不同的房屋如同两个信仰迥异的部落，它们互相攻击，你死我活。往往，正房不是厢房的对手。因为正房面对厢房的是自己的正面，是自己的脸，而厢房对着正房的却是自己有力的胳膊。这样方位的两座房屋动起手来，谁会被有效击倒，已经没有悬念。我们输了，我们家是正房。我们的脸不仅流血而且流泪。我们和我们的房子在利箭和健肘的猛攻下，倒下了。我们掩埋了父亲。父亲之后下一个该是谁？

母亲悲伤地说，我能把人家的房子拆了吗？大神则说，有一个简单的办法，可以破解。你回去照我说的做。

母亲甚至是高高兴兴地回来了。她松了一口气。症结找到了，破解的办法也简单易行。母亲有了对抗对面那日日夜夜射向我家的利箭的信心和办法了！

我的母亲回来后，关照我看好家，然后去了五公里外的韩国屯。可能是少数民族给予了照顾，在那个商品短缺的年代，韩国屯商店里的商品总是比我们这边多，几乎什么都能买到。我至今记忆着那副食商店里的酱油味、海带的咸味。我们常到韩国屯的医院里去看病，那里的医生也要好一些，药的疗效也比我们这边强。母亲关照我看家，就向南去了。母亲在很多的孩子里，只信任我看家，我在幼小的时候，就能抗拒一切诱惑而坚守家门，直到母亲回来。母亲向南去了，就是去了韩国屯。去那里是没有官道的。两个民族，在行政上不来往，只是民间自发地通了商。既是民间交往，一条小路就足够了。而我们与韩国屯之间，连一条小路也没有，我们只有一条略宽些的田埂。那水稻田的田埂是我记忆里最美的道路。且不说一望无际的绿油油的秧苗，白花花的水，那田埂上还坐着许多青蛙，它们看见人来了，就争先恐后地给你让路。路是很窄的，而人的脚是很宽的。青蛙说，让他过去，让她过去！于是青蛙就跳到水里去了，潜伏在一株秧苗的根部，然后睁大眼睛隔着水层看着你。而蛙的神态是认为人是绝对看不见它的。它认为5厘米厚的水是人所不能逾越的。它以为它藏得很好。

母亲从这样的道路上走过去，又走回来。她回来的时候，手里紧紧抱着一个用红布包着的包。母亲没有把它拿进屋里，而是小心地放在了外面的窗台上。母亲从屋子里拉出了一个木凳，然后踩了上去。母亲个子很高，再加上凳子的高度，她伸手就够到了屋檐。母亲站在凳子上，让我把窗台上的那个神秘的红布包递给她，并说不要打开它。我一边按母亲的吩咐去做，一边想，这可真神秘，里边包的是什么呢？我的疑问，在一秒钟后就有了明确的答案。母亲迅速打开了红布包裹，我看见是一面方形的镜子，仍然是铁框，镜面上没有两只鸟，而是两朵纤弱的蓝色的花。这样的一面镜子被母亲悬挂在了门楣的正中，对着前方。

这面镜子的使命是极其特殊的。它的任务是艰巨的。它同新娘子压住的那把斧头的意义相仿。它比一把斧头轻，它易于破碎，但它却担着比斧头更重要的责任：它要看护父亲的孩子，看护我们成长。一个普通的镜子，一旦挂在我们家的门楣上，它就马上明白了自己的使命，并且拥有了父亲的力量。它不会有辱使命，因为它有明亮的眼睛。它不是谐音，不是牵强的联系，它是眼睛，它是光芒，它是闪闪发亮的盾牌。它高悬在门楣上，它用光芒挡住了从对面射来的利箭，它将我们这些幼小的孩子全都挡在它的身后！

后来，母亲对包镜子的红布也作了简要的说明。她说，用来驱邪、抵挡利箭的镜子是不能照人的，甚至不能照到任何人间事物。在它来到那个位置之前，一个镜子应该是童贞的。在买的那个环节，我将先买好的布给了售货员，由他包好递给我。这个镜子绝对是什么也没看到。被世俗污染，是会大大削弱它反击邪恶的力量的。它必须干净，才有力量！

镜子必须保持童贞，才能战胜邪恶。原来，镜子靠的是童贞的力量，0的力量，也就是无法战胜的力量。

在我家房子的最前沿，委派了一位一尘不染的手持闪光盾牌的勇士之后，我母亲的情绪趋于稳定，悲伤有所减弱。我们这些幼小的孩子，都躲到了那面镜子的后面玩耍。我们渐渐长大了，灾难没有在我们家再次发生，代之而来的，是大哥参军提了干，大姐、二哥做了教师。我和弟弟读书都读得好。我是什么样的难题都会做，考试总第一。从小学到中学，我是一个班级的统治者。我喜欢数学和天文，长大打算当个科学家。

去年，我去我的同学家玩。她说她整天心烦意乱。她指着正冲着她家窗户对面的利箭一样的房脊说，我一看见它就心慌。我走到她的身后，漫不经心地看了一眼那个厢房的房脊，说我有个办法。

《天涯》2005年

你是第一个送我鲜花的人

五岁或者几岁，我的左脚拇指上长了一个大的水泡。民间认为手上脚上长那种水泡是危险的，后果是严重的。父亲抱着我去大队的卫生所处置。

——父亲是从不抱孩子的。他哪有工夫抱孩子？六十年代，七十年代，一个基层的大队书记的工作量是多大？那时是集体所有制，父亲以及他领导的工作班子是脱产的，那样也忙到在家里几乎看不见。父亲每天都是半夜才回家。上面总有指示下来，指示那东西一下来父亲就要着手落实，落实是那么容易做到的吗？落下来一架小小的飞机，你就得给它准备出一个飞机场。母亲每天都给父亲半夜开门，我们几乎没有跟父亲共进晚餐的记忆。父亲回家的时候，我们已经睡了。每天，只有早饭是和父亲一起吃的。所以，在一个上午，在一个父亲应该工作的上午，他抱着我，去大队卫生所。这件事我不可能忘掉，这太稀少了，稀少到只有那一次。

父亲有很多个孩子，就算他不工作，他也是抱不过来的。抱孩子归母亲，可是母亲要煮饭啊，还有，那时候商店里是没有成衣的，只有布，母亲要给一家人做四季的衣裳。开始就用手工，后来有了缝纫机，母亲就每天把那台蝴蝶牌缝纫机弄得卡卡卡卡地转动。我们的新衣服就都在那个像小雪橇一样的压脚下面一段一段地出现了。还好，母亲在结婚前，就把做衣服做鞋的技术练得很好了，她还练就了绣花的本领，可是，生活起来后，母亲绣花的技术在实际生活中没有得到运用，生活太粗犷了，母亲所携带的细腻生活准备在现实中找不到对应的位置。母亲不停地怀孕，不停地生育。我们像父母生产的肉罐头：装罐，封口，从传送带上滑下去，进入冷藏库。母亲也没有时间抱孩子，她的手总是被日常占用着。唯一有希望把我们从冷藏库救出的是祖母。可是我们的祖母，她也不爱抱孩子，她爱到生产队去劳动。父亲劝也不行，祖母就是爱劳动。外婆在母亲没结婚时就去世了。爷爷、外公也都不在了：这就导致我们没有人来抱。

父亲抱着我去一公里外的诊所，这件事早已成为我一生中的重要事件。迄今为止，还没有哪件事的意义可以超越之上。所幸的是，我非常完整地记住了那天的一切：包括天气、季节、路况、植物、父亲的举手投足。这个重要的事件，在十年前我就意识到了。算这次我已经把它在白纸上写了两次。1999 年，就是我刚拿起笔的那一年，我就把它从记忆录入到了纸上。几年后，我读高中的侄儿，告诉我，那篇叫《红花 白花》的短文已经被收录到高中课本的辅助教材里。我的侄儿，是我弟弟的儿子，就是父亲的孙子啊。他们是没见过面的啊。他们互相还不认识。我正在读书的侄儿，有一天他突然就在他读的课本里，见到了他的祖父。侄儿放假回来的时候，把这个意外的见面告诉了我。我想，这是我应该做的，我有责任让我的父亲见到他的孙子，让我的侄儿见到他的祖父，让一家人互相认识，让一家人团聚：这是多么有意义的一件事啊！我是多么高兴啊！《红花 白花》的文章只有一千多字。一千多字是写不清楚我和父亲的那个上午的。因此，父亲和他孙子的首次见面，因为篇幅的局限而不是很清晰——我需要很多个字，我需要很多个一千字，然后我安排父亲和他的孙子第二次见面。

回来的时候，我就一直在哭。医生他一边跟父亲说话，一边就用一把剪刀，剪开了我脚上的水泡。他敷上药又包扎上了，可是那痛是包不上的。父亲一边抱着我往回走，一边着手处理我哭泣的问题。父亲是善于用语言来解决实际问题的。父亲的语言系统是依据解决大人的问题建立起来的，当他面对女儿哭泣的问题时，他可以使用的语言我想应该不是很多。他一定是重复着一两句哄孩子的话，因此，父亲的哄劝因为词语的单调而收效甚微。我还是哭。不停地哭。父亲是个很有办法的父亲。他连土地都能改造，连水田都能种成功，他领导着那么多的人民，他当然有办法平息我的哭。有一个简单的办法是可以一下子控制住我的哭的，那就是声色俱厉，或者打我两巴掌，但是我的父亲是不肯那么做的。他是多么自信，自信到从来不使用暴力，不使用暴力词语，那不是他的方式。如果他那么做了，那他就不是我的父亲了，那他就是别人的父亲。

——我父亲的方式挽救了我们的父子关系。

——他也挽救了我与这个世界的关系。

——挽救了我与异性的关系。

——他的方式几乎挽救了我的一切。

现在，看看，父亲是怎么挽救我的：父亲感到语言不起作用，感到我比他工作上的一个邪恶的对手还难对付，他就想找到帮手，找到一个辅助工具。他抱着我还是走在回家的路上，路上都有什么呢？路上有正在开花的李子树。路边也有正在开放的小野花。父亲看到这些花朵之后，他就找到了帮手。他一只手抱着我，一只手就向那些花朵伸过去了。他先微微侧弯，尽可能地不让我的头倾斜，他够到了地上的几朵野花。他把野花递到我的手上，一定还说了几句赞美小花的话。我注意力的一部分从脚上的疼痛上移，移到了我的手上，我的手上开出了几朵花。我的哭声肯定是弱下去。我是个很容易被新东西引上歧途的小孩。父亲见花朵对我有效，对止痛有效，他就想加强一下，这是他的工作作风，把一件事弄干净利索。他向路边跨出了一大步，这样就来到了一颗正开得雪白的李子树下，他伸手就掰断了一个小嫩枝，那上面的花，是一串。花心还是绿的。那些香味，像麻药一样通过我的呼吸进入了我的肺，然后进入血管。这时候，我的脚就不疼了，我就忘记了我还有脚。我就不哭了，我哭的依据没有了。我应该笑，可是我肯定没笑。我不是那种能在两种对立的情绪里迅速穿梭而不磕绊的人。我安静了下来。这就很好了。安静是哭和喜悦的中间地带。但是我也是能用安静来表达喜悦的小孩。安静就是我的最好状态了，大哭和大笑都不是我常用的表情。我安静就说明我对世界很满意了。

我的手里，接过的最早的花朵，来自父亲——那第一个送给我鲜花的男人，是我的父亲。

父亲有效地解决了我的哭之后，他就没事可做了。这时他就用一只手，从左胸的衣袋里抽出了一支烟，还是用那只手把烟点着了。父亲在吐出烟雾的时候，把头向一侧扭过去，他怕那些烟会呛到我。我们回家的路还剩下一小段，我专注地看手里的那些花，父亲悠闲地抽烟。当父亲的那支烟吸完，我们就到家了。

2011 年《百花洲》选自《水稻田》

第二章　转身

转身

　　那段日子住在乡下，宿舍以及工作单位都是平房，我的生活中还没有出现楼梯，也就没有出现恐惧。

　　这段文字写于两年前，是我的一篇小说的开始部分。它涉及十五年前，我短暂的乡下教书生涯。比如"平房"这个词，就十分准确地概括了当时的生活状况。当然，那段日子留在我记忆里的最顽固的东西，还是半夜响在我宿舍玻璃上的敲击声。那种声音如一块不规则又坚硬的物质落入一杯清水中，轮廓清晰地卧在杯底，一直没有被时间融化掉。两年前的文字没能公开发表，那个关于楼梯的恐怖故事只被我一个人读到了。之后，它便如泥沙一样沉到了我书桌的最底层。

　　我并不特别怜惜它，像一盘做得不太对劲的菜，没有吃，却也没舍得倒掉，它被放在冰箱里，不知该如何处理。我想等着它自己发霉，然后理由充足地倒进垃圾袋。但这些天，我忽然想起了那篇东西。至于为什么，我想和文中出现频率很高的几个词语——楼梯、恐惧、黑色——有关。于是，在一个光线烂漫的午后，我从一大堆手稿中艰难地找到了那篇小说并重读了它。

那段日子住在乡下，宿舍以及工作单位都是平房，我的生活中还没有出现楼梯也就没有出现恐惧。恐惧是从楼梯的积尘中衍生出的怪物。它从灰尘与阴暗潮湿中获得了生命后就迅速长大，然后从楼梯上一阶一阶地慢慢爬了上来。从楼梯上爬起来的恐惧是一个高大的黑影，它立在我的面前，张开手臂拦住了我的去路。那是晚上九点以后，微弱的月光将人涂成黑色，而其他物体都反射着月亮的白光。人是吸光的，只有强光才能把人照亮。被涂成黑色的无疑是个男人。我同这个黑色的男人在楼梯上相持了近三十分钟……

从这段不足 300 字的叙述里，"楼梯"一词出现了五次，"黑色"出现了三次，"恐惧"出现了两次。

"楼梯"在这里被安排了一个重要角色，也就是承载一个恐怖故事。它同"黑影"、"黑色"、"恐惧"等可怕的词语一同被我投到一口冒着气泡的锅里，然后我在锅下加了燃料，并利用风力使它们猛烈地燃烧，然后我用力搅拌，使锅里的物质黏稠得像一锅米粥。我看到"楼梯"这个原本什么味道也没有的词语经过这一悉煮熬粘满了浓稠的恐怖的汤汁，使我再也无法辨认出它原来的，也就是三十年前它刚刚出现在我的生活中的纯洁模样。我在一篇题为《楼梯》的散文中对楼梯作过这样的描述：大约是我八岁的时候，我第一次到城里的姑姑家串门。我被大人牵着一只手，走着那完全陌生的水泥楼梯。我记得那楼梯间是黑暗的，在大白天也几乎伸手不见五指。而我却能感觉到脚下的起伏，我多想看清它们的样子。在那样的黑暗里，我并不完全明白，我正在被楼梯一阶一阶地推离地面，它们毫不费力地就抵御住了地心对我的缚力。

当我走到姑姑家的窗前向外望时，我看见了柳树的梢头，也就是一棵高大的柳树正被我俯视着。而在八年的生活经验中，从未从这个角度看到过一棵柳树，我总是在它的树阴下，围着它粗壮的树干玩耍。我在一瞬的惊异之后，马上明白了是那些黑暗中的楼梯将我举托到一棵柳树之上。我又看见了道路，行人以及行进中的汽车，它们在我的俯视下，都奇迹般地缩小了，变得不可怕了。而在此前，我是多么害怕一辆正在行驶的汽车，它在一个八岁的幼童的眼里，是一头怪兽。

也许那时，我就隐隐地感到了恐惧和距离的奇妙关系。八年后，我又将自己从乡下连根拔起，移植到城市的楼梯上。我的根须带着乡下潮湿而富含营养的泥土，在城市的楼梯上艰难地成活。我的柔软的，习惯于同样柔软的泥土的根须，是如何在冰冷坚硬的水泥上扎下根，只有我自己知道。水泥上长不出任何一朵花，我从来没能使自己的根须伸进水泥，哪怕一厘米。实际上，我被迫变成了一株攀缘植物，被迫长出无数吸盘，我凭靠着它们的力量牢牢地贴在城市水泥的表面。春天绿，秋天红，我装饰着一堵灰色的水泥墙。我的十几年的读书生涯是不是为了最后的与楼梯生活在一起？那一年我十六岁，楼梯在我的脚下就像冲浪的人脚下的海浪，它们给了我俯视的高度，梦想和激情。

显而易见，楼梯的出现，给我带来了激情和希望，它几乎是以一个天使的完美形象出现在我二十年前的生活里。乡下的生活，我的双脚可以向前走，向后走，还可以向左走向右走。而城市的生活，也就是有了楼梯的生活，使我能够向上走，竟然还能向下走。这种走路方位的改变和拓展，无疑会震荡我的思维，并在某一时刻使之突然发生转向。

仅仅是几年的时光，楼梯已不再通向欢乐和希望，而是埋伏着恐惧和杀机。

当我洗好那些衣服，准备往回走时，已是晚上九点以后了。洗好的，潮湿的衣服被我包好抱在怀里。那是很大的一包。因为宿舍没有洗衣机，我把被罩、床单什么的一起拿到同学家去洗。楼梯间很暗，墙上方形的窗子透进一块月亮和街灯混合后的光线。那包衣服仍抱在胸前，它挡住了一部分视线致使我的步伐偶有磕绊，一直无法流畅。即使如此，要不了五分钟，我也能走完通向我宿舍大门的所有台阶。然而，阻碍是突然出现的，像草丛中突然昂起的蛇头。他迫使我停了下来，而且停留了三十分钟之久。

三十分钟，如果是坐在藤椅上喝茶，沐浴着午后温暖的日光，听着身后绿色藤萝的攀爬声，它的长度相当于从茶杯中升起的一团水汽，然后在空中翻卷着消散；如果是手负重物站在夜半黑糊糊的楼梯上，它的长度就如用冷水去融化一块冰。

对于即将发生的三十分钟事件，我一点预感都没有。一切迹象表明，这是平常的一天，而且接近尾声。回到七楼宿舍后，一个冗长的睡眠将使我跨过明天的界碑，且不会留下足迹。

其实，事情的开端当追溯到二楼，那不是个该引起注意的事，仅仅是从我身边匆匆走过去个男人。那人步伐极快，只几秒钟就从我的身边，甚至是视线之内消失了。接着听到他在我的头顶发出鞋与楼梯的摩擦声。在他经过我身边时，我还向一侧靠了靠。我们谁也没有停下脚步。他一步俩台阶，走得极为轻盈。

事情的变化也是突然的，像魔术师手中的木棒瞬间就变成了蛇。当我走到三楼转弯处时，那个已从我的视线之内消失的人，又从他消失的地方出现了——他又从上边下来了——和我形成了相向的局面。这引起了我的注意（不是怀疑）。没听到他敲哪个门，开哪个门。以他的速度是刚到四楼马上就下来了，没在任何一扇门前停留一秒钟。他极像是走错了单元，而且这个错误是走到四楼才发觉的。当他又一次与我擦身而过时，我忍不住开了口：你找谁？

这句多余的话证明我当时心情挺好。心绪不佳时，谁去理会一个陌生人遇到了什么困难。这是单位宿舍，大部分住户我认识。我很可能帮得上他。因此，我的语气非常友好。

就找你。这话是他说的。语气顽皮还带着一丝凶狠。而这丝凶狠是在他转到我的身后敏捷地抱住我的腰又捂住我的嘴之后才分辨出来的。

我木然站着，挺了有十秒，并未听见他爆出大笑。这不是一个玩笑。我被一个陌生男人劫持了。时间是晚上九时三十分左右。地点是我宿舍楼三楼转弯处。目的尚不清楚，除了抢劫、杀人、强奸，再没别的了。

我陷入了困境。这和六十年前，我母亲遇到的麻烦极其类似。而我母亲最终有惊无险，化险为夷，这在今天看来我母亲的经历更像一段传奇：

　　那是二十世纪四十年代中叶，母亲十六七岁。日本人还没有完全撤离，但苏联红军已经来了。母亲的家住在古城乌拉街，但在乡下有些田产。显然母亲的家是个地主。地主的第三个女儿，也就是我的被唤做三姐的母亲在春天的时候想到乡下的老家玩几天，也许只为取一副鞋样。就在她去乡下的路上，迎面遇上了一位苏联骑兵。这个高大的同东北农民迥异的苏联骑兵并没有骑在马上，而是牵着马在走。他走得很慢很悠闲。他可能也是想看一看异国土地上的景色，看看中国东北松花江流域的春天同顿河以及伏尔加河的春天有哪些细微的差别。当时的母亲已从乌拉国民优级学堂毕业，但她不知道苏联红军远征的意义。她读的书上没有对苏联红军提过一个字。她先读私塾后又读日本人的小学，读过四书五经和《红楼梦》，在日本人接管的学校接触了数学，会唱日本歌，说日本话。日本人杀中国的大人，却耐心细致地教中国的小孩唱不知其意的日本国歌，也是用心良苦。

　　那时的母亲不甚明了，日本人和苏联人到自己的家乡来主要是干什么？十六岁的母亲心里没有国际形势，那时母亲接触不到广播和报纸。但母亲心里应该有刚刚萌生的爱情。爱情是不需要广播和报纸的，甚至不需要文明，它与生命同在。

　　十六七岁的我的母亲走在四十年代北方春天的乡村路上。柳树一定是绿了，还有江水，流得很急，若说野花的话，应该只有蒲公英开放了。东北大地随处可见的细碎的蒲公英的黄花在母亲绣着牡丹花的鞋边摇曳。这时，迎面走来了一位苏联红军，手里牵着一匹高头大马。苏联红军是世界上独一无二的，这独一无二的骑兵和他的马将母亲的去路拦住。他站在母亲的面前看了一会，母亲是那种细眉细目苗条又丰满的女子。苏联红军对于这种同他们民族的高鼻大眼的姑娘截然相反的女子产生了兴趣。据我母亲讲他几乎什么也没说，就突然伸出了手，一下将母亲的外衣拽开。衣扣噼噼啪啪地迸落，灾难已成定局。就在这时，应该叫千钧一发之际，母亲命运中的保护神，飞抵母亲上空。于是出现了奇迹：那匹一直沉默的，冷眼旁观的战马，突然一声长嘶，然后忽地飞奔起来，并将那骑兵一起拖走。原来，马的缰绳不是牵在手上而是绑在了手上。母亲僵僵地站在那里，被撕开的外衣里是一件火红的毛衣。那毛衣象火焰一样在春天上午的光线里闪着夺目的光芒。那战马就是被这突然出现的红色火焰吓惊的。

这个故事由母亲讲述，我相信它是真的。我还相信所有的故事都是真实的。它不是已经发生，就是将在以后发生。虚构并不存在。虚构是暂时的。人世间装得下所有故事。

六十年后，我遇到了同母亲一样的事情。

牢牢地抱住我的男人手里没有牵着马，也许有一把短刀藏在衣袋里。我手里抱着的衣服砰的一声落到了地上，溅起的灰尘像水波一样荡开又如花朵一样开放。

这是一声闷响，地面给予包裹的反弹力如一片细嫩的禾苗被重重地压在一块石头下面，发不出一丝声音。这个沉闷的声音对于我的精神是一记重击。它像一声雷，接下来的是大雨。而对于他则刚好相反，它是明明白白的催促，奔马耳边的鞭响。

那个包是我的，它一直被抱在胸前。里边包着我的毛衣和裙子。它们被洗了又洗，纵横的纤维里充满了洗涤剂的香味。它们是不能挨近灰尘和泥土的。灰尘是它们的敌人。我的使命就是用身体的高度将它们托离地面，远离尘土。它们是那样潮湿，易于被尘土污染，像婴儿易于被病菌感染。

此刻，它掉到了地上，在它们湿漉漉的时候，掉到了可怕的尘土里。我觉得是自己砰的一声滚了下去，顷刻间被尘土包裹。我身上的水珠召唤着尘土，它们是天然亲和的。我不知道能不能将自己从泥土中重拾起来。我一动不动地站在那人的胸前，等待着奇迹发生。过了有十秒钟，我失去了信心，我命里没有守护神。

　　我的脸的二分之一被他的手捂住。还好，鼻子被留在了外边。就他手掌的宽度来看，完全可以连鼻子一同捂住。他是有意留的，这说明他不想置我于死地，还说明他是个有经验的家伙，做起攻击女人的事儿来有条不紊，进退有度。这个细节，他一定是事先考虑过了。留鼻子和不留鼻子是一个十分重要的问题，它需要事先决策。我就听说过一个关于鼻子的故事：说是战争年代，一只部队的保育员（女性）在敌人逼近他们的藏身之处时一个孩子哭了起来（可能十分幼小），保育员迅速捂住了那张哭泣的小嘴还有小鼻子。目标终因保育员奋力按住了哭声还有呼吸而没有暴露，但那个孩子再也不能哭了并且再也不需要氧气了。那个动作迅速、机敏的保育员就是忽略了这个至关重要的问题，在操作上较我遇到的这个人要缺乏经验和常识。

　　还有我的腰，被他的另一条胳臂紧紧地箍着，我的两条胳臂也在里边。他显然是个干活利索、手脚麻利的人。对付我这种如被风吹乱的一堆柴草似的人，他三下两下就撸顺了我的胳臂腿，然后一用力，就捆结实了。

　　我对于这种突然的攻击，没有本能地呼救和挣扎，而是站在那里一动不动，我惊异于自己的冷静，我的腿一点都不抖动，还有身体，没有打战。

　　他抱住我腰部的胳膊还有捂在我嘴上的手，都用了很大的力气。它们用在没有反抗的我身上，如用一只巨大的铁笼子装了一只小猫，而它原来是装狮子用的。那些用来应付我挣扎反抗的力气，没有找到对手，正焦急地左冲右突，显得狂躁不安。它们是一只从他体内出发应战的军队，出发前已接受了十分具体的战斗任务，个个全副武装，准备打个漂亮的胜仗回去，可当它们冲到前线后，意外地没有找到敌人，没用出击就夺取了那块据说有重兵据守的阵地。它们十分颓丧，军容如吃了败仗一样萎靡。

　　我在这突然的攻击面前保持着沉默，保持着束手就擒的态度。只有我手里的湿衣服滚落时发出了一些声响。除此之外，就是——就找你，三个字的余音在我的周围弥漫。尖叫以及挣扎扭动都没有出现，而他们是应该出现的。

看来，那是我的黄金时代。我微笑地面对一切，甚至包括强奸犯。据说，一个看不见危险的人，是可以过悬崖如履平地，涉火海如同散步的。我曾经是一个看不见火、刀、悬崖的人。可我是什么时候从那个黄金美梦中醒转过来？是谁，用什么样的尖锐的声响吵醒了我？我不会愿意醒过来，一定是受到了超强音量的摧残，使我成了一个能将细小的危险放大无数倍的可怜的人：此刻，还没有到来的黑暗已经提前将我包围，我努力突破黏稠的黑暗，要回到我那窗上安了铁网，门上有暗锁的家里去。这时，我的身后响起了啪嗒啪嗒的脚步声，它不紧不慢地一直响在我的身后，越来越像夜半门插被从外面剥落的声音。我的心跳开始加快，呼吸变得急促，我无法忍受那个声音响在我的身后。我无力将它熄灭，但我似乎还有余力让它响到我的前边去。我蹲下身，佯装弄裤脚和鞋，而眼睛却盯向身后发出可疑声音的物体。我保持着那个闲散实则警觉的姿势，那实际上是个百米起跑的姿势。我看着发出声音的东西从我的眼皮底下爬了过去，像一条蠕动着的有着鲜艳毒刺的毛毛虫。那是个背着鲜艳书包的孩子。他的衣服是羽绒的，样子斑斓而臃肿。这段文字真实地记录了我被粗暴吵醒后的生活。实际上，即使是大白天，如果我身后走着个陌生男人，我就立刻紧张起来，我坚信不疑他的衣袋里藏这一把刀。他也许什么都不为就会杀死我。也许只是想试一试他的那把新买来的还没杀过人的刀是不是锋利，是否得心应手。

他说完"就找你"之后，也沉默着。我没动，他也不动，形成了一个僵持的局面。但他的最终目的不应该是只将我固定在楼梯上，他应该还有下一步骤。显然，目前的这个僵局是暂时的。他一定得事先想好，先怎样，然后怎样，最后怎样，出现这样那样的意外情况怎样，如突然遇到第三人怎么办，对方拼命挣扎怎么办，等等。这是几套方案，一系列的动作，已事先编好了程序。但，百密一疏，他没有想到我会不反抗。像 1+1 等于几的问题出现在考大学的试卷中。谁都不会认为它是 2，然而它就是 2。这个考题使精于数学的人在他的等号后边犹豫了很长时间。看来问题的难易取决于它在什么时候出现在什么地方。他就停在了一个简单的问题面前，不敢相信那个同样简单的答案。这导致他一系列动作间出现了空白。对于这突然的断链，他不知如何续接。于是那段空白就如浅水中的鱼，被我毫不犹豫地看到了，并且抓在了手中。

我立即剪下一段我的精神和意志嵌进那段空白。这段有着我的属性的物质是黑色的。它不易被察觉，闪着煤的断面似的漆光。链条完整了。我的意志乔装进入到他的精神深处，将伺机干扰并打乱他的固有程序，进而左右整个局面。我将凭靠着它的能量拉动业已搁浅的大船。

你松开手，我不喊。那段黑色物质耀眼地闪了一下。发出了第一组信号，开始进入工作状态。

我是在他宽大的手掌里说这句话的。当那些对付我尖叫的士兵如潮水一样退却后，手掌与我的嘴唇之间出现了一丝空隙，我的声音得以从这空隙爬过。如一粒种子的幼芽蜿蜒地爬过压在它头顶的石头，从一侧将头探了出来。我的声音从他细窄的指缝中滑出，如饴糖一样扯成粗细不均的条状。

他的手开始放松，尴尬地下滑，最后垂了下去。我知道他的犹豫、担心，还有吃惊。如果他作案多起的话，我肯定他从未听到"我不喊"三个字。他有力的手都是成功地将嘶叫和呼喊严严地堵了回去，甚至连同呼吸都一齐堵住。

我的呼吸终于得到了口腔的援助，变得从容起来。

我惊异于我超常的冷静，这种如巨石一样的冷静从哪里来，它是怎样在我的头脑中生成并且成长？我对付强奸犯并未有过经验，也没有过性经验。总之，在我被一个陌生的男人牢牢地抱住时，我对男性还几乎一无所知，我不知道强奸意味着什么，我仅有的一次经验也不足以证明男性有多么可怕。那是我第一次同我很喜欢的一个男人的拥抱。我们站在树下，暮春时节，风很暖，我们头上的柳树枝条又长又柔软。那是一株江边的古柳，它像一个巨大的水母，遮在我的头上。而此前，我从未接触过异性，因此，在我的想象里那应该是惊心动魄的。我倒是希望能那样，结果是我没能怎么样，当我睁开眼睛时，我看见我头上的星星还有月亮都完好无损地挂在那里。世界并未因此有一丝一毫的改变，我原以为它至少应为我摇晃一下的。

若干年前在松花江边抱住我的男人是我熟识的朋友。他是从我的正面侵入我的身体周围二十厘米内这个警戒空间的。他为进入这一空间，进行了漫长的准备。就像铺一条铁路，等路铺完了，他才像火车一样启动，然后轰隆隆地开过来。显然他是个只走铁轨的男人。而楼梯上的这个男人同我的这朋友不同，他选择从我的后面侵入我的警戒空间，并且是突然的，迅速的，不像火车那样，我远远地就看见了，那冲天的烟柱和巨大的声音。他什么声音都没有，他的脚几乎没有在楼梯上弄出一点声响，他是一架飞机，只与空气摩擦，而那个摩擦声又是我无法听到的。

虽然我在心里不认为从正面抱着就是善，从背面抱着就是恶，但在我的生活经验里，从背后被抱住这还是第一次，也就是说，我已习惯了面对面的拥抱，对于其他角度的接近我的肉体，我不但很吃惊而且很不习惯。

然而，意外情况突然出现了。那只从我的脸上垂下去的手并未闲着，他去支援了另一只手。两只手一齐向我的牛仔裤腰部扣子那汇合，最后一齐上阵解那个扣子。十个手指一齐工作反而互相牵绊，事倍功半。那是个难解的扣子，早上穿衣时，系上它就费了些力气。当时还想，这要是解开得更费劲。想不到这费劲的工作竟有人代劳。虽然那扣子以一将当关，万夫莫开之势誓死抵抗着。但扣子一定会被解开，我必须马上支援那只精疲力竭的扣子。

我有些着急了。至此，我才开始着急。我的两只手可以在一个有限的区间活动，够得到扣子。他正全力解扣子，对我的胳膊的看守明显放松，于是，我的两只手同时向扣子那集结。四只手将在那里展开一场混战。那只扣子所在的位置，将因这场战役而载入史册。

我是突然对他的两只手开始包围的。我的两只手紧紧地抱住了他的正在忙碌的手。我知道他力气很大，但我不能不反抗。如果说他抱住我的腰捂住我的嘴是边境上的挑衅及小规模侵扰，可以暂不理会，但解裤子上扣子的行为则是以重兵攻打我的国都，只要我这个国王手里还有一兵一卒，都不会坐以待毙。我用了所有兵力。

我以为四只手的混战将激烈异常，搅起的烟尘遮天蔽日。然而他的两只手在我的紧抱下一动不动了。

四只手抱在一起，谁也不动，像拳击手在激烈的角逐中忽然抱在一起暂憩。这次，是我手上的力量成了多余的东西。他完全可以用一只手抓住我的两只手，然后用另一只手继续解扣子，胜利将是他的。

然而他选择了失败。而这个失败是有补偿的。他敏锐地嗅到了这个失败散发出的香味。他的手被我紧紧地抱住了，他略挣扎了两下就不动了。它们如两只小绒毛动物，在我手掌的温暖怀抱里很快卷缩成一团，又闭上了眼睛，准备睡上一大觉。它们似乎为寻找这个小巢跑了很多岔道。我的热量不断地从双手的气孔里喷射出来。潮湿温暖的气流包裹了他的手，使他一直不安的手处于被催眠状态。

也许他已达到目的，也许他的目的仅仅如此，或者，他的目的在一条较长道路的尽头，当他向着目标跑去时，遇到了我的迷惑和干扰，致使他跑着跑着不觉跑上了一条岔道。当他发觉跑错了时，又被这条歧路上的花香所迷醉。他偷偷停下了脚步，将错就错。

我一直过多地注视我的心灵，而对我的手缺乏关怀。但是，在这里，我的手的不俗表现让我不能再对它视而不见。我的还有所有人的手进入了我的视线。其实，一双温暖的手在我的幼年就出现了。大我十六岁的哥哥从部队探亲回来。晚上，我睡在哥哥的身边。我一定是做了一个可怕的梦,我在那噩梦里挣扎哭叫。当我一边哭泣一边醒过来时,我发现我的哥哥紧紧地抓着我的手,他还说着安慰我的话,告诉我这是一个梦,不是真的,不要害怕。那个可怕的噩梦早已忘记了,而哥哥的手至今在我的记忆里保存。它被我保存的原因是我认为它是个英雄。当我被噩梦死死地拽住,就要被吞噬的时候,被我哥哥的手发现了,它迅速地跑进了我的噩梦,在一片天昏地暗中艰难找到了我,然后用力将我救出。噩梦如一个气泡,在哥哥那双无畏的手下轰然破灭。这是我五岁的时候,第一次被一双手拯救。

我突然想说话了。此前,我一直沉默着,并在沉默中解着"绳索"。现在,绳索基本上解开了,我不想一言不发就走。这件事如一只苹果一样被我用力抛入空中,我想伸出手稳稳地接住它,然后好生放到篮子里。不做完这些细活,我无法让自己离开。

说话的欲望如潮水顷刻就漫过了头顶。但我唯一的听众站在身后,他的耳朵也在我的身后。我的声音无法直接撞击他的脸和耳朵。所以,我得转过身去,我想看着他的脸说话,我在遭遇这种突然的侵略时,第一反应不是反抗和呼救,而是想说话,关于他的行为我有许多疑问。如果我是一个国家的臣子,兵临城下的时候,我一定是个主和派。我一定要在刀兵相见之前,同对方谈上一谈。我要问问对方,为什么选择战争这种形式,有没有其他途径。我想我和从后边抱住我的男人就是两个即将开战的部落,我想和谈,和谈是需面对面的。于是我试图转过身去,但我没能转得过去,他的一只胳膊一直死死地抱着我的腰。我两次努力的转身都失败了。当我第三次执著的转身失败后,我才猛然明白——他怕我看见他的脸!他仍然对我的眼睛警戒森严。而这一切是因为他早已认为自己是罪犯而我则刚刚想到这一点。我的转身不是为看清他的脸及体貌特征以备抓捕他时提供有力的依据,我仅仅是要说话,要摆出一副认真和谈的姿态,我要针对这件事发表自己的看法。而我从未背对着谁说话,觉得这样话简直没法说。看来,还得为我的滔滔宏论的出台搬掉最后一块石头。

　　你现在还没有犯罪（其实已经犯了），至少是没有造成严重后果。我不会把你交给警察，我不相信别人会比我更有权利和力量来处理这件事情。我对你的处罚要比警察的处罚严厉十倍，但我知道你怕他们而不怕我。我的处罚是让你听我说话。

　　于是，缠在我腰间的胳膊也滑落了下去，垂到了身体的两侧。他站直了身子，并呼了一口长气。我也站直了，也做了一个深呼吸。显然，此前的那种状态使我和他都感到了疲累。

　　现在，我们是毫不牵扯的两个人，各自占据着一块空间。我觉着自己像一只从木板中艰难拔出的钉子，禁锢没有了，甚至可以沿着斜坡愉快地滚动了。

　　我于是转过了身去，一下子就跟他面对面了。中间只有几厘米。我意识到，我们各自的二十厘米已经重合。这是个可以拥抱的距离。我看见他两手垂着，不但没有了刚开始袭击我时的勇猛，甚至有了戒备我的态势。他剩下的只有守了。

　　我于是抬起头，我看见了他的脸——

　　而十五年前，二十二岁的我被学校像旋转的雨伞上抛出的饱满的水珠一样弃置于一所乡镇小学校里。夜晚一个人躺在没有铁护栏的平房里，听着夜半响起的敲击我宿舍玻璃的声音。那个敲玻璃的男人是什么样子，我几乎都没有想过，我只是在一篇文章中对那声音作了详尽的描述：那一串哒哒哒，手指叩击玻璃的声音，是发给我的电报，我对这绵绵的哒哒哒声是否作出反应以及作出什么样的反应完全是我自己的事，是窗外的人所不能左右的。我竟然不去想他会推窗而入，那窗子是一推就开的。我那时认为，那个夜半敲我窗子的人是个乞丐而不是一个强盗。如果是强盗他就不会用那种细腻的指法耐心地敲窗子，而是应该一脚踢开窗子，然后一跃而入。强盗的声音是响亮的哗啦啦、轰隆隆，而不是小心翼翼的哒哒哒。显然，我二十二岁时的判断是正确的。所以，我一开始就不怕那缠绵的敲玻璃的声音。我知道，那一定是几根苍白的手指和一个忧郁的心情在我的玻璃上对我说话。那是他的语言，独特而明了。只是我不用手指说话，和站在我窗外的人使用的不是同一种语言，所以，我无法同他交谈，无法回答他。

我常常是在那种有节律的声音里醒来，在他絮絮的诉说里，翻了一个身就又睡着了。它和我窗外不远处水稻田里起伏的蛙声，一阵清风掠过杨树梢、树叶一齐的旋转拍打声一样，都是我耳边的自然之声。它们一齐轻轻地响着，带给我的是更加深邃的空寂和更加深沉的睡眠。

我从未听见窗外离去的脚步声，就像我从未知觉它的到来。我总是马上又睡着了。不知那声音在什么时候疲倦了，也许是在月亮隐到云朵里，风也停了下来。

那是一张让我吃惊的漂亮的脸。前额略宽而且饱满。从楼梯间墙上的小窗透进的月光打在他对光一侧的额头上，还有鼻子的最高部分也被月光打亮，它们形成了整个脸的高光部分。这使他的脸从黑暗中浮现出来，像雕塑作品从木头、泥坯中突现出来一样。他的眉骨略高，阴影挡住了眼睛，闪动的睫毛却被月光照亮。头发浓密而且卷曲，有一缕已垂到额前，这使他整张英俊的脸又添了一丝温柔。总之，他像我读书时，美术老师放到讲台上的，那尊供我们素描的名为大卫的石膏像。

我把他的脸同石膏像大卫作了一下比较，发觉大卫的眼睛太大了，脸上的表情也太过执著；而他的眼睛此刻在眉骨的阴影下，在注视着我，正准备聆听一个女人的教诲。我觉得他比大卫要美。我认为一个乐于倾听女人絮絮叨叨的男人就是个可爱的人。

我伸手抚了他的头发一下，又拍了一下他的脸。这是我的习惯动作，一般遇到可爱的小孩时的做法，而我却对这个大人，高我一头的，十分钟前还企图强奸我的大人使用了对付小孩的手段。

后来，当我读到这段文字时，这个多余动作引起了我的注意。我对它进行了艰难的分析，得出了这样的结论：1.他已被我控制，神情已开始紧张，而我的这个动作对稳定情绪很有效；2.当我看见他的脸后，发觉他的年龄比我小，从衣着到发型都像一个学生，而我做过教师，我在做教师时对犯了错误的学生极少严厉批评，我总是耐心地跟他们谈，一边谈还一边拽拽那孩子的衣襟、拍拍他的头，直到他被我弄得流下泪水，哽咽着说以后再也不惹老师生气了；3.我当时二十六岁，而他不会超过二十二岁，从年龄上我一下高出他一大截，于是我可以俯视他，把他看成孩子，而我看见小孩子是爱拍拍他们的脸蛋的。

　　他一直不说话，僵僵地站在那里一动不动，像被我用看不见的绳索捆绑了一样。如果他作案多起的话，这该是他最被动的一次。他的头不是挺得很直，但也没低下。我看出他落到这一步是多么心有不甘。

　　我把手从他的脸上收回来后，就开始了说教。我的中心意思就是你看你多漂亮啊（由衷的赞美）！没有女孩子跟你好吗（这是我的疑问之一）？你怎么想到要拦路抢呢（这是疑问之二）？这有多危险（我是指他，他会因此坐牢）。我拽了拽被他弄皱的衣襟继续说，只要你努力做个优秀的人，会有很多女人跟你好的，用不着冒着危险抢。还说了什么大道理就忘记了，总之，我告诉了他一个关于女人的秘密。

　　他被我说得无地自容，一直低着头，好像还撮着手。我觉得说得差不多了。

　　我走了，你也走吧。我结束了我的说教。

　　至此，散落一地的苹果已被我一个一个地拾到了竹篮子里，并放到了一只牢靠的椅子上。我可以放心地走了。

　　他站着不动，低着头站在他原来的地方。也就是他精心选择的楼层，精心选择的位置。

　　在向楼上迈动脚步之前，我想起了那个落在地上的包裹。

　　把地上的包递给我，像对一个熟人说话。我觉得他不会拒绝。我的所有话他都照办了，包括：你松开手。

你自己拿吧，他的语气像刚跑完五千米。

在我俯身拾起那个包裹时，才明白他为什么拒绝。

那个包裹是一开始就落到地上去的，它是这个事件的开头。它一开口就会从头说起。它目睹了事件的全过程，很有发言权。他不能碰它，一碰，它就张嘴说话了。它会无限委屈地讲述它是怎么掉到地上，掉到灰尘里去的。而包裹的所有痛苦都是他一手造成的。他怕它，他已厌恶了自己刚刚做过的事。

我重新抱起那个正打算哭泣的包裹，向楼上迈动脚步。那一组台阶有九级，当我走到中间时，身后想起了他的声音：我能不能知道你叫什么名字？在哪工作？他的声音急促，匆匆地追上了我上楼梯的脚步并抢到我的前边拦住了我的去路。这该是他对我说的第三句话，语流急促，声音里有一丝胆怯。从他使用"我能不能——"这样的句子形式来看，他的语文程度不低。这应该是翻译小说的语言习惯。

几乎没犹豫，我告诉了他。我和单位的关系是一只羊同一棵树的关系。羊被拴在树下，在以绳索长度为半径的圆内吃草。找到了树就找到了羊，于是，我告诉了他那棵拴着我的树在哪里。他仍站在那里不走。我也感到他是真的无法立即迈动脚步，耻辱像极黏稠的胶一样在他的周围一点点地聚拢，牢牢地缚住了他，使他像一滴树脂上的昆虫。

于是，我丢下被我盯住的男孩，慢慢独自上了七楼。我的宿舍在七楼，而在半小时前，我被这个一动不动的年轻人拦在了三楼。

他为什么要知道我的名字和工作单位？他日后想去找我吗？他敢吗？谁会去回访自己企图强奸未遂的人呢？看来这个疑问的后边牵着一个巨大的物质，而答案就在里边。

我仍然记得，他当时显得是那样胆怯又是那样鼓足了最后的勇气非问不可。他已作好了我拒绝回答的准备，在我还没有想好是回答还是不回答的时候，他已满脸局促地迎接我的拒绝。我的回答让他绷紧的肌肉放松了下来。

他为什么一定要知道我是谁？我被这个疑问缠绕了很久。事情过去几年后，我才渐渐地明白。

夜晚的楼梯，还有那些可疑的月光，以及我这样的一个人，这些加在一起多么像一个梦境。他一定是一时不知身在何处，一切都是那么虚飘，他又没有时间细想（因为我马上要上楼去了）。但他十分惊奇，不想让这件事从身边溜走。他想伸手抓住它，以便把它带走，带到一个安静的地方再拿出来细看看、细想想，像草食动物的反刍。如果他不问我的名字和工作单位，五分钟之后，当我在他的视线内消失，这件令他惊异的事就会比一个梦境更虚幻。他的做法，是在竭力挽住一个迅速滑向梦境的现实。而我给予他的回答，是拽住这个现实的唯一绳索。

他认为这件事值得保留，必须保留。而这件事不是墙上的壁画，无法拓印，所以他无法忍受我在他的面前消失。因为我将把整个事件带走，一同在他眼前消失，他将独自面对无边的虚空。我转过身上楼去的背影，让他惧怕并且紧张。于是他用尽最后的力气问了不该问也不该得到回答的问题。

然而他问了，我也回答了。我当时就看到了他目光中的无助和痛苦。他需要我的名字。他也许是世界上最需要我的名字的力量的人。

那么，他为什么要在梦境与现实之间划上标记呢？让这件令他尴尬的事滑入梦的深谷里有什么不好呢？显然他被我说动了，他听信了我，他要照我说的去做，他想迈上我所指给他的道路。我将成为他的起点，他将从我这里出发。所以，他要证明我是一个真实的人而不是梦中模糊的影子。毕竟，现实比梦境更容易被信任。梦可以被忽略不计，这是人的习惯。如果他不能证明我是真实的，那么，他就可以忽略这个"梦"，也就是忽略掉我以及我指给他的道路。他脚下原是有一条道路的。一条道路的更改是一个重大的事情，这需要一个强大的力量。他不能依赖一个梦，他至少需要凭靠一个事实的力量。他需要一个事实的力量从背后推动。而梦境没有力量。

他就站在那里，仰头看着我消失，极像一对情侣恋恋不舍的分别。

读到这里，我的恐怖故事就结束了。其实，是有我参与的这段情节结束了，因为我上到七楼回到了宿舍。我睡着了，并没有做什么噩梦，我没有受到多少惊吓，我的精神质地优良，它的耐力和弹力都是惊人的。这件事对它的抻拉并未使它断裂一丝纤维，它完好无损地复了原位。

然而，这个故事并没有结束。故事的主人公之一"我"回到了宿舍，退出了故事，而故事的另一重要人物，也就是"他"仍站在楼梯上。那楼梯是故事发生的地点，他没有离开，故事就无法完全结束。剩下了他一个人故事仍要继续，情节依然精彩。而这一切我都无从知道了。

但我为这个故事的后半部分作出了贡献。我留下了我的名字和我的工作单位。这些是故事的下半部分赖以生存的土壤。我站在楼梯上的时候只看到了这个故事长出了绿叶，而它的花朵要在我离开之后开放。虽然我看不到花朵，但我为花朵的开放留下了必需的肥料。

《布老虎散文》2003 年

利刃的语言

　　夏天，整个城市如一片叶子，被烤焦了，发了黄打了卷。只有街边一堆硕大的西瓜，如一滴滴还没有蒸发的水珠，闪着凉爽的绿色的光芒。

　　我在一堆有着碧绿花纹的西瓜旁停下了脚步。我只喜欢这种西瓜，它是圆的，且有青蛙脊背上的花纹。这和我童年图画书上的西瓜是一样的。而其他的西瓜，颜色像冬瓜，形态像枕头。

　　卖瓜人是个中年男子，黑且瘦，眼睛很大。他将手掌伸平，在他臂长所及的范围内的每一个瓜上拍，最后选中了一个较大的抱了过来。他头也不抬地说叫不叫？（叫：切开一块以验优劣。）我说叫，不好不要。于是他三刀就在西瓜的肚子上划出了一个三角形，并像拔暖瓶盖一样将那块瓜拔了出来。我伸过头去看那个三角形的井，里边真如井一般汪了一片水渍，瓜肉发了炎的伤口般红肿不堪。这是熟过的瓜，或在搬运过程中受了外力的撞击，虽然外皮完好，但里边已如发生了地震，全乱了套。我拒绝买这只瓜。直到此时，我还没特别的感觉，一件再平常再细小不过的事，它还没有什么意义，拒绝这只瓜的理由又是那样充分。

卖瓜人一手托着瓜，一手握着西瓜刀，不好，哪不好？并且直视我。我不明白他的自信从哪里来？快要烂了的西瓜能使他的目光笔直地射向我而没有一丝游移吗？一定另有原因，它的笔直的目光后一定有一个坚硬的支撑。我的目光在他的身上寻找，于是我的目光与那把西瓜刀相遇。残留的西瓜的汁液，正从刀尖一滴一滴缓慢地滴到地上。它们是淡红色的，跟人体的血液极其相似。刀是月牙形的，刃口比刀背长出约一倍，在强光下反射出刺目的光。它距我只有二十厘米，只要二分之一秒，刀就能将这段距离变成零甚至负数。握刀的手是黑色的，上边的血管如老树的裸根盘错着。他的手臂像是刀黑色而有力的柄。刀和他的手是一体。他是一个身上能长出刀的人。刀从他手臂的顶端长出来，并且在他的血液的浇灌下越发地锋利。

我害怕了，怕这把从他的手臂的顶端长出的刀是个任性的家伙。他的大脑指挥不了刀，反而被刀所控制。刀是嗜血的，它永远乐于在柔软的不堪一击的肉体上证明自己是一把锋利的刀。刀面对石头的时候是会低头并且绕行的。但我不是石头，恰好是一堆柔软的肉。刀已看见我，并且露出了笑容，正在一毫米一毫米地向我移动。它可能是厌烦了那堆西瓜，厌烦了西瓜发出的嘎嘎嘎嘎清脆的哭叫声。它想换一个略有些弹性的东西。西瓜的血毕竟没有腥味，而是令它讨厌的甜味。刀是不甘堕落的，切割西瓜实在是无奈之举，一旦有机会，它是不会放弃任何一个同真正的血液亲和的机会的。

我看见那个卖瓜人阴沉的脸，他没有买卖人那种可以随时运用的笑脸。是刀使他可以不笑，刀给了他勇气和理由。我不能同他争执。我在那把月牙刀闪闪的白光下接过了西瓜。我付钱给他时说：我买了，不是怕你，是怕那刀。一般人听了都会笑的，但他没有，他像阴天一样，就是那种没有雨的阴天，但晴起来也没有希望。

刀是有语言的，以前我不知道。但自从我的邻居二萍在一把切菜刀下变成一堆肉泥之后，我开始能听见刀说的话。它说它喜欢一切柔软的东西，比如青菜，比如绢布，比如女人。它说它不大喜欢石头、金属、男人等一切不容易切割的东西。它们不但难于切割也不容易下咽并且味道也不好。

我怕刀，听懂了刀的劝告。并且弄明白了刀是个什么东西。我买两样物品——肉和西瓜——不敢同卖货的人争执。这两种买卖是有刀参与的，或者说是刀的买卖。我不敢同刀理论什么，刀说的就是真理。

我在刀的逼视下接过了坏的西瓜，接过了切割得明显肥肉多而瘦肉少的肉。我没有办法，我不是刀的对手。在刀的面前，我仅仅是一茎青草。刀是我的敌人。我在一把刀的面前什么真理也不能坚持。刀把公道切得一面太大，一面太小，但小的那一面放上一把刀，就平衡了。

《江城晚报》1999 年

《布老虎散文》2003 年

绿化科的笔记本

　　1985年，我从一所师范学校毕业，给分到一所乡村小镇教书：a o e ——我教8岁的孩子学说话。四年后，我调入一座小城的团区委，做组宣干部。我的工作是写年中和年终的工作总结，一个阶段性活动的实施方案，比如《关于在全区各级团组织中开展争创"青年突击手、突击手标兵"活动的实施方案》。这个方案写起来一般是这样的：目的、意义、动员阶段、实施阶段、评比考核阶段、几点建议，最后要说明开表彰会的时间。这个活儿我干了7年，然后我被调到了区妇联，主管信访。倒不是每天都有痛不欲生的妇女前来告状，但每周总有那么两三起。当我能够坐在那里平静地面对女人的哭诉的时候，就得出了结论：不幸的家庭都是相似的，不幸的女人更是相似的。这种倾听个人隐私或家丑的工作我又干了5年，然后就被调到城建局的绿化科。我以为这回可以从男女之间的情仇恩怨里抽身出来，过几天耳根子下没有哭泣或哭诉的清净日子了，再说我也快30岁了，无论如何也得结婚了。她们此起彼伏的哭诉，严重地恶化了我通向婚姻的道路路况。我得趁该路未被冲毁之前过去。因此，我去绿化科上班的心情还是不错的。虽谈不上满怀希望，却也抖落下去了一小部分烦恼。第一天平安无事，第二天科长把一个黑色本夹扔给我说，有上访的要做记录，年终局里要检查这个。

我诧异，这绿化科谁告谁呀？树和树之间，草坪和草坪之间，草坪和树之间，也能发生矛盾甚至冲突？它们——植物，邀请人类做了审判者？

答案就在这个黑色的本夹下压着，用不着询问，翻开它：致和小区9号楼一居民反映楼前大树严重挡光，使自己的房间陷入了没有尽头的黑暗——该居民要求有关部门锯掉该树，铲除这个绿色的黑暗之源；得胜小区4号楼若干居民反映楼前杨树生虫，树上的虫子爬进了户内，虫子不仅上了床，而且进了汤锅，居民强烈要求主管部门砍伐此树，以还一方百姓安宁；最有趣的一页记录是一个小偷顺着一根树枝爬进了一户居民行窃，该户居民要求政府锯掉这个小偷的同谋——在每一则记录的下面，都有处理结果一栏。在这个平面上，字数少，空白多。这显示了决定的干净和威严。一般是四个字：树已砍伐。也有些处理栏里则不那么简练：××城管所长×××于×月×日，亲自到现场处理，做到了24小时内解决群众上访问题。

读了大半本上一年的绿化科上访记录，我作了如下的总结和归纳：1. 这是一本人与植物发生矛盾冲突的记录；2. 告诉者无一例外都是人类，而植物，都是被告；3. 没有植物辩解或为植物辩解的记录；4. 审判者是人；5. 与花草树木的官司，人都打赢了。

这个我面前的黑色记录本，还有一半空白着，我要写上与上一任毫无二致的文字，使这个由文字组成的河流继续流淌下去。我发现这个本子不是一张一张的白纸，而是早已为你画好了栏目。我只需在栏目的要求里填写就可以了。栏目如下：上访时间、上访人、上访方式、接待人、上访内容、处理结果。这个记录本我填了一段时间后，觉得应该增加一个栏目，也就是"辩护内容"。于是我着手制作了另一个记录本，这个记录本就是我的散文《告诉》。

当然，我有了自己的记录本后，并不意味着可以废弃原来的记录本。原来的本子我仍要认真地填写，只是在写完那个本子后，我不能休息，我要在自己的记录本上再写一遍，增加我认为必须增加的内容。在自己的记录本上我有时候忍不住乱来，比如我喜欢让沉默的大多数树木说话，让已被砍倒的大树说出源于我的猜测的真相。

在我的记录本里，记录了我为树木辩护的辩词，许多语句十分漂亮。但我没能挽救一株遭到指控的大树，我怀疑我的这个私人记录本存在的意义。

《民族文学》2005 年

告诉

——格致工作记录本

格致工作记录（一）

时间：2003 年 6 月 12 日

上访方式：电话

上访人：老妇人（患心脏病）

接待人：格致（绿化科公务员）

上访内容：（电话笔录）

"我七十八了。一个人，儿子不在一块。我找街道四次了。他们说这个事你们管。我住江北小区十四号楼。有棵树的树枝挡了我的窗户。一刮风下雨，那些树枝就啪啪啪地打我的窗户，可吓人啦！我可害怕。我有心脏病。我都不敢睡觉。你们得给我解决一下，我七十八了，有心脏病。快点把那树枝弄走。"

她说话的声音，听不出多少苍老从容，倒是像精力过剩的中年妇女的窃窃私语。一边急切地说，一边还不放心地左顾右盼。我感到她跟我说的不是她窗外的事，而是她屋子里的事。她离那树枝太近了，近得不是拍打她的窗户，而是拍打她的脸。她一边急切地在电话里说着，一边躲闪着那在她眼前摇晃不定的树枝。她在控告树枝，却又怕被树枝听见，因此她说话的声音虽不低，但是那种告密、陷害别人的小心和紧张。我想她一定梳着一个瘦小的髻，穿着一件有折叠印的布衫。瘦，眼睛陷到眉骨下面去，闪着挑剔的光芒。

我给了她如下回答（我是绿化科的人，因此我要为树说话。但当居民同我的树发生冲突、争执的时候，我又不能置居民于不顾。必须认真处理、解决群众上访问题。所以，我首先做的是调节。看能不能大事化小、小事化了）：

> 您老人家不是一个人生活吗？有一棵树站在窗外不是个很好的伴儿吗？那些树叶、树枝，春天绿，秋天黄，冬天还能看树挂，这是多么美的风景啊！再说那下雨天，树枝拍打窗子的声音，不比楼下市场上的吵闹好听吗？下雨刮风的日子能有几天？逢上这样的日子，您就别睡觉，听听那风声、雨声、树枝声，就当它们在同您说话。您孤单一人，偶尔有些声音来拜访您，这不是还有些意思吗？

我对自己调节树与人的矛盾的能力略为满意。我的话是多么的入情入理，充满诗情画意。一对矛盾，我几句话就能将他们变得互利互惠，谁也离不开谁。我信心十足地认为老妇人一定会照我说的去做，抛开对树枝的怨恨。在下雨的夜晚，端坐窗下，聆听风雨。

几天后，一个雨过天晴的上午，我的心情很好。我的好心情维持到老妇人打来电话，从她那湍急的打着旋涡的语速和吵架般的语气，我知道她不但对我的建议置之不理，而且已经跟我建立了基本的仇恨关系。她用十分强硬的语气坚决要求将那在她孤独的窗子上歌唱舞蹈的树枝驱逐。她说，我可有心脏病，我被树枝吓犯了病你们得负责。你们要不管我可有地方去告！

无疑，我的充满诗意的调节没能取得成功。老妇人没能进入我为她描画的生活。对我为她调好的进入生活的新角度没有兴趣。这样，我的树将面临灾难。

她为什么如此仇恨一棵立在她窗前的树？为什么一定要置它（至少是一根树枝）于死地？那棵不言不语的树已成了她的仇敌？老妇人若从我指给她的角度走树就是美丽的风景，若从她的角度走树就是讨厌的障碍。她老了，什么力量也没有了，一切都离她远去。突然她发现窗外的树没有离开，并且还在向她逼近，继而她又发现了较一棵树的优势，她的愤怒里包裹着巨大的惊喜，又找到对手了，又找到生活的内容了。在与窗外树枝的较量中，她坚信自己一定能赢，因为她会说话。也许她照我说的去做了，但树叶树枝拍窗的声音，她怎么听都是死神催她起身上路：快走——快走——快走——她害怕死亡，一丝风吹草动，她都会心惊肉跳。或者，她已经死了，已经看不到一棵树的美好和美丽。她只看到了树叶上长了毛毛虫，顺着玻璃的缝隙爬进来。那小小的虫子也是死神派来的信使。她从小虫后背的毛刺上看到了死神码在上面的通知。我从她害怕一根美丽并充满生机的树枝拍打她的玻璃窗得出她已死亡的结论。她死了，并且坚决要求同窗外的树枝同归于尽。我对她的生命尽了力。我试图用一根绿色的树枝挽留她，但她不肯伸出手抓住。我的营救失败了。

我通知了老妇人所在街道的城管所长：在二十四小时内，将伸到老妇人窗前的那根树枝锯掉。

我是按规章办事。凡有树木或树木的局部严重干扰了居民的生活，只要居民上访，核实后，要对扰乱人的生活的树给予处理。

我决定赶在锯子的前面去一趟现场，我要看一看那棵树，看一看那根被判了死刑的树枝。

那栋楼是六层的，砖混结构。建筑年代不会超过十五年，但十分破旧。建筑时的匆忙、草率和粗糙都历历在目。窗子有的是铁的，有的是铝合金的，还有的是木的。这就是说楼刚建时是木窗，后来有了铁窗，一些住户就自费安装上了，再后来又有了铝合金窗，于是又拆了刚安上不久的铁窗，最后就弄成了一栋楼有不同的窗子，杂乱无章。谁也不考虑整体，都在想着自己的那扇窗子。我看见了那棵树，它孤零零地站在那里，但枝叶繁茂，长势良好。那是一棵老榆树，数以万计的叶子在风中抖动。确有一根树枝斜伸出来，靠近了几扇窗户。那根伸出的树枝像是老树的一条手臂，它在同窗子里的人打招呼。如果砍掉这个亲近人类的手臂，大树就会像一个伤残的巨人，随时都可能摔倒。大树张开手臂，是为了在风中站得更稳。牢固地站立在我们身边的大树，会增强我们生活的信心。那根即将被砍掉的树枝靠近了几扇窗子，至少是两户人家。那另一户人家的居民其生命力似乎还旺盛，他们还没有脆弱到计较窗前的一根树枝。我猜测那木窗子一定是老妇人的。树枝在刮风的时候确能打到她的窗子，但从树枝的长度看也只是轻轻地善意地扫过，而形不成恶意的打扰。那些伸向老妇人窗子的树梢，是今年新生的，它们还十分稚嫩柔软。它们是一些幼童，对身边的窗子十分好奇。尤其想同那紧闭的窗子里的人做一些有趣的游戏。稚嫩的树枝想同一切玩耍。它于是努力地向窗子招手，并且轻轻地拍打着窗子：哈——哈——哈——顽皮的树枝向窗子内的世界喊，可是老妇人对小树枝的召唤充耳不闻，并且惧怕它的声音。她将窗子死死地关起来，开始酝酿除掉小树枝的办法。而小树枝则试图伸进老妇人干枯的生活，抖落给她一些水珠。

第二天早上，我刚刚在办公桌前坐好，茶还没有完全舒展开，城管所长的电话就打了进来：那个树枝已于昨天下午四时锯掉了。我一边锯，那老太太还一边不停地诉说那个剧烈抖动的树枝的不是。

我翻开工作记录，在处理结果一栏写下如下文字。

处理结果：

那个树枝，那个长满了绿叶的树枝，那个想同人类玩耍的树枝，被认定有罪，并执行了死刑。它没有看到六月十八日的落日和晚霞。

格致工作记录（二）

时间：2003 年 7 月 7 日

上访方式：电话

上访人：匿名男子

接待人：格致

上访内容：（电话记录）

"我是江畔小区的居民。我家楼前有一棵大柳树。我小的时候就是棵老树。我今年四十四岁，那这棵树少说也有八十年了。今天早上，我下楼散步，发现那棵树倒了。走近一看，原来是被锯断的。我怀疑——"

电话突然断了。不像是故障，而像是不想接着说下去。

这是个严重的事件，如同警察局收到了发现无头女尸的报案。我迅速赶到了现场，并做了如下记录：

位置：江畔小区三十四号楼前

树种：柳树　树龄：80岁　胸径：98CM　树高：75M

伤情：主干锯断

作案工具：电锯

时间：约8小时前

虽然现场围了许多人，但没有一个人能提供有效线索。他们对于我的追查凶手的提问，都摇头或沉默。

也许凶手就在这围观的人群里，也许还有那个举报人。我明白我不可能在这种公共场所有所收获。我必须深入居民的家，才有获得线索的可能。

那是一棵粗壮的老树，锯断它不是一件简单、快捷的事。那是需要时间的。而且那锯子的声音，在寂静的夜晚，很难被完全遮盖。那刺耳的声音应该惊醒一些人。据我的经验，老人的睡眠时间短，而且易被一些声音惊扰。

但被我访问的五位老者无一例外都有耳聋的毛病，而且视力也不好。你要在他们的耳边喊叫，才能将谈话进行下去。他们什么也听不到，哭声、笑声，锯子、刀子。世界已在他们的眼前缩小并且模糊，声音像一条扭动着的远去的鱼。

我又试图找到那个举报者，那个四十岁的男人是我唯一的助手。在"我怀疑"的后边，隐藏着那个凶手。而这个唯一的助手在哪里？线索只有一条，那就是他的声音。好在我对声音异常敏感。只要他再度开口，哪怕只有一个音节，我也能将他准确地认出。我在那楼前楼后转圈，见到四十岁左右的男人进出，就快速赶过去打招呼。我佯装保险公司业务员，推销一个对客户大有益处的险种。没有人对这个险种感兴趣。他们大多行色匆匆，脚步都不停留地说，不保。保过了。没钱。有的人什么都不说，只是摇头。凡开口说话的，都不是那个举报人。有两个人只摇头不开口。我疑心那个打电话的男人就在这两个摇头的人之中。他知道了我的身份，因此拒绝开口。他只告诉我事件，而不想对事件的成因提供线索。也许他知道，也许不知道。

　　最后，我采用地毯式调查。靠近柳树的那栋楼的住户的门，被我依次敲响。我在每一扇门前重复一句话：我是绿化科的工作人员，调查一个案件，请您帮忙。然而，任何一扇门都没有给我带来希望。他们都麻木地摇头，现出一副对柳树事件浑然不知的神态。这令我觉得我的打扰十分的没有道理。我必须向他们道歉。而实际上我也一直在这样做。我对每一个出现在防盗门里的三分之一脸道歉；对开了一条门缝说完不知道就马上关门的人道歉。到最后，我越来越觉得，我不是来调查一个重要的事件，而是刻意要打扰这一栋楼居民的安宁，并为这一行为做真诚的道歉。众人的冷漠，让我对这一事件是否重要产生动摇。

　　当向最后一户居民道完歉后，我十分疲惫地坐在了那棵被砍倒还没有被运走的柳树的尸体上。

　　那柳树的枝条和叶子因水分供应的突然中断而萎靡。我看到的是一片白花花的叶子的背面。它们，那些树叶，在掩面啼哭？我忽然想，我应该问问这棵树，它什么都知道！

　　我拿出了笔，还有我的黑色工作记录本。

　　"是谁，在什么时候杀害了你，柳树？"

　　不是一个人干的，柳树说。我发觉，柳树的声音酷似那个举报人。

柳树接着说，整个一栋楼的人都参加了。为了遮掩真相，他们来到我的身边，开了一个露天歌舞会。他们又唱又跳，用歌声遮盖住了锯子的嚯嚯声。

"有没有证人？"我这话问得毫无意义。可柳树说，有！那天晚上，月亮是上弦，它看得最清楚。还有那对住在我头上的乌鸦，它们在半夜里急匆匆地搬了家。而那时，可怕的锯子还没有拿出来。那些人还在唱歌跳舞吹喇叭。乌鸦从那虚假的歌声里听出了灾祸，于是它赶在锯子之前飞走了，并衔走了它们刚刚出生三天的孩子。我还奇怪乌鸦为什么不听不看这欢乐的歌舞，而是目露恐惧地搬家呢？

"那为什么，他们为什么要这样做？"

原因有三。一、我站立的地方让他们不高兴。我挡了几户人家的窗子。我挡了阳光。可我站在这里的时候，他们并不在这里。他们才来了几日！我已经在这里站立九十八年了。原来我的身边什么都没有，只有一望无际的江水，栖落的野鸭，远去的渔船。二、我是一棵孤零零的树。他们说这样的树不吉利。我若对着谁家的门窗，谁家就要有灾难。我是一个灾难的源泉。两天前，有一户人家的孩子被汽车撞死了。他们不怪罪那辆超速行驶的车，反而把罪责推到我的身上。说我恰对着那家的窗户。是我害死了那个孩子。那个孩子可真可怜，才五岁。几天前他还拉住我的一根胡须荡秋千。三、我春天飘絮，秋天落叶，所有的女人怨恨我，说我从窗子钻进了她们的卧室。弄乱了她们的梦境。使原本就纷乱的梦更不易整理和收拾。他们商量了几天了，他们也知道砍树是要被罚款的，但他们最后想到了这样一个办法，就是用歌声掩盖罪行。我的痛苦的喊叫和大声的呼救，被层层的歌声团团围住。他们看我倒在了地上，一动不动，就都散开了，回到了家里去。他们认为灾难已被彻底根除。世界从此和平了。

我回到办公室，给江畔小区所属城管所发通知，全文如下：

江畔小区百年柳树被砍杀一案现已查清，系该小区 34 号楼所有居民所为。证人：月亮和乌鸦。作案工具：电锯和歌舞。

1．处理现场。2．将该小区 34 号楼前后的幸存者，另外 5 棵柳树迅速转移，整体移植至温德河森林公园，以防不测。

格致工作记录（三）

时间：2003 年 5 月 4 日

上访方式：来访

来访人：孙诗逸

接待人：格致

上访内容：（对话记录）

"我住市中心医院家属楼。我也在医院工作。开救护车。我家住 3 号楼 1 单元左手 2 楼。我家窗外有一棵桃树，离窗户太近。前两年那树矮，可今年就比我家窗户高了。这树长得可真快。有一根粗树枝正搭在我卧室的窗台上。昨天晚上……"

那桃花不是可以在你的窗子里开放吗？（我忍不住打断了他的话。）只要你打开了窗子，桃树枝是不是就探了进来？而那桃花也就跟了进来。（在闹市里，桃花入窗，连想都不敢想，而他却拥有。我羡慕坐在我对面给医院开救护车的中年男人。）

"是。好看是好看，可昨天……"

那桃树是谁栽的？是你吗？（我多想了解那棵桃树。）

"不知道。我刚搬来不几年。来时就有。那时树小，花开的也少。就这两年，长起来了。花开得满满的，都看不见叶子。"

今天是 5 月 4 日吧？你家窗里窗外的桃花是不是已经开了？

"早开了。连地上都落了一层花瓣。一开窗户就往屋里刮花瓣。我老婆整天因为花瓣生气。说这树可太烦人了，弄得床上、地上都是。也收拾不过来。正经活还干不过来呢。"

你们的床上都是粉色花瓣了？你老婆做什么工作？

"在医院食堂做饭。其实也不累。"

她不喜欢花吗?

"不喜欢。她把伸进窗子的桃树枝还有花,都一根一根拜折了,扔到了楼下。"

那你也不喜欢吗?

"喜欢。可花上有小虫子。昨天……"

那是蝴蝶和蜜蜂。跟花一样美丽的小虫子。你讨厌它们?

"不讨厌。可……"

那桃树花落了后也结桃子吗?

"结。可长不大。不能吃。可昨天晚上有一个小偷顺着那树干爬到我家里来了。"

他急忙说出了小偷,他怕我再打断他,问一些无聊的问题。

小偷顺着开花的桃树爬到了你家?

"是。我今天来就是为了这件事。"他的叙述像一条山涧的小溪,在流淌的路上意外地遭到了许多大石头的善意阻挡。他被迫在这些阻碍间蹦跳扭转,现在,他终于流入了山下的一条小河里。他的叙述因此而变得平稳而有趣。他说"那贼是从那根搭到窗台的树枝爬进去的。贼倒挺会利用自然条件。昨天晚上太热,就没关窗户。那贼也真有点功夫,就在我们身边走来走去,我和老婆竟然都没醒。只是他顺着原路下楼时,弄出了一点动静。我醒了之后,刚好看见贼的背影。贼可能想,反正你现在醒了也抓不住我,就故意在窗台上弄出点声响。我急忙打开灯一看,发现他拿走了我的皮夹克。"

只丢了皮夹克吗?别的,比如现金、首饰等。

"我们是平民百姓,两个人的工资刚够吃饭、穿衣、给孩子交书费。没有余钱买贵重物品。那个皮夹克就是我那个房间里最好的东西了。那贼故意惊醒我也是生我太穷的气。"

你的皮夹克里没有钱吗?

"有,也不到二百块钱。"

去派出所报案了吗?

"没去。也不够报案。我只要求把那树砍了就行了。"

为什么要砍那桃树？

"小偷会再从那树枝爬进来。砍了树，小偷就进不来了。"

你认为你家进了小偷，主要责任在树身上？应该由树负责。因此应该砍掉它。而那偷东西的小偷则没有错？

上访人孙诗逸似乎没明白我说的是什么意思，但他坚持说，他家来了小偷主要是因为那棵树，要求我们政府给予处理。他丢的那点钱也不计较了，但政府得想办法不能让小偷再顺着树爬进来。因为树是国家是政府的，小偷是顺着政府的树爬到他家的，并偷走了他的私有财产。是政府的树帮助了小偷，因此政府的树是有责任的，政府也是有责任的。

我试图保住那棵无辜的树。我对他说：你不想抓住那个小偷吗？你可以将计就计，不砍掉树，让小偷再爬进来，而你准备好，乘他不备，抓住他。我看你长得挺魁梧，一定能行！我为了保护那棵开花的桃树，不惜说出很肉麻的话，而且是在我的办公室里，在工作时间。

他被我说得有点想试一试的意思。但他又说，那谁知道贼哪天来？我天天准备着不睡觉，就没法开车了。

那你能不能在窗子上安个防盗网，这样不但挡住了小偷，连那让你老婆讨厌的桃花不是也挡住了吗？

他理了一下头发说：那不得花钱吗。我现在没有钱。再说，又得买料，又得雇工，还得家里留人。你看我们挣钱不多，但都忙。我是一没钱，二没时间。尤其我的工作一天都不能耽误。院长正想找我麻烦，好辞掉我。听说他有个什么亲戚想干我这个活。

那你是坚决要求砍树了？

他低头不语。

我仍想为树争取最后一线生的希望。我说，砍了树，你就看不见窗外的桃花了。你不是说喜欢桃花吗？

"喜欢归喜欢，要是没有小偷……"

砍树得局长批，我说了不算。但我得去看一下现场，核实一下。

我们步行十分钟，来到了他家的楼下。我看到了那棵美丽的开花的树。树干不是笔直的，而是有个S型弯，紧紧地依偎着那栋居民楼。此时正是花期，一树粉色的花灿然开放着，像是一位着粉色衣裙的美丽女子。

第二天，我把报告递给局长。局长说，砍了吧，已给居民造成了经济损失。

可是那树正在开花，它是个孕妇。

局长没听清我的话，因为我的声音非常小。但他想知道我刚才说了什么。于是我说：那棵树上的花非常美丽。

这次局长听清了，他说：美丽也得砍！

十分钟后，我用电话通知了医院小区所在街道城管所：

医院小区16号楼前，十年生桃树。砍伐。枝干由街道处理。建议将所有落或没落的花就地掩埋。

女人没有故乡

照镜子

2000 年，我搬了一次家。从城东搬到城西；从旧房子搬进新房子；从军营搬到普通社区。添了一些新家具，新居的一切都令我满意，似乎什么也不缺了。

有一天，我买了一双皮鞋。我买这双皮鞋是要配我的一条灰裙子。那条灰裙子买了很久了，一直挂在衣橱里不能穿，就是因为没有与它般配的鞋子。

回到家我穿好了我的裙子，又穿好了我的新鞋。我来到镜子前，想看看我穿这条裙子和这双新鞋在镜子里的样子。看看它们是否如我期待的那样，通过搭配而产生了结合后的美。

我的镜子在卫生间里，高挂在瓷砖墙上，是四四方方的一块。我每天都通过它看见自己。

我走到镜子跟前，向镜子里面看去。意外的，我没有看见我的裙子和鞋子。

——我的镜子一直只能照到我的上半身！

这是我多年来不曾意识到的。我每天面对的只是我的上半身。

我每天都从镜子里检查一下上半身，把重点落在脸上，就上班去了。我从来不觉得有一半的身体没有被这样检查。

对于我的下半身，我轻轻地低一下头。目光向下扫一下，就完了。

那么，我是这样看自己的：上半身，主要是脸，我通过镜子看见；下半身，我通过低头的方式看见——我每天检查自己用的工具并不统一。

上半身，因为目光通过了镜子，镜子悄悄把目光客观化了，甚至把自己的目光变成了别人的目光，这使审视更准确，更能发现问题；下半身，目光直接落在上面，目光没有经过折射，不是他者的眼光，停留在自己看自己的层面上，因此，看见等于没看见。镜子里和镜子外，形成了两个空间。站在镜子外面向镜子里看，自己就处在了一个客观的角度上。通过镜子把自己变成两个，变成复数。

但是突然，在这一天，我特别想从镜子里看见我的裙子和鞋。我那么想通过一个客观的角度看见我的裙子和鞋。看看它们的搭配是否产生了美。

我不再信任自己了吗？还没有，我只是需要一个新角度。在没有他者的环境里，实现一个对自己的客观的检查。

我一定要在镜子里看见完整的自己。或者说我要看到另一个我，并且是面对的方式。

于是我站在了一张凳子上，把自己抬高了50厘米；我看见了我穿肉色丝袜的一段大腿；新皮鞋遮住了脚踝部分；裙子的下摆像个灰色的灯罩，笼罩在我的黑色的皮靴的上端。这些，都被包括在镜子里了。这时我发现，镜子里只有裙子、大腿的一部分、皮鞋。我的头不见了！她从镜子的上端移出去了。

从凳子上下来，我知道了我缺什么——我还缺一件家具。

——一面更大的镜子。

这么多年来，我看到的一直是我的一部分。

<h1 style="text-align:center">布达拉宫后面</h1>

2005 年 7 月 12 日至 8 月 12 日，我住在拉萨，住在拉萨林廓北路团结新村东区 8 栋。4 层的公寓楼的顶层和露天式阳台，给了我凝望拉萨的高度和角度。

在我的视野里，是拉萨城的一小部分，但就在这一小部分里，布达拉宫赫然伫立在我的视野的右侧！那幢恢弘的建筑距我不会超过 600 米。我从 8000 里外赶来，在距它 600 米的地方停了下来。

我看了又看，戴上 400 度的近视镜看了又看。我发觉 600 米外的布宫，与我在图片上、屏幕上看到的对不上，甚至出入很大。片刻我明白了，我看到的是布达拉宫的后身，是这座雄伟建筑的背面。

我开始了对布达拉宫后墙的长达 30 天的凝望。而布宫也终日凝望着对面的宝瓶山，一直不曾回头。

我的方位，在看到布达拉宫的白色宫墙后，就需要重新认识和界定：我在什么地方？在拉萨。我在拉萨的什么地方？在布达拉宫的后面。

拉鲁的房间

书桌中间的抽屉是锁着的，这样我就误以为两侧的抽屉也锁着。于是放弃了在这张书桌大大小小五个抽屉里找到一些纸张的打算。但我没有放弃在这个近70平方米的房子里的其他地方找到纸张。

当我的头从那张书桌上抬起，搜寻的目光正撞到对面的西墙上，撞到黑人球星乔丹目视前方的侧面头像上。乔丹的头把这个近一个平方的画面占满了。画面因此成了黑色。但在它的背面应该是白色，应该可以写字。最终我并没有把乔丹从墙上移下来，在它的背面写我的文字，因为我看出这张画已被油胶包裹，汉字的细脚无法在那光滑如冰的表面站立。我仿佛看见我的文字像一群木偶一样在那纸面上纷纷跌倒，然后翻滚了下去。

接下来我开始搜查那张藏式木床。这张床我熟悉，因为我已经在上面躺了五天了。它目睹了我如何呕吐、如何昏迷、如何被缺氧折磨得奄奄一息。现在，我期待它的某一层垫子下面压着几张白纸。床单很薄，绿色。下面是一层羊毛手工卡垫。黑色背景，红色、黄色的龙凤。我从不喜欢龙凤图案。如果一张地毯，从颜色到质地都令我满意，但只要是龙凤图案的我就不会要。我认为龙不喜欢凤、凤也不喜欢龙。它们俩被安放在一起，但它们谁也没看见谁，或者是谁也看不上谁。看上去极其不自然。另外，我认为龙和凤根本就无法交尾。羽毛和鳞片谁也不想贴近谁。5天来，除了头痛欲裂，呕吐无法进食之外，我还一直感到身下有东西在扎刺我。在我无法下床，更不能搬动什么东西的那几天里，我就忍着。忍不住了就把被子的一半铺在身下。心想豌豆公主那故事也许是真的。原来一直让我感到不舒服的是这个羊毛卡垫。准确说是羊毛卡垫上的龙和凤。我把沙发上的很厚的棉布罩抽下来，铺在了床上，才把卡垫上羊毛的锋芒，主要是龙的鳞片、凤的爪和喙的锋芒暂时压制住了。当我自己亲手解除了几天来困扰我的床上问题时，我才意识到，我翻动这张床是为了寻找纸张。

这个房间除了书桌、床，就还有一个衣柜了。那个衣柜立在墙角，此刻已被我的衣服占领。我在那种站立不稳、抬一下胳膊都气喘的情况下，还是挣扎着把我的几套夏装挂了进去。我不能忍受我的衣服缩在衣箱里，就像一个酒鬼忍受不了墙角还有一瓶未喝完的酒。我的几套丝绸夏装吊在里面，有黑色、灰色，还有一套是粉色，它们像皇帝储存在后宫里的美女。我没准选中哪一套。最后，我还是在这衣柜里有所发现：在一个角落里，有一团白色的东西。展开是一件衣服，领子上有蓝色条纹，是夏季校服。大小该是十几岁男孩的。

在卧室没有找到纸张，我的信心已剩下不多，因为外间是个客厅，一组沙发，一个茶几，然后就是一排靠墙的雕花的藏柜。柜子上有很多个拉门。我对每个门也不抱希望了。可就在这里，我意外地找到了一个16开本的英语练习本。它混在几块冰糖、一包奶渣、几块干硬的牛肉干之间，理清了一条红色发饰的纠缠之后，这个练习本才到了我的手里。它基本完好，只是有一点灰尘。

如果它已被一个用功的学生全都写完了英语单词，那么我的文章就只好写在英语的背面，这也没关系。情况却不是这样，里面只用了不到三分之一。可这三分之一黑蓝色的文字，怎么看都不是英语。也不是汉语，而是藏语。那些五线谱一样绿色线条，本为召集零散的英文字母，现在，藏文写在英语规则里，有点像关鸟的笼子关了一只鸡。

这时，我的目光在练习本的封面上发现了几个汉字：多吉拉鲁。这是一个名字，而且是个少年的名字。在名字上面是汉语：八中。那么，这是拉萨八中多吉拉鲁的英语练习本，这个房间是多吉拉鲁的房间。搬进来时，就告诉我这里原住着一个少年。八中的多吉拉鲁在他的一个英语练习本上写了一些藏文。当然我不懂藏文。我会说几句藏语，最熟练的是：阿让了歌给！藏文在我眼里只是一些图案，它们不说明现在，而是传达着来世或前世的信息。

我用了两个小时，在拉萨下午明亮的阳光映照下，写了一篇散文。我在拉鲁的藏文下空了两行就开始了我的写作。在这个英语练习本上，前面是八中的学生拉鲁的藏语，后面是我的一篇汉语散文，题目叫《在那遥远的地方》。

写完之后，自己读了两遍，觉得这么好的文章不应该养在深闺，不得到几句赞美，我这文章就不算写完了。于是等着那几位藏族同学来拜访我。第二天，终于盼来了在西藏日报社做编辑的同学次仁罗布。看见他的脚迈进门，就像一个顽童看见一只麻雀觅食觅到了支起来的筐底下。

看完之后，他说很好。很好，这话我也常用。一般在无话可说，又必须要给个交代的时候，很好，都能马马虎虎地完成使命。见他仍低头在看，就说，一篇"很好"的东西，有必要再看一遍吗？他说在看前面的藏文。我急问那上面写的啥？他停顿一下说，给我一小时，我译出来你自己看吧。也许对你有用。他拒绝口述。而他汉、藏文同时翻译的能力是很强的。记得一大堆同学在北京见活佛贡觉丹增，几位藏族同学一致推荐他做我们与活佛交流的翻译官。罗布的藏语是有学位的，而他的汉语已达到写小说的程度。

次仁罗布的译文

1. 做完早操，我和"高太尉"上厕所，有几个女生躲在厕所后面向我们招手。"孙二娘"问有烟吗？高太尉说没有。"伊左啦"说那有钱吗？高太尉指着我说，他有三块钱。她们围过来要我的钱，说今天的作业她们给我做。想想也行。

2. 奶奶来电话说星期六带我到哲蚌寺去朝佛。我真不乐意。我已经答应"白骨精"一起去网吧泡一天。

3. 回到家谁都没回来。我看电视，最后锁定《蜡笔小新》。他真逗，我喜欢。我又看了一场 NBA。奥尼尔真牛。我想要张奥尼尔的照片。

妈妈回来了，开始骂我，还关掉了电视。看样子她今天手气不好，一定是输钱了。我拿了袋方便面，进我的房间。刚把门掩上，就又给踢开了：那浪人没来电话？没有，我回答。作业写完了吗？写完了。明天下课后要是被老师留住的话，我打断你的腿！

门带死了。反正经常能听到这句唬人的话，我一点都不害怕。我把方便面揉碎，里面放上佐料吃掉了。母亲不管我吃没吃晚饭，她只关心父亲回没回来。

爸爸几点回来的我不知道。他们吵架把我吵醒了：你又去二环路了？那些汉族婊子！看我去割掉她们的鼻子！

开始摔东西了。我用被子捂住脑袋。

4. "孙二娘"和"白骨精"已经两天没来上课了。孙二娘的家长跑到学校来找人。说她拿走了家里的三千块钱。全班同学一天都在讨论"孙二娘"怎样才能把这些钱花掉。花得一分不剩。有的说去整容，有的说去酒吧、网吧、歌吧，有的说猛吃一顿，有的说住宾馆，只有"孙猴子"说了一句让所有人目瞪的一句话：招男妓呀！

5. 爸爸问，你在写什么？我说写作文。他接着问，怎么只写了半页？你不懂，我说。爸爸拿着本子端详了一会儿，是藏文作文吧，我看不懂。幸亏他看不懂，不然不打断我的腿。我在日记里骂他是酒鬼、色鬼！

爸爸从钱夹里拿出二十块钱给我。我高兴坏了。周六上网吧玩红警的钱可够了。我感到对不起爸爸，我不应该在日记里骂他。钱能让我感到愧疚。

6. 一个月后才知道，"孙二娘"和"白骨精"跑到成都去了。学校把她俩开除了。我真羡慕她们，她们潇洒地到内地去玩了一趟。"高太尉"、尼玛、拉巴都跟我有同感。

7. 这几天，班主任的情绪很坏，稍不顺心，就给你一巴掌。班主任跟我父母差球不了多少，高兴的时候对你好得不得了，恨的时候一心想把你宰掉。

今天"高太尉"让我抽了平生第一根烟。烟很难抽。

8. 昨晚爸爸喝醉回来，他天天喝醉，妈妈肯定是又输了钱，我能从他们吵的激烈程度知道爸爸喝了多少酒，妈妈输了多少钱。啊白汝，赌西娘乃角——他们骂得可真难听！我心烦得很，没写作业。我怕被老师留下，决定逃课。临出门时看见爸爸的手机在沙发上，我把它抓在了手里。在学校门口碰上了拉巴，他也没写作业。我跟他说我拣了个手机。他说你想怎样？我说我想要钱。他说我们去卖掉。最后我们卖成了两百块钱。

我们俩吃了四川火锅，然后去无极网吧。我玩的是半条命，他玩的是魔鬼城。

9. 爸爸把我逮住的时候已经是凌晨四点。他把我揍了个烂。我青着眼睛任他咆哮。妈妈也加入到爸爸的阵营里。两个仇人在对付我时，临时结成同盟。我没想到爸爸的手机会是3000元，我刚卖了200元，实在是亏大了。

10. 今天是个特殊的日子，因为我在上学的路上碰上了"孙二娘"。她穿得很时髦，肚脐露在外面。她先看见了我：济公！我止住脚。我问她在哪上学。她说上学没劲，我在荡。我看清了她弄了个假睫毛，她真有点好看。我有些喜欢。她说走去喝甜茶。我说我还要上学呐。她说听那些猪给你唠叨有什么劲。我禁不住要跟她走。她身上有一股香味。我们喝完甜茶又吃了藏面，后来抽烟。现在我突然觉得烟不那么难抽了。

11. 这些天爸爸老实了，没有女人给他打电话了。妈妈下班就去打麻将，或到朗玛厅喝酒跳舞。现在是妈妈比爸爸回来得晚。爸爸不给妈妈开门，妈妈就用脚踹门，这种声音比吵架也好不了多少。

12. "孙二娘"一直在我的脑中，我发现我爱上她了。

13. 爸爸妈妈要离婚了。我会跟"高太尉"一样，被父母遗弃了。只能回到奶奶那里去。早晨跟奶奶去转经，然后去上学。没有人骂我了。逃学也不用挨揍了。

14. 物理老师上课时从讲台上跑下来，从我的作业本上撕下一张纸擤鼻涕。全班的同学哄然大笑。老师把纸捏成一个团，从窗户扔了出去。我看到粘着粉笔灰的手印烙在我的本子上。让我直觉得恶心。

15. 我跟奶奶坐中吧车去哲蚌寺朝佛。奶奶答应只要去就给我十块钱。我脑子里一直想着朝完佛了我就可以拿到那十元钱。奶奶老问我爸爸妈妈的事，我全说了。奶奶气得流泪。她对佛说：佛啊！这世道成了什么样子！我的余身看到了浊世！

16. 我们班在同年级里期末考试考得最差。"孙猴子"拿着考了3分的卷子到处张扬。他在3的前面反写了个3，那分数立马就成了8，同学一阵喝彩。有的说干脆在后面加个0，他就加了个0，分数又变成了80。是我们班的最高分。"孙猴子"把卷子贴在了学习园地里。

17. 好久没写日记了。想想也没什么好记。"孙二娘"找不到了，爸妈要离婚还不马上离，天天吵架。

18. 学期结束了。爸爸准备把我带到昌都去，那是他的老家。我和高太尉从学校往家走时，在路边的一个茶馆里看见了"孙二娘"，她的胸脯紧贴着一个胡子卷曲的男人。嘴唇贴着男人的耳朵像在说话，但又没说话。我的眼泪流下来。我赶紧用袖子擦掉。"高太尉"说，"孙二娘"已经是妓女了。她也在二环路工作。我全身发抖，眼泪再次簌簌地掉落。

19. 又开学了。父母的婚没有离，还和从前一样。奶奶说，好好学吧，考上内地的高中你就解脱了。可我的成绩根本就考不上内地的高中，那我也就不能解脱。"高太尉"、尼玛、拉巴、"伊左啦""梅超风"都在。学校外面的茶馆里在也见不到"孙二娘"了。听"梅超风"说"孙二娘"跟甘肃的一个男人去兰州了。我还问了一句：是回回？她说是回回。

《在那遥远的地方》

我的同学白玛娜珍，除了不会倒车之外，一直让她向前进她还是从容的。从我的住所林廊北路团结新村到娘热乡她的住宅，也不到二十分钟的路。这两点之间的道路有几个弯要转，尚无须倒车，因此，一路上她的驾驶还是流畅的。记得在北京时，周晓枫也大声宣布过不会倒车。我惊异于她们的语气是如此相同，都是一边手忙脚乱地倒车，一边喊：我不会倒车。我不会倒车。我理解的她们的意思有两层：一是我只是不会倒车而已，向前、左传、右转，包括让车停下来，我还是比较熟练的；二是不是会倒车是个错误，只要大声地承认，就会被原谅。我从这两个如此相同的事例，得出一个不够严密的结论：女人天生不会倒车。女人都是一往直前的。鱼死网破，她们轻车熟路；退一步海阔天空，则是高难动作。

沿途路过菜市场，她又下车卖菜，并扬言要亲自下厨房给我做菜。我甚为感动。不过她也会做菜？在北京学习期间，她给我的印象是，她喜欢喝酒，会唱歌，舞跳得要比唱歌好。小说成绩又在这些之上。我觉得她生活得很形而上。我无法想象在一间充斥着锅碗瓢盆油盐酱醋的厨房里，她的胳膊腿会怎么动。

不过还是女同学好啊！我那几位藏族男同学，倒是纷纷请我吃大馆子藏餐，却谁也不提带我去他们家吃饭。好像我是定时炸弹，到了谁家，进门就能爆炸。我哪有那么大的破坏力。高估了我了。我一向很自卑的。我的自卑有着悠久的历史，从小到大，没有男孩或男人为了争夺我而去打架或厮杀，我从来无力搅起烟尘。一直引为憾事。

白玛娜珍家的大门让我意外。一是没有我在团结新村见到的木雕门饰，二是门也不是红的，也没有铜扣，没有狮子门环，好像就是两块黑色铁皮，连个牛角她都没放。

进了院子，蒿草没人。一眼看不出个究竟。迎面两层藏式住宅，红顶白墙。她也在那我认为美丽无比的灰石头外刷了一层白粉。关于这一点，我没有批评她。那布达拉宫的墙也是刷白色的。看来这是藏居的普遍颜色。没准跟佛祖都有瓜葛。佛祖也许在一次讲经之后，捎带对信徒居士住宅围墙的颜色作过简单扼要的规定。佛说，那就白色吧。

娜珍的房子，即使刷了一层白色，也还是非常美。但如果不刷颜色，就让那灰蓝色的石头粗砺地暴露着，那种美就是让我倒吸一口冷气的美。总之，我个人认为，这房子刷了白色，就是美女着衣。

从大门，到院子，到房子，都让我觉得，有的地方她处理得太潦草，有的地方又画蛇添足了些。但我可没把这些说出来。因为我中午就没吃饭，早晨也只喝了一杯酥油茶，而现在已经是傍晚了。饭还指望人家做呢。如果她一边炒菜，我站在她的旁边，一边大声地批评她的大门，批评她的院子，批评她墙上的白灰，那就不知她会把菜炒成什么样。

我在她的客厅转了一圈，重点看了看几张她的家人的照片后，我上楼重点查看了她的卧室，当我把目光落在她的床上时，她马上说，床有点小。我立刻笑了：要是不练杂技，也够了。我们大笑着下楼，来到了院子里。进门时，匆匆走过，但院子里的一小片水塘我还是看见了，并且一直惦记着。我是那种特别喜欢水的人。在水里我差不多就是一条鱼。一院子杂草，一片水塘，这里边的意思可就大了。还没等我走到水塘边，就听到了流水声。哗啦哗啦的，也可以用潺潺这个词。声音就在附近，甚至就在脚下，我竟在那些蒿草的下面找到了一条小河！河床用大小不等的石头铺成，我看出这是刻意模仿自然的人工。我逆着水流向上找，一直找到房子左侧的一片高深的树林。那里没有路，草也深，过不去了。我又顺水往下找。找到了院子围墙的南墙根，水从那里流出去了。一条无头无尾的水，横穿娜珍家的院子！

我折回厨房，对着正在炒菜的娜珍的后背，提出了关于她的住宅的第一个问题：院子里的流水你是怎么弄出来的？

她头也没回：不是弄的。山上流下来的。

我原以为，她会一边炒菜，一边向我详细描述她设计并创造了这条人工河流的全过程，以及她对自己这一创意的压制的得意。

山上流下来的，而且一年四季都有水。雨季水多一些，旱季水少一些。她一边把油麦装盘，一边补充了一句。

我突然明白娜珍的富有无人能敌。谁的住宅里，能拥有一条山泉的一段！什么样的富翁的枕畔能响着自然流水的潺潺！

如果哪一天，这水突然就没有了，如果是我，就会得出一个结论：地球不转了。因为水不流了。然后我就疯了。

我又回到院子里。站在小溪的石头岸边。院子里的野草，已经是那么好，它们与这天然的河水浑然一体。至此，娜珍的品位已被我领悟。

我忽然想到另外三个男生的家里都会隐藏着什么？从娜珍家院子里天然河水的基础设想上去，一定要大胆地想，我告诉自己：次仁罗布家的院子里散养着一对野生藏羚羊。他说过他拥有一片辽阔的草坪，在那上面跟他8岁的儿子踢足球；扎西班典的家——只有那片水塘是人工的。截留了山泉的一小部分水在里面。我看了又看，水里什么也没有。临走时，我给娜珍留下了我针对她的院子的唯一一条建议：能不能在那水塘里养点活物。比如天鹅、鸭子，或者鱼、蛤蟆。

娜珍做了八个菜。吃饭的可不仅仅是娜珍和我。还有几位男孩。是娜珍孩子的家庭教师带来的西藏大学的学生。他们都会唱歌。因此我们的饭吃得就潦草。我和娜珍急着想听他们唱歌，就把未喝完的酒端到了客厅。他们唱得可真是好啊。其中有位叫嘉错的还是声乐系的。我和娜珍除了听之外还得不停地鼓掌。在鼓掌之余，娜珍小声对我说，今晚别回去了，就住这吧。我没怎么犹豫就答应了。一是娜珍家里可以住得下一个排，二是我对那流水十分依恋。

我的床靠窗，与院子里的流水就隔一层玻璃。当歌声停息了后，流水的声音就升了起来。在水声之上，是一个居于院子正中央的一个一人高的铜质转经筒发出的旋转声。咕噜咕噜，像车马在行进，一直在行进，却又无法走远。转经筒伫立在水流之上，水流的力量，推动了它巨大的身躯。它日夜不停地旋转，只要水在流，它就会转动不息。

我如同躺在一辆远古的木轮马车之上，车轮呼隆隆、呼隆隆地转啊转，载着我转啊转。我已不知道了我的目的和方向。

　　注：
　　娜珍看过稿子后，发来信：写得很好。不过院子里的那个水池，是放生池。鱼儿听到了法音，就愉快地游走了。

原来那个什么都没有的水池，与小溪相连的水池，是刀下逃生的鱼儿聆听法音，开始新生命的起点，娜珍的思维里原来没有观赏，没有囚禁。

香特　香特

到拉萨 5 天后，我初步了解了我的房间，其实是少年拉鲁的房间。比如床，床单下面的卡垫是什么颜色，什么图案，我喜欢还是不喜欢这个图案；比如藏柜，里面都装着些什么；柜子上面木雕五谷斗里插的涂了红、绿、蓝颜色的是麦子还是青稞；墙上的那张黑人头像，是乔丹还是乔伊斯；客厅西墙上端挂的佛祖释迦牟尼金身坐像是否就是大昭寺里佛祖12岁的等身坐像，并由文成公主由汉地带入吐蕃的那尊；阳台上的几盆花草的叶子枯黄了，是因主人的疏于管理还是被拉萨的太阳烤伤了？

　　5天没有走出这套房子，5天没有下楼（我不是不能下楼，我觉得我能下去，我是担心下去之后上不来），也基本上没吃什么，倒是把胃里的存储吐光了后，又把细胞里的水分吐出去了一部分。可能得把体内差不多能倒出去的倾空，然后才能吃得下拉萨的饭。这也差不多等于洗肠了。

　　吸完一罐氧气，头痛就减轻了。就能摇摇摆摆地下床，再摇摇摆摆地走到阳台上。我从4楼的高度（拉萨较少高层建筑。民居4层就是顶层了。因此我的视线可以伸得很远，直到撞上对面的群山）俯瞰到了拉萨的一小部分。在这一小部分里，包括城南的一片连绵的有一层薄绿的大山（宝瓶山坐落其间）；雄伟的布达拉宫的后身（从这个角度，红宫部分只能看到一角。另外，布宫的雄伟建立在从正面且仰望的角度。我从4楼的高度，又是背面，因此它没能给我期望的震撼）；楼下居民区里的一条小街及街上偶尔经过的装满水果蔬菜的胶轮木车。推车人是四川口音；拉萨少年弹着弦子，一路唱着走过去；一楼院子大门上的黑色牛角；院子里的一只黑褐色的沉默的藏獒（几天后，我把一块熟牛肉从4楼的阳台向他扔下去，结果它不屑一顾）……

　　我是第五天下楼的。我一下楼就与拉萨发生了冲突。拉萨看上去很美，但你要是触及它，它不是不美了，而是让你迷惑。

　　拉萨的夜晚来得晚，二十点了，太阳似乎还没有落山；二十一点了，黄昏刚刚来临；二十二点的时候，一切才朦胧起来。

　　那是个很大的居民区，位于拉萨市中心。由公寓楼、联排别墅、独立别墅组成。

　　从公寓出来，目光被拉萨的民居风格所吸引。房子的材料是本地山上的石块。一种灰蓝色的石头。那石块垒成的房子美丽无比。看上去坚牢、敦厚、大气、天成。后来，当我的脚步拓展到拉萨的大街上时，看到几幢单位的大楼，在那么美丽的石头外面又贴了一层细碎的马赛克，这种行为的愚蠢让我大吃一惊。

在一幢联排别墅的门口，我看见几位拉萨少年，或坐或站。我从他们的身边走过时，他们把头转向了我。

拉萨的夏季很凉，尤其太阳落山了之后。我出门时从衣柜里拿出了一条长及脚踝的布裙子。白布，上面画着粉色牡丹，还有凤凰。买它时，店主说，这是手绘的。我下楼穿的衣服是黑色的，丝绸、长袖、韩式削肩的那种。

我不可能不看他们，因为他们的背景是那么惊人的有镂空木雕门饰的大门。门关着，红色。金黄色的铜扣，黄铜的狮子头的门环。当我看见这些拉萨少年时，我发现他们比那华美的大门更能引起我的关注。大门和灰蓝色的石头台阶，成为了他们的背景。

他们没有一个穿藏装。短袖短裤、短袖长裤、长衣长裤，与内地孩子的衣着基本一样。但我一眼看出他们全是藏族。后来我在街上看见过两个着藏装的男童。他们从我的对面走过来。头上戴着藏帽，身上是黄色丝绸饰豹皮花边的华丽藏装。当他们从我的身边走过去，我停下来转身看他们小小的背影，直到他们消失在转弯处。回过身我突然明白，他们是去演出。藏装已从日常服饰后退到了灯光闪烁的舞台上，后退到了某一个节日里。

我已经从那几个不着藏装的少年的身边走过去了，他们以及他们身后的那个让我无限热爱的大门都已经在我的身后。我打算找一个门口没有人的大门，凑到近前仔细地看一看。因为他们的门饰大同小异。我的近视给我看清楚这个世界带来了不便。

虽然近视，但那几枚在我脚边跳动的石子我还是马上就看到了。应该是没有风。我略低一下头，弄清了那跳动的石子是从我的身后而来。它们是被投掷过来的，落点在我的身后，石子落地后又向前滚跳了一小段，因此才进入了我的视线。

我瞬间明白这些落在我身边的石子从何而来，我坚持着没有回头，刻意不加快脚步，做出一个对石子不予理睬的姿态。

　　我这样做首先是我的冷静性格，让我大哭或大怒是不可想象的。另一原因是我对这一突然事件很迷惑，对我身边跳动的石子很迷惑。我想给这一事件一点时间，使它的情节得以向下发展一小段，并争取从中发现它自己泄露的答案或谜底。然后再决定怎么办不迟。这样做能导致我作出正确的决定。我一般不是危险刚一露头，就迅速尖叫。

　　不断地有石子落在我的身后，身左、身右。当一粒石子落在了我的身边，又被地面弹起打在了我的腿上时，我停了下来。至此，从第一粒石子从后面袭击我，到一粒终于击中我的腿，已至少过去了十秒。在这十秒的长度里，我没有抓到任何与谜底相连的线索。事件的表层仍平展地铺着，没有为我掀开哪怕一角。至此，我已有些忍不住了。我用极缓慢的转身动作，分解掉了一部分愤怒。

　　我之所以能把愤怒压住，是因为这件事它首先是个谜团，其次它才有伤我的尊严。如果这个谜团揭开，还指不定怎么回事，也许离我的尊严还远远的。因此我转过身面对那几位少年时的脸上就全是迷惑。我的脸上写的不是愤怒，甚至不是厌恶，而是为什么，是个问号。

　　随着我转身面对他们，他们的所有动作也都僵住。他们已离开了那个台阶，两个在前，三个在后地跟着我。有一个孩子半蹲着，正在捡起地上的石子，为继续袭击我准备着武器。

　　从距离上，他们离我很近，不足十米的距离，投掷石子的命中率不应该是零。从我的角度，我是个很大的目标。虽然我是个移动靶，但我那种缓慢的行进和不躲闪的合作态度，应该不会影响他们的成绩。显然，他们并不想准确地击中目标。他们甚至得刻意避免击中目标。但他们想让我这个移动目标知道，你在被袭击。

　　在我面对他们的那几秒里，我一言不发。他们也不说话。然后我继续走。我身边的石子又开始了跳动。我的这种冷漠态度，使他们觉得他们的事情刚刚做了一半。如果我怒骂他们，事情也就抵达了圆满的尾声。

看来是我自己故意拖延了这一事件，并使之无法顺利地结束。

终于，我的路走到了头，丁字路口。我得向右或向左转。散步最好没有方向，而此时此地，我想有方向都难。在这里，拉萨，左或右都是陌生的。都是第一次涉足。我不知道向左转会看到什么，发生什么，它通向什么地方？向右转会给我带来什么？我着意记了一两个路标，不然我没有把握会准确地找回住所。

我向右转弯了。一栋漂亮的石头别墅的高墙，挡住了那些石子。我感到他们并没有追上来，并没有与我一同右转。他们的耐力显然不如我。他们希望我能与他们的石子碰撞，继而实现他们与我碰撞的目的。我的态度他们觉得没有意思了。像往一口深不见底的井里扔下一块石头，等了许久，没有听见期望的咕咚声。

接下来，没有了石子在我的身后跳，我开始进一步思考这件事。

从小我就是个受人尊敬的人。小学我是班长，中学我是最优秀的好学生。然后我就为人师表做教师。我从未被如此侮辱过。我的自尊心应该是那种没有经过磕碰的完整和易碎。我应该容易被激怒。

但这种极具侮辱性的行为，却没有力量把我激怒。我不是一个脾气好的人，甚至脾气很不好。是容易拍案而起的那种性格。但在这一事情上，我表现出了超常的冷静，我从那些孩子的眼神、姿态里得出了一个结论：这一事件的责任在我身上，是我触发了它，只是我不能觉察。

我一定要把它弄清楚，至少我要把它想清楚。以我的性格，这件事想要在我的手上溜过去是不可能的。我会把它煮熟，然后切开。

第二天，我有了一个打开这一谜团的机会。我的同学次仁罗布给我送茶叶来了。他从小在拉萨八廓街（又名八角街）长大，他应该明白那些拉萨少年的心理。我接过那盒云南同学千里迢迢委托一个进藏演出的舞蹈演员带给他的茶叶，并亲手用简陋的玻璃杯冲了两杯茶，拉开了与他详细探讨这一事件的架势。我相信他只要一开口，就会真相大白。我开始向他详细描述那些在我的身边滚动的石子，间或喝一口云南同学送来的茶。那茶可真是好啊。我的口述要比我的文字叙述略逊一筹，但我不至于说不清楚，从而导致他听不明白。我一边笨拙地口述，一边查看一下他的脸。我的精力的大部分用在了把昨天的事件叙述清楚上，我的眼睛盯着茶杯里的茶叶的时候多，但他脸上突然涌上来的痛苦神情还是让我看到了。当我觉得说完了，以这是为什么结束我的讲述时，他很僵硬地看着我。思维像是遇到了一个什么阻碍，并一下子卡在了那里，不能动了。他话少，并且出言谨慎（喝醉了例外）。在他突然把话题切换到那个云南来的彝族舞蹈演员上时，我就放弃了追问。我看那些石子没有击中我，却重重地击中了他。

这个疑问只好暂时悬置，我等着它遇热，自己炸开。

疑问似乎比我更心急。它又暗暗给了我一个剖开它自己的机会。仅仅是过了几天，当我的另一个同学旦巴亚尔杰来看望我时，那个疑问被他亲手揭开了。我并没有把那个疑问端出来让他解决，我已经放弃了向他们征集答案的想法。因为罗布的神情吓着了我。我是由他的一个意外举动，突然明白的。也就是旦巴他并不知道我的疑问。他糊里糊涂地为我揭开了那个关于石子的疑问。这类似刑警侦破乙案，却意外地发现了悬置已久的甲案的线索。

旦巴（已故优秀作家加央西热的弟弟）坐在沙发上同我聊天。还时不时地插进些黄段子。刚谈了也不到半小时，他的朋友来电话邀他到宗角禄康公园喝茶。他决定把我带上，介绍给他的在西藏艺术研究所工作的朋友努木认识。

从我的住所到宗角禄康，其实很近。大约 500 米。我们决定走过去。下午 4 时，拉萨的太阳正燃烧到最炙热的时刻。在拉萨，我几乎是手不离伞，而且是涂了一层防紫外线物质的天堂牌阳伞。次仁罗布紫外线过敏，被太阳晒到的皮肤要起一层红色小疙瘩。我说你就不好想点什么办法？他说我一个男的总不能出门打个伞吧。这样，拉萨的男人在烈日下行走，一副把头上的太阳不当回事的样子。在我看来，在烈日下的拉萨街头行走，就如同走在狂风暴雨里一样。

我把自己罩在那把粉色的阳伞里，旦巴的脑袋则浸泡在可怕的光线里。我试图用一把伞罩住我们两个。但遮住了他的头，我的一个肩就露到了外面。我的浅色的丝绸上衣可能比我的皮肤更怕太阳。它不定会被晒得冒了烟。他说算了，还是保住一个吧。

就在他说完只保我一个人不到两分钟，他突然夺过我手里的伞，将自己的头及上半身严严地罩住。而置我于危险的阳光里不顾。一直走到宗角禄康见到他的朋友努木，坐在一棵大柳树的阴凉下面，他才把伞还给了我。而此时，我的脸已经晒得像在锅里蒸过的螃蟹。原来他说的只保一个保的却是他！这个事情也具有谜团的性质。石子一案还悬而未决，阳伞案又发。

喝茶的时候，我没忍住问他为什么抢我的伞？他斜了我一眼说，你还好意思问！你看你穿的。

我穿着一件粉色丝绸外衣，西式，长袖，和服领。下面是黑色裙子，侧开缝，长度过膝了。

我穿的怎么了？在我审视了一遍我的衣裙之后，我理直气壮。我这衣服别说在街上走，别说在露天公园喝茶，完全可以出席任何庄严的会议！

他又看我一眼，看来她是不知道，他对微笑着的努木说。

你不应该穿裙子！你应该穿裤子！他的语气像颁布一项法令。

为什么？西藏有自己的法律？而且还细致到了妇女的衣饰。

因为穿裙子的是妓女。这谁都知道。

可是我刚刚知道。

我想起同罗布在街上打车。他坚决不答应我要坐敞棚人力三轮车的要求，而一定要把我塞入价钱贵三倍还多的茶色玻璃的富康轿车；在冲赛康，我仰着头看两边林立的店铺，同时注意别撞了人或被别人撞上。突然，我的裙子下裸露在外面的小腿上猛的一凉。我感觉是水，但哪来的水？一会，一个十几岁的少年从我的身边跑过去了，手里拎着一把黄绿相间的水枪；旦巴在街上一定是遇到了熟人，他没像罗布那样把我藏起来，而是抢我的伞，把自己藏了起来。

到此，我已不生旦巴的气。因为那伞撑在我的头上，挡住的是阳光，而那一刻撑在旦巴的头上，挡住的就不仅仅是阳光。我为我的普通的伞能在关键时刻呵护他的贞洁而感到欣慰。

他进一步向我阐述穿裙子给我和他们带来的危害：你没发现吗？他爱用设问句。本地妇女是绝不穿裙子的。她们用穿裤子来与内地涌来的穿裙子的妓女相区别，或者说她们不齿于穿裙子，因为裙子已经被玷污了。他的汉语说得还行，但他一说长句子我就紧张。刚才他说的裤子与裙子的那个最长的句子没犯什么要命的语法错误。他是藏语作家，犯汉语错误得从轻量刑。他说，前几年，拉萨妇女穿着灰暗的裤子，举行了针对艳丽的裙子的抗议游行。抗议书递交到了全国妇联。

此后，走在拉萨街头，看见女人，我第一眼就向他的下半身看去。穿裤子，那么她是良家妇女；穿裙子，那么她沦落了风尘。看见裙子，我一般要再看她一眼。这一眼我看她的脸。我想从她的脸上找出一点什么来，以支持那个关于裙子的结论。我觉得事情没这么简单。因为你良家妇女不穿裙子，那么妓女就那么自觉地不穿裤子吗？穿裤子的妓女肯定有。但穿裙子的良家妇女是肯定没有的。这造成了拉萨街头几乎没有穿裙子的女人，继而造成了在拉萨穿裙子几近英勇。街上除了中老年藏族妇女穿长及脚踝颜色灰暗的藏裙外，其余差不多都穿裤子。穿裙子的人，大白天上街，估计也乔装穿上了裤子。因此，我穿着长裙短裙在街上是十分扎眼的。

见到女同学白玛娜珍的时候，是在我知道了有关裙子与裤子的背景资料之后。她把一辆黄色小车开到我的楼下，说：上车，喝酒去。我一边说她又瘦了，一边就看她的腿。她穿着牛仔裤。我想起她在北京的时候，她差不多有好几条裙子在值班似的换着穿。原来她在过穿裙子的瘾。

在我的衣柜里，有差不多五六套夏装，但没有一条裤子。我只好穿着我的自认端庄得体又价格不菲的裙子，游荡在拉萨街头。我最常去的是八廓街。我喜欢那些红红绿绿的藏饰。手上、脖子上，不由分说被我套上了许多。又想到家里还有一系列的侄女、外甥女的手上、脖子上也喜欢套这些东西，就不停地去那里。买好了一个黄色米拉的颈饰，准备给帮我看孩子的外甥女。可我走到小昭寺的门口就渴了。我走进一家黑咕隆咚的甜茶馆，靠门边坐下。要了一杯5角钱的甜茶。给我倒茶的是一个十一二岁的小姑娘。她长得像印度人。是有血缘瓜葛的那种像。她非常主动地和我说话，对内地来的人很感兴趣。她说她正在上学，打算中学考到内地去读。又说她的父母离婚了，学费还不知道由父亲还是母亲来出。说到这里竟一脸忧愁。当我喝第二杯茶的时候，她已经坐到了我的身边。摸摸我的衣服又摸摸我的裙子。然后她摸了一下我刚刚买的黄色米拉的项链。我说好看吗？她说好看。我解下来放到她的手里说，送给你吧。她高兴得连谢谢都忘了说。把给外甥女的礼物给了藏族小女孩，这就使我第二天又得去一次八廓街。昨天的店已经找不到，好在米拉那种东西一般的店里都有。我说了昨天的价，女店主却不肯卖给我。我说完我给这个价的理由之后，放下东西就准备走。店主说，你就是不想买。我忘了我回头又说了一句什么，总之我很意外地激怒了她。她对着我的后背说：你妓女！我站住了，很意外我竟没有生气。我说你见过早上9点就起床的妓女吗？我又推了一下我的眼镜说，你见过戴近视眼镜的妓女吗？我的反诘看似有力又有趣，但不能在吵架的过程中帮助我。因为那个女店主只说三个字：你妓女！你妓女！她认为找到了最有力量打击我的武器，就不肯撒手。她的意思是，只要你是妓女，你把理说得再漂亮也没用。你在一切事情上都没理。我很明智地闭上了嘴。坚决地走了。因为我不管拿出什么有力的证据证明我不是妓女，都没人相信，因为我穿着裙子。一条灰色带银杏叶子图案的丝绸西裙。那裙子贵得用了我的半个月的工资。万想不到它竟在这里成为我是妓女的无懈可击的旁据。我放弃继续为自己辩护，就是因为我低头看见了我的裙子。我当时想，我还有啥说的。

　　我彻底明白了那些掷向我的石子。他们的石子是针对着我的有手绘牡丹花图案的裙子的。他们的父母因为这些不知从哪里涌来的五颜六色的裙子大吵大闹。裙子在我来到的几年前就把藏族家庭的水给搅浑了。

他们早已积攒了对裙子的仇恨。当我穿着极具破坏力的裙子，泰然在藏民小区里散步时，他们的愤怒被我裙子上位于左侧腰部的那朵最大的粉色牡丹点燃了。裙子应该躲起来，既是破坏就应该偷偷地进行。太阳还没落山，我穿着罪恶的裙子在小区里散步的行为，构成了对藏族人民的大不敬。少年们于是停止了也许是针对一场 NBA 球赛的争论，拣起了身边的石子。

一天，我在八廓街迷路，近 22 时才找回了住处。当我走上那黑暗的楼梯的时候，恐惧突然就笼罩了我。如果哪个仇恨妓女的少年知道了我的住处，而此时藏在楼梯的转弯处，手里握着复仇的刀，为母亲复仇的刀……

当我安全抵达四楼，将房门反锁上后，我迅速冲上露天阳台，抻出头向下看，看是否有可以供攀爬的物体。当我看清墙上没有任何抓手和供脚蹬踩的凸凹，就抬头看了一会星星，然后转身进了卧室。

《天涯》2007

注：香特为藏语裙子之音译。
　　次仁罗布的译文部分由藏族作家次仁罗布提供

阳光下的囚犯

　　紧锁了一夜的大门已经敞开。局长的车，副局长的车；区长的车，副区长的车；黑色，灰色，红色，白色。它们缓缓驶入，然后按级别在院子里由南至北排好了队。车里的主人，包括司机都已进入办公楼，找到了自己的那把椅子并坐了下来，吸烟或者喝茶。报纸已由工人送了进来，分发到每一张办公桌上。

　　我步行上班。以锻炼为由拒绝自行车和公交车。我的腿已被我锻炼得十分粗壮。

　　当我迈着小象一样坚实有力的腿走进单位的大门时，身后响起了汽车的鸣笛声。这个声音是让我快走，如果不快走就让路。

　　我走路稳但慢，因此我在汽笛的催促里选择了让开。在这个时候，我是来不及细想人的肉体为什么一定要给钢铁和橡胶轮胎让路的问题的。汽车从来就没有耐心给出你思考的时间。它有高分贝的鸣响装置。他用刺耳的声音驱赶你，如同牧人手里挥动的鞭子。我靠向门边，将大门的百分之八十的宽度让了出来。我原是走在正中间的。

我已让到了左侧，身后的汽笛还在响。它没能从我的身边开过去？那个被我让开的宽度足够任何国家生产的轿车游刃有余地通过。我想也许是哪位认识我的司机在同我打招呼。想到这，我就必须回头了。回头与不回头不应该是一个随便的事情，回头需要思考。

我的头向右转了一个接近七十度，右侧的目光又在七十度的基础上继续向右延伸了四十度，这样，我看到了我身后的汽车。

军绿色大卡车。车头已经快要抵住我的腰。我真的挡了它的路。我再次放弃思考是它给我让路还是我该给它让路的复杂问题，将身体向门的左侧靠去，几乎贴到了门上。解放牌汽车擦着我的胳膊缓缓地开进了院子。车头过去后，是装有铁栏杆的敞篷车厢。车厢里满满地站着一车囚犯。都是男性，在经过我身边时，他们都把头转向我。我甚至在这些陌生的脸中找到了几张冲我微笑的脸。距离太近了。我承受不了几十个异性同时的注视。我低下头。我曾加快脚步从一列士兵的眼皮底下走过。他们都是男孩。离开母亲，离开姐妹，离开女友；一年，两年，甚至三年。他们在长满松树的军营里见到了一个女人。他们在我的身上寻找母亲的衣襟，寻找女友的裙角。我应该放慢脚步，以使他们的目光有所收获。我却总是突然加快脚步，挣断所有的目光。我感到已被士兵的目光刺穿，他们通过我的肉体回到了久别的家乡。我是他们回家的站台，我的身上印满他们离去的脚印。

同一辆囚车擦肩，这是第一次。我曾多次从一个合适的距离眺望过囚车。

囚车尖锐的声音将路上的人群划开，尖叫锋利得像一把刀。囚车为什么要以最快的速度从街市上掠过？其速度不亚于消防车扑向一个着火的建筑。他们有时仅仅是劳动归来，没有急切的事情。他们是有罪的人，不能在自由的街市上多停留？这里的空气不应该被囚犯吸入？囚车如马一样在街市上狂奔。但囚犯抓住了这一自由的瞬间。他们，那些车上的囚犯，拉开了车窗，街市上的空气扑面而来。我看见他们争着把头伸出车窗，一个窄小的窗口里会挤着三个头！在冬天，零下二十多度，仍是如此。寒冷和自由的空气混杂在一块，他们没有时间分拣，只能一同抱住。他们头压着头，目光压着目光。在囚车飞速掠过自由人群的短暂时间里，以呼吸几口这里的空气为依据，做一瞬间自由的人。

十几年前，我还年轻，对自行车还没有积攒下仇恨。一天下班，我将单位给的一小袋大米放到自行车的后架上，又将一把新买的笤帚放到前面的车筐里。路上，我遇到了一辆囚车。我那时不遵守交通规则，走的是快行线的边侧，这样，囚车经过我身边时离得很近。一个囚犯冲我喊，小娘们儿，上哪过日子去？一车的囚犯开始开心地笑。我抬起头，也冲着他们笑。我想让他知道，一我不反感他们说的话，二是他们说对了。他们对过日子的认识与我相同。我确实是在一个地方和一个男人正过着日子。

一袋米，一个女人或小娘们，再加上一把打扫灰尘的笤帚，这些东西放在一个男人的面前，生活的一切就已齐备。那个说话的囚犯是多么可爱。他对生活的要求又是多么高。一袋米，是生活中所有的物质，一个女人是生活中的爱，而笤帚，是我们的工作和理想。那个囚犯，在一瞬间悟出了米、女人、笤帚的意义，看到了生活的全部画面，并大声地喊了出来！

囚车开进了我单位的院子。他们是来挖沟的。一条光缆经过这里。

上午，我从卫生间出来，正在洗手。这时，一个囚犯走了进来。我以为他要去卫生间，就让开一些。但他走到我的面前就停下了脚步。他站在那里看着我。洗手间很暗。窗子小，灯又没开。没有第三个人在这里。

我突然感到了恐惧。他要干什么？杀死我？还是强奸我？我知道囚犯都是被迫禁欲的，他们又大多年轻。反正已经犯了罪，如同一个打碎的陶罐，粘合后的缝隙仍是目光最先寻找的东西。他不怕再犯一次。如果他是重罪，没有生还的可能，那他极容易在死之前做一件自己想做的事情，比如强奸一个女人。我惊恐地望着他，不知所措。他站立的位置刚好挡住了门，逃离是别想了。

在幽暗的光线下，我看见他的脸浮上了笑容。我立刻看出这笑容里没有恶意。但他的笑的呈现过程十分艰难。他努力眯小眼睛，并依靠眨动来提示我他在笑，而且冲着我。我知道他已不会了那种日常的轻松的笑。他的不知经历了多少年的囚禁生活已经使他将善意的笑脸遗忘。如同一个没有经过练习的曲子，在突然的考试面前，被弹得支离破碎。他面对着我，努力地在记忆里寻找。他找到了一些笑容的碎裂的残片，然后不得要领地粘合。他将记忆里所有的笑容的残片聚拢在一起，然后捧给了我。

他说，大姐，求你给我买一块面包！他将一只手伸向我，手掌里托着一张一元钱的纸币。纸币又皱又脏。他的声音灌满哀求。我的弟弟常用类似的声音求我在外面游戏时带上他。我总是在弟弟疏忽的时候突然跑掉，找到我的几个小伙伴，而将幼小的没有玩伴的弟弟丢在家里。

我在那一元纸币面前犹豫，在他哀求的声音里走神。我一时反应不过来。我在突然的事情面前比较迟钝。就在这几秒钟的犹豫里，一个管教匆匆走了进来，他厉声呵斥：出去！年轻囚犯的手垂了下去。低垂着头从我和管教的面前走了出去。管教问了情况后表扬我说，你做得对，不要理他们。

可是，还不到五分钟，我就意识到我做错了。我应该帮助那个年轻的犯人买面包。他显然是饿了，至少是对麦子烤熟后的香味充满了渴望。

也许他因为什么原因而未吃到早饭，又干这样重的体力活。他一定是支持不住了，才冒着受严厉处罚的危险，费了一番周折找到这样一个机会。他的要求在我只是举手之劳。卖面包的地方就在大门外。但犯人不可以出这个大门。出去就是越狱，后果不堪设想。

俄国一位作家曾记录了被流放到寒冷的西伯利亚的苦役犯的生活。我至今记得他写的一个片段：在寒冷的雪地上，当地妇女带着她们的孩子，怀里抱着一袋刚刚烤好的面包。这是专为苦役犯烤的面包。一队囚犯走过来，女人把面包递过去，还要说一句，可怜的人。监狱里是有面包的，似乎也能吃饱。但囚犯们却异常重视监狱外由女人送来的面包。在用料、烤制的方法上监狱内和监狱外也许没有什么不同，但这两种面包是绝对不同的。囚犯们心里都知道。他们在不饥饿的情况下会争抢那来自监狱外面的面包，甚至扭打在一起。

我几乎不能原谅自己。我从椅子上站了起来。我来到院子里，试图找到那个只求得到一块面包的囚犯。我打算说服管教允许他吃完面包再干活。

时间已接近上午十时，正值六月，烈日当头。几十个犯人穿着一样的衣服，在带枪管教的严密看管下都在埋头干活。刚才的那个囚犯，我已无从辨认。可我知道他就在我的眼前，不到一米远的地方。同样的衣服，甚至连破旧的程度都相同，同样的发型，同样的神态。我站在那里，谁也不敢看我一眼，都在低头挖土。我看见的是几十个弯曲的脊背，几十双被太阳晒伤的手臂，还有几十个低垂的头。

阳光如大雨一样浇下来。我看见他们的衣服已经湿透。雨水或汗水从低垂的头向地上滴落。就算他敢抬一下头，我依凭什么将他认出？他的哪一个地方与别人不同？除非他敢重复刚才的微笑，我已牢记了那个笑脸。但六月的骄阳会瞬间烤焦他的笑容。他的笑只能展露在幽暗的光线下，小心翼翼地开在一个看管的疏忽里。

我茫然站着，对于找到他不抱一丝希望。

《青春》2005 年

站立

1957、1958、1959，朴素的民间治疗期

街上传来打板的声音，梆——梆——梆——。算命的不吆喝，他们——那些算命先生，用敲击木板的清脆声响将自己的买卖同卖豆腐脑的划清了界限。走街串巷的小贩，从不羞于自己发出的市井之声，他们担子里担的是瓜果、菜、豆腐脑。这些物质的商品，需要语言的有力辅助，而算命先生贩卖的是语言本身。他们将那些待售的语句整齐地码放好了，每句话都标明了价码，然后用一块干净的湿毛巾严严地盖上了。在买主拿出钱币之前，他不能翻动这些语句，要是风吹进来，词语就会风干，甚至会不翼而飞。在困境面前，算命的找到了辅助之物——两块物质的木板。木板能够发出响亮的声音，这神奇的声音不是语言本身，却有着毫不逊色的号召的力量。

我的奶奶在不慌不忙又信心十足的梆——梆——梆——的呼唤里，开门出去了，回来时身后跟着一个盲人算命先生。

我坐在火炕上，脚上穿着鞋，这是奶奶对我溺爱的证明。我可以不

脱鞋就上炕，因为我有病，又幼小。奶奶在我的面前丧失了坚持一切原则的依据。她只是徒劳地擦那被我弄上了泥土的席子。奶奶的溺爱给我日后带来了灾难，这致使我5岁后回到城里的父母家时仍然不脱鞋就上了母亲的床。我用泥土和污迹在母亲白色的床单上印上了清晰的鞋印。母亲大怒，曾为此打坏了两只笤帚疙瘩。我在母亲残暴的殴打下，痛苦地交出了奶奶给予我的特权。

盲人算命先生开始对我的腿疾（我1岁时两腿突然瘫痪，几乎是在一夜之间）进行大胆的计算：他从怀里掏出12根细针，又让奶奶端来半碗清水。他握针的手在水碗的上方悬垂，嘴快速蠕动但我没有听到任何声音。片刻，他的手突然滩开，手心里的针，坠入水中。我听到针尖刺破水面的声音。他让我把碗里的水喝下去，但那碗底水的下面卧着的12根钢针是喝还是不喝他语焉不详。

我一岁半，早慧。我没怎么迟疑就决定只喝那水而不喝那针。为了不让那些银亮的呈流线型的东西随着水流滑入我的口腔，我将口腔中零散的牙齿整编成一个临时的队列。我的牙齿用尽全力，有效地阻挡了它们的进入。我喝光了那些水，留下了那些针。奶奶接过了碗，神情紧张。我是奶奶的生命。她密切注意我玩耍的地面细小石子和柔软草茎对我皮肉的可能破坏，却在12根钢针对我构成严重威胁的时候无所作为。算命先生让奶奶数一数碗底剩下的针，当得知是12根时，他茫然的脸上浮上一个笑容。他说，你孙子的腿能好，在他满12岁的时候。

他慷慨地毫不吝惜地给了奶奶希望，并将这个明亮的希望牢牢地悬挂在时间的绳索上。10年，指日可待。

奶奶深信不疑。这是唯一的希望。怀疑它，便没有了希望。

10年是需要行进的，奶奶有强健的腿，她背着我，行进在通往光明的道路上，我们，向着我的12岁迈进。

行进需要方向。向南的道路突然闪现光亮。这条长100里的道路的另一端是一位老朝医白墙草顶的房子。朝阳川——龙井，我们的起点和终点。

从盲人关于 12 岁的预言到得知老朝医的准确方位，这中间隔了半年。在这半年里，我长到了两岁；在这半年里，奶奶以自己朴素思维为指导，对我进行了治疗。她给我喝虎骨酒。她认为，虎骨酒是强筋壮骨的，我的腿不好是因为腿上的骨头软，喝了虎骨酒，我的腿就会渐渐地硬起来，那么，她的孙子就会站立起来。在理论上，奶奶已经治好了我的腿，剩下的就是具体操作了。奶奶不仅是个理论家，具体工作也能做到兢兢业业、一丝不苟。每天晚上临睡前，她都给我喝一小杯虎骨酒。那酒都是 75 度的烈性酒，对于一个两岁的小孩来说，那可比药难喝。可奶奶会劝，她说，喝了这酒就能跟别的小孩一块玩了，她还给我讲了老虎的传奇故事，她说这酒里有老虎的骨头，而老虎的威猛来自它的骨头。不久，我就上瘾了，我非常爱喝那酒了。我已经能透过那层辛辣的雾霭窥见那缕隐匿的浓香的婀娜身影。长大后，我嗜酒如命。我不能忍受一瓶酒在我的房间里过夜，我一定要把它们灌到我的体内才能入睡。我的家里全都是空酒瓶。酒是那么香啊！

　　从朝阳川奶奶的家到龙井老朝医的家有 100 里。奶奶要用双脚先行走 10 里，然后坐上火车，火车继续行进 80 里，剩下的 10 里，仍要由奶奶由双脚来走完。有火车的路段，我坐在火车上，没有火车的路段，我则坐在奶奶的脊背上。在那些不通火车的乡间土路上，我们有时也能遇到一辆顺路的朝鲜木轮牛车。车轮用铁皮包着，龙骨上的铜钉闪闪发亮。牛脖子上挂着大铜铃，牛每迈一步，铜铃就吭——唣——响一声。那牛脖子上的铜铃很大，响声是沉闷的吭唣，而不是细碎轻巧的叮铃铃。牛走得慢，像是每迈一步都经过了深思熟虑。那吭唣的铃声跟牛沉稳缓慢的步伐十分协调。牛蹄子扣在泥土上，噗——噗——噗——并不扬尘。在牛车的后面，一缕灰尘都没有升起。

　　朝医的房子草顶、白墙。前边有坡状伞檐。房门是木质拉门。门口白色长条石板。鞋要脱下留在门外的石板上。拉开门，里面就是席子。席子下面是火炕，踩在席子上就是温热的。

　　老朝医坐在里面的一个房间里，等我们喝完了他 60 岁的儿媳妇端给我们的大麦茶，才能走进老朝医的房间。等我们见到老朝医才明白，在外间坐下来喝茶是十分必要的。患者喝茶休息，也许是他诊治的第一个环节。他端坐在席子上，盘着腿。头上黑色纱帽，黑色衣袍上滚着白边，白色裤子。我当时只有两岁，但至今记得那个民间朝医静穆的坐姿和与我们迥异的衣饰。又由于窗外下坡状伞檐的遮挡，屋子里的光线略暗，我看见的老朝医就似坐在蒙蒙胧胧的雾霭里。他也是我长达20年的治疗史上唯一给我带来一丝光亮的人。

老朝医的疗法是传统的针灸。他扎透穴，穴位都是对称的。他从我的臀部一直扎到脚踝。依次是环跳——阴陵——阳陵——足三里。

朝医扎针有一股神游身外的神态。他的脸上平静，止水一般。绝无认真、刻意之态，甚至看不见专注。他的手法，弹针的动作，至今在我的眼前。迷人的随意，但又果断、干脆。尤其他弹针的时候，他的目光是虚的，眼里既有针又没针。

朝医的针必须天天扎。奶奶每天带着我往返100里，从春天扎到了冬天。这时，我的左腿已经有了知觉，不久又能扶着东西走路了。这是一条远但十分正确的治疗之路。

但是冬天来了。天是那么冷。风雪和零下30度的气温将我们就医的道路重重阻隔，道路变得漫长了。我伏在奶奶的背上，脚脖子从棉裤里露出了一截。奶奶用手护住这块暴露在寒风里的皮肉。奶奶的手冻坏了也没能挡住风雪对我的伤害，我的腿也冻坏了。奶奶一时心软，就中断了治疗。奶奶为此抱憾终生。奶奶是想明年春天接着治也不迟。奶奶当时已经60多岁，她背着腿残的孙子行进在就医的道路上的时候，至少需要温暖的阳光的帮助，零下30度的寒风她已无力穿越。

第二年的春天，奶奶背着我又走上了通向神奇的老朝医的道路上。阳光将积雪融化了，雪水泥泞了我们的道路。我们来到了他的门前，我们脱掉了沾着泥浆的鞋放到了那条白石板上，我们拉开了那扇木门，我们的脚踩到了温暖的席子上，朝医的儿媳妇端来了大麦茶，但是老朝医的房间里已经没有了老朝医，他在去年最冷的季节里去世了。

我的寒冬开始了。老朝医是我唯一的光源。他熄灭了，我的寒冬来临了。在此后长达二十年的茫然寻找里，我一步一步踏入更冷的深渊，那照耀我的光明始终没有再次出现。

朝医的死，使我的世界陷入尴尬。我的右腿，如鸟的一只断翅一样不能收拢，它附着在我的身体的右侧，给我的复苏的左腿制造麻烦。我的右腿小心、忍让、处处提防，所有的力量被看不见的手全部抽空，而我的左腿则灌满了跑遍世界的力量和激情。左腿和右腿，长在一块，骨肉相连。它们互相牵制，互相抵消它们激烈争吵、厮打后，我的脚步就是缓慢而艰难地一瘸一拐，呈一种能走，但绝不可能飞跑的无奈状态。

第二瓶啤酒喝完的时候，他突然中断了讲述，一个略带歉意的笑容漫过了他的脸。我意识到他要去卫生间。果然，他从面前的杯子、碗、酒瓶的后面立起身。他站立的过程缓慢而小心，已经被他分解成几个连续动作：左手按住桌子（他的手臂看上去有力而粗壮，加上他发达的胸肌和宽肩，使他的上半身极富力量感。他说十几岁时，一个体育团体到学校去挑选游泳运动员。他们一群孩子一顺排坐在椅子上。那个挑选的人一眼就看中了他。说这个行，手指点到他的头上。又说，过来。他走过去了，他完成了那段行走。他确实经常游泳，手臂的力量，还有鼓起的胸肌就是那些温柔的水给予他的。他说在水里，他的右腿不能摆动，他像一条伤了右鳍的鲨鱼。但这丝毫不能影响他在水里行进的速度，也不影响他在水里打架并取得胜利），另一只手则准确地抓住了那只精美的手杖，他站起来了，高大魁梧。

我忙示意身边的两个女服务员扶他。我的身边恰站着两个十八九岁、如花似玉的女孩。她们穿着鲜艳的衣服，梳着我少年时代梳过的辫子。两个漂亮的女孩一左一右搀扶着他。他没有拒绝，而是表现出十分合作的态度。我从他的背影看出，他是那么愿意让女孩搀扶着，鲜明的愿与俗世亲和的人生观已经被他一笔阐明。

我坐在那里，抓住了这个凝视他们背影的时机。两个女孩，头刚及他的颈部，体态婀娜。他的身体仍随脚步倾斜，这顽固的倾斜，不是两个女孩的搀扶就能矫正的，甚至不能减轻一点。他的右脚，像是每一步都恰踩在一个5厘米的深坑里。他的身体对这个等待他右脚的深坑，没有一丝察觉。他右腿上的裤子呈现明显的飘摇和空荡。我不能再看了，我缺乏铁石之心。我的目光越过玻璃，停留在脚下的江水和江边一团团絮状垂柳。

我不能把我的目光永远安放在江水和飘动的柳枝上，我的目光还肩负着重任。他们已经走到了洗手间的门口。两个女孩停下脚步，他一个人走了进去。女孩站在门口，是觉得应该再把他送回来。

也许5秒，也许10秒，卫生间里传来巨大的声响。接近一个花盆从高架上坠下，陶制装满泥土的器皿在重力的帮助下，突然同瓷砖地面发生不可救药的撞击。响声不是单纯的，而是一个有强有弱、层次感很强的连续组合音——陶器与瓷砖撞击的脆响；泥土紧接着对这个声响进行了比较有效地瓦解和遮蔽，声响的尾音就有了泥土沉闷、浑厚的因素；然后是碎裂的瓷片在地面滑行的摩擦音，泥土迸飞的声音。

两个人扶，还让他摔倒了！当所有余音都如陀螺一样停下来时，我已快步赶到洗手间的门口，在推门进入的瞬间，没忘指责那两个本无过错的女孩。我的愤怒绝对来自他的摔倒，但她们的年轻漂亮也部分地影响了我的情绪。她们可以既年轻又漂亮，但她们最好别出错。

他坐在洁白的地上，木手杖如冰上玩耍的孩子，已顽皮地滑到洗手盆的下边去了。

他扬起脸笑了，继而对于自己的跌倒现出迷惑的神情。

面对这个残局，我思索了6秒，就将两只手插入他的腋下，试图把他抱起来。我努力了两次他都纹丝不动，似一只无人能撼动的青铜鼎。在我徒劳地想把他抱起来的过程中，他没做一丝合作的努力，并用一种局外人的神情注视着我的动作。我的饱满的激情并没有感动他，他冷静地坐着。当我第二次努力失败后，第三次的激情已无从酝酿。这肯定不行，他下结论说。他的这种冷静、理智的态度，好像我努力要抱起来的不是摔倒的他而是他身边的一块石头，对于如何才能抱起这块与他毫不相干的石头他持有自己的看法，在尖锐地指出了我的错误后，抛出了他的已经酝酿成熟的建议：把手杖给我，他说，又把不拿手杖的那只手按在了我的肩上；手杖有橡胶头的一端已经抵住了一个稳妥的、能够给足反弹力的地方；有知觉的，被老朝医挽救的左腿已同地面成直角，当将这一切准备就绪后，他开始向"站立起来"的陡坡上攀登。

我突然明白他为什么对于我抱他起来的做法不合作也不感谢，因为他站起来没那么简单！他跌倒后的站立，一需要坐在那里积聚力量，二需要观察环境，找到着力点，三还需要信心和勇气，甚至需要站立的理由。他每一次的站立都经过这一复杂思维。他的站立是需要思考和谋划的。

压在我肩上的手在逐渐用力，我在这重力的压迫下，像一根木桩，被一寸一寸打进土层；我像一艘停在码头上的货轮，巨大的吊车正在向我的货舱里装上沉重的货物，吃水线在缓慢下降。

1964、1965、1966，"科学"的首次介入

1959 年，我 5 岁了。老朝医死了之后，我的右腿陷入了一个冰凉的世界。虽然奶奶持之以恒地给我喝那虎骨酒，但死去的老虎的骨头，对我陷入昏迷的腿部神经无能为力，相反倒使我逐步滑入迷恋酒香的深渊。这时，父亲的出现，使我离开了奶奶，离开了浓香的虎骨酒。我的师长父亲，用一辆美国吉普把我接回了 T 市。父亲的 76 师驻扎在那里。

父亲忙，母亲也忙，虽然她已转业到了 T 市地方政府，但她还是领导。我和姐姐只好在部队的干部食堂吃饭。我的家里几天都不升起一缕炊烟。我的母亲在她 70 岁时仍不放弃她讨厌孩子的立场。她不管我们，更仇视厨房。父亲只好雇了一个保姆。我家的保姆是个山东老太太。她总是煮满满一锅米饭，每次都剩下。当问她为什么一次煮那么多饭时，她忧虑地说，我怕不够吃啊！老太太有太多的饥饿记忆。

一天，我和姐姐正在部队干部食堂吃午饭。我从餐桌上一回头，看见从门口涌进来一群像鬼一样的人。我吓得哇哇大哭，然后跟跄地奔跑。在乡下，奶奶总是给我讲鬼故事。还常带我到庙上去烧香。那庙里的泥像十分吓人。我看见进来的这些人就是奶奶故事里的鬼，也像那庙里的泥像。鬼来了！我一边哭一边吃力地跑，我被吓得魂飞魄散。

一个叔叔抱住我，他笑着说，他们不是鬼，是西藏的演员。晚上叔叔带你去看他们跳舞。他们也会唱歌。

不久，与奶奶的虎骨酒和老朝医的针灸迥异的治疗开始了。

父亲 76 师的卫生所，来了一批日本进口药。这药是只给高级军官用的。给我用的原因是我是高级军官的儿子。每天往我的肌肉里注射的药品叫三磷酸腺苷，现在很普通的药，但六十年代国内不能生产，需要进口。六十年代的进出口贸易是沿着一条多么细窄的小路辗转通过，那通过的药品的昂贵和紧缺就可想而知。因为紧缺，它就昂贵，因为昂贵，它就神秘，因为神秘，它就包治百病了。其实，三磷酸腺苷与我的腿疾完全驴唇不对马嘴，它只不过是一种缓解剂。肌体酸碱不平衡时，肌肉会抽筋。三磷酸腺苷就是缓解肌肉抽搐的。这种对我的腿不可能有一丝建树的进口药，我打了一年。据说这种药有成瘾性。我年幼，没懂这种多情的药物给予我的暗示，一年的时间，它持续的努力也没能同我的肉体建立起缠绵的不能分离的情感，它给我留下的密密麻麻的针眼，疼痛的针眼，反倒激活了我体内的暴力细胞。我每天都要去打针，而我的同学则不打。我的阴暗心理在一次比一次疼痛的针扎下逐渐形成。我跟护士要了一个注射器，然后灌上凉水，偷偷地藏在身上。上课时，我趁同桌正傻呵呵地全神贯注地听老师讲解四则运算法则的时候，照着她的屁股，给她打了一针，而且还把那针里的凉水推进去一部分。

如果说 1964 年的三磷酸腺苷以科学的姿态首次触碰了我的肉体，对我的身体进行了长达一年的侦察和掌握（虽然它没能触动我的肉体神经，但它对我的肉体的勇敢介入打开了科学医治进入我的肉体的大门）是大胆而盲目的，那么 1966 年的大手术则是在强大的理论基础和权威医疗阵容的密切合作下对我的肉体的全面进攻。一把锋利的手术刀，果断地、信心百倍地切开了我那只有10岁的皮肉。

消息的来源是父亲师部财务科的一名助理。他告诉我父亲，省城902医院从北京来了一位教授，专治小华的病。六十年代的教授，是多么稀少，他们像进口药一样紧缺，足以让一切人毫不犹豫地信仰他们。父亲又派了一辆美国吉普，送我到了那家有教授的部队医院。我至今记得那辆美国吉普超大的方向盘。父亲的部队刚刚从朝鲜战场回来不久，那些美国吉普想必都是从狼藉的战场上打扫回来的。

我的腿疾学名叫脊髓灰质炎后遗症，也叫小儿麻痹后遗症，也就是腿部运动神经同大脑指挥中心失去了联系。我的腿虽然长在那里，但大脑的神经系统已经怎么也找不到它了。两个部件都完好地存在，中间的联系道路被毁坏了。这如同孩子和母亲，孩子走失了，母亲找不到孩子，孩子也找不到母亲。而治疗的正确思维不是让孩子和母亲见面，而是修复母亲与孩子之间相通的道路，也就是让孩子和母亲知道对方的存在，并且能通话。我的腿部神经与大脑的神经联系被病毒从中间破坏了。对我的正确治疗就是修复这段遭毁坏的道路。老朝医用无数的钢针，花了一年的时间，再加上他神奇的手法和正确的治疗思维，已经为我修复了一条道路。剩下的这一条，将由一位医学权威来修复。

医学权威摒弃了老朝医踏出的已闪现曙光的道路，他靠着非凡的勇气和惊人的大胆重新开辟了一条方向完全相反的道路。

他的治疗理论是这样的：从右侧腰大肌的5束肌肉中分离下来2束，像剥香蕉一样剥下来，肌肉的下端不分离，然后将这2束肌肉从臀部的皮下穿过，连接到右腿的外展肌群的顶端。这样，腰与腿就被这2束肌肉衔接了起来，从而实现利用腰大肌带动无知觉腿部运动的理想。

这个治疗理念在物理上是合理的、无懈可击的。两个木棒，甲棒动，乙棒不会跟着动，但要是将甲乙两个木棒捆绑在一起，情况就不同了。动甲棒，乙棒是一定能跟着动的。但教授忽略了一个至关重要的问题：人体不是木棒。人体没有木棒听话。人体的运动不靠物理手段，人体比木棒高级，也比木棒难对付。另外，肌肉不是零件，不是砖石，不可以随便拆装和挪动。简言之，教授的理论是用物理手段，也就是修篱笆的手段，解决人体的神经问题。他的思维是何其大胆和朴素。世界在他的手下，删繁就简，曲线瞬间就变成了直线。

1966年3月16日，这样的手术开始了。我的父母，还有所有知道这个手术的人，都坚定不移，通过手术，我将摆脱一瘸一拐，一条腿长，一条腿短，一条腿粗，一条腿细的历史；我将在那2束强健的腰大肌有力的收缩和伸展下，行走如飞，至少是步履稳健。

给我麻醉的麻醉师，其名气绝不在那主刀教授之下。他是1965年全军大比武中脱颖而出的优秀麻醉师。当我被收拾干净，摆放到手术台上后，那个优秀的麻醉师就向我走来了。他的手里拿着一个小乙醚罐。我10岁，顽皮而淘气。我一点也不想好好合作。我想尽一切办法拖延那个手术。我一会要喝水，一会要撒尿，一会要拉屎。其实我头一天就被彻底灌肠了，我的胃里空空，肠子里更是干净。连个屁我都没有了。我用尽一个十岁孩子的所有办法，将那个残酷而无用的手术尽力推远了一厘米。我拖延了能有10分钟，麻醉师手里的小罐还是扣到了我的脸上。他让我随他一起数数。在他的经验里，数到50个数，人就深度昏迷了。可我数过了100，又收过了200，优秀麻醉师在我清晰的数数声里，冷汗直冒。我是在259这个数上中断了与这个物质世界的联系的。我觉得突然从床上掉了下去，抱住医生的腿满地转圈。

手术按计划做完了。我右侧腰大肌中的2束，在教授的动员、号召和亲自带领下，整装出发了。它们顺着我的腰下行，穿过臀部地下刚刚挖通的隧道，在天亮之前，抵达了我的右腿外展肌群的顶端。两块肌肉终于在指定的地点胜利会师了。它们被羊肠线整编成了一支军队。它们知道了团结的意义。至此，我腿部那陷于瘫痪的外展肌群，得到了我腰大肌一部分兵力的有效增援，其斗志得到空前鼓舞。

由于我吸入了多于别人5倍的乙醚气体，我能不能按时苏醒过来，优秀麻醉师已经一点把握也没有了。如果我被那团黑云般的乙醚气体裹胁着直上了云霄，那么地上的麻醉师将因为我的灵魂的飞升而受到严重处分。大罪是没有的，但那优秀两字再冠给他就是极不恰当的了。我的生死，威胁不到他的生死，仅仅威胁到了他的优秀。要命的就是麻醉师已经习惯了优秀，适应了优秀的高度，如果优秀离他而去，如果麻醉师的前面被剥去优秀两字，就如同在冬天里剥去他的棉衣。赤身在零下30度的环境里怎么存活？优秀不是桂冠，而是御寒的棉衣。优秀带给他的温暖已使他对它一刻不能分离。因此，在我昏迷的床边，麻醉师也许比我的父母更盼望我的苏醒。

第二天，24小时后，是应该苏醒的时间，我没有苏醒。麻醉师已经开始哭了。他一定是感到冷风吹到了他的肉体上。第三天，两个24小时后，我终于醒了，我终于保住了优秀麻醉师的优秀。

但我苏醒后出现了声门闭锁的危险情况。严重的闭锁是堵住了呼吸道。人会窒息而死。我的情况略好，呼吸道半堵半开，呼吸没有问题，活着没有问题，但我不能说话了。我不知道我不能说话，我妈见我醒了，剥了一块饴糖给我吃了。我觉得很好吃，就想再要一块，这时，我发觉我发不出声音。我的嘴徒劳地张合着。母亲看我的嘴动，却不知道我要干什么。后来我看见邻床小孩在吃糖，我就用手指一指那个小孩，母亲才明白，于是第二块糖才到了我的嘴里。

他又一次从我的对面站立了起来，高大的身躯碰响了桌边的碗盏。我陡然紧张起来。他坐着是多么好啊！他不能站起来，我害怕他站起来。他像一挂鞭炮，极容易稀里哗啦地响起来。

正是饭口时间，服务员都在不停地走动，报菜、走单，人人急匆匆的样子。原本站在我身后的两个女孩，已经不知去向。

他被几瓶啤酒浇灌后，肢体的平衡更无从把握。他右手拄着手杖，我便站到了他的左侧。我比那两个女孩略矮，头刚及他的肩。他毫不客气地把左手按到了我的左肩上。我知道我此刻同右侧的竹节状的手杖功能相同。我以为算我两根木棒的支撑将会万无一失。再软再弱的身体，即使走得不矫健，走得歪斜，但决不至于跌倒。

也许5步，也许只有2步，像是一脚踏翻了陷阱上虚设上去的盖子，跌倒的速度是非常快的。这种快是我的经验里完全没有的。我也不止一次跌倒过，但每次，我的肢体都对跌倒做了一些抵抗，以干扰跌倒的速度，使之减慢、改变方向，最后不了了之。我缺乏这种轰然的、无意识跌倒的经验。他的跌倒就是这种迅雷不及掩耳式的。他不仅自己迅速倒下去，还有多余的力量将我也一同裹进这个迅速向大地倾塌的旋涡。

我在跌倒的瞬间似乎失去了意识，我完全没有关于跌倒的预感和记忆。等我明白过来时，我已重重地压在了他的身上。我有60公斤左右，所有骨头都被皮肉包裹得很好，我压不伤他。

同我们擦肩而过的一个女服务员手里捧着的瓷碗掉到了地上，不过那瓷器碎裂的响声被女孩的尖叫压在了下面。西红柿红色的汤汁如血液般从他头部的左侧地面向偏右侧流淌而来。如不快些站起来，那些红色的液体，将威胁他的头颅。他的头上是一些柔软的头发，羊毛一样卷曲着。

相同的试题，二十分钟前已经演算过的试题，又一次摆在我们的面前——站立起来！

这是一道奇怪的算题。每一次计算的难度不是减少而是增加。相同的算题，但两次给出的已知条件出入甚大。上次的条件是一个相对私密的空间。卫生间白色的墙壁不帮助我们，但也没有压迫我们；这次我们倒在了一个公共空间里，倒在酒店大厅的中央，倒在几十人目光的射程之内。我们将在这里，完成难度陡然增加的简单计算。

第一次站立的尝试我们失败了，在没有爬到站立的顶峰之前，我们又一次滑下了山坡。第二次站立的勇气和信心突然丧失。丧失信心的是我和那只拐杖。我和它同时看出他的腿，尤其是左腿已被酒精麻醉，陷入完全的瘫软。当站立的重任压在纤细的木拐和我这个手无缚鸡之力的女人的肩上，我和它是无论如何完不成这个难度系数极高的动作的。

我和他还有它坐在地上，我们的四周是围墙一样的目光。它们比卫生间白色瓷砖的硬度更高。我没有向那些茫然的目光发出目的明确的号召，他也许需要休息一下，我也需要休息一下。

两分钟后，酒店干练的女老板，带来了两个服务生。他被两个男孩架起来，半抱半拖，来到卫生间的门口。

他的情况是绝对需要两个服务生完全彻底的帮助才能完成在卫生间里的一系列动作的。但他进了门就说：你们两个——滚蛋！语气轻巧而果断。我听出他对同性帮助的厌烦和不领情。两个男孩同时松开了手。滚蛋一词的尖刺，使他们不计任何后果。

我就站在他的身后。他在门里，我在门外，一步之差。他在我迅速向他迈出这一步的同时，轰然倒下去。他的近80公斤体重压在了单弱的下肢上！我的心脏几乎停跳。

1970、1971、1972，"科学"的再次介入

转眼我15岁了，长成了一个瘸腿但高大的少年。我的身高已经超过了1.70米。乒乓球、游泳这些体育项目，我都玩得很好。同龄的孩子很多都不是我的对手。我的功课也好，我不服任何人。可是我突然发现，我们那个部队大院，和我同龄的孩子几乎一个也没有了。我高大的身影在突然空旷的院子里孤独而歪斜地飘荡。

他们都穿上军装走了。在这些离我而去的少年里，包括大我一岁的哥哥。我想当兵啊，可我当不了兵。我的性情变得阴郁，又表现得十分暴力。只要惹到我，只要被我抓住，我敢下死手。那段时间，我打伤了很多人啊。我的恶劣惹起了公愤，一些孩子联合起来对付我。我常遭到一群对手的围攻。我对于伤口和流血已经没有多少感觉。这点血算什么，我流的血多了。但流一次血，我就能安静两天。我似乎需要流一些血。

这时，院里的一位叔叔，拿着一份《解放军报》给我的父亲，报纸的头版头条是《毛泽东思想的伟大胜利》，副题是"中国人民解放军＊＊＊医院攻克世界不治之症——小儿麻痹后遗症"。这个标题是700磅的通栏标题，左下角配发了医生做手术的照片。全文两版半。最后的结论是

治愈率 98%。

我为了当兵，又一次向科学屈服，向权威报纸妥协。我又坐上了那有着巨大方向盘的美国吉普。

这次的治疗理念，已从物理疗法的泥淖中跋涉了出来，踏上了神经疗法的正确道路。应该说，大方向是找对了。

弹拨神经疗法。理论依据：神经睡着了，睡得香甜，睡得很死。必须对沉睡的神经进行刺激以唤醒它们。但小儿麻痹后遗症的神经睡得太深入，一般的刺激已经无力抵达它的睡梦，所以要进行强刺激。针灸疗法为什么有效？因为针灸就是刺激神经疗法。但他们认为，针灸用的针实在太细了。针细刺激的力量就小，发出的呼唤神经的叫喊就微弱。传统针灸那细得近似无的针尖，怎么能担起唤醒沉睡多年的慵懒、涣散、毫无责任心的神经的重任？那些懒散的家伙，得用粗棒子猛揍！事情分析到这里已经很明白，得用粗针。但粗针会留下很深很大的洞眼。圆洞状的伤是易感染不爱恢复。这是一个医学难题，况且针灸一般都要留下许多个针眼，这容易把人体戳成筛网。论证到这里，增加针的直径的思路就走到了尽头。陷入僵局的军医们的思维开始向四周突围。突然，一个年轻的军医找到了另一条道路：他说，针对这种干柴一样的老中医拿惯的家伙，我们为什么不把它扔掉呢？我们的手里不是有刀吗？

在困境中找到出路的弹拨神经疗法的具体步骤是这样的：先在那选定的神经穴位的表皮打一点普鲁卡因（局麻药），然后切开一个大约 3 厘米的口，再然后用粗壮的、比针灸针强壮百倍、千倍的止血钳子，从切开的入口插进去。强力野性的止血钳子从切口进入后，就以一种一往无前的劲头，穿越新鲜、娇嫩、颜色鲜艳的肌肉丛，直抵深处的骨骼，最后它猛地合拢，紧紧咬住这束惊慌失措的肌肉。那藏匿在肌肉里的神经也就跑不掉啦。接下来的半个小时，要不停摇动、弹拨那节露在皮肉外面的钳子。

神经都是些胆小而敏感的孩子。它们被圈在一个狭小的圈里。门被死死地插上了，而驱赶的鞭子在不停地抽打着它们。它们在圈里疯狂地转圈，疼痛地大叫。它们都疼得疯了。我至今无法描述那种疼痛，只有体验才知道。

这样的手术我做了15次，每次间隔半个月，每次至少四个穴位。我的肉体每次至少插进四把止血钳子，它们还被不停地摇动。弹拨结束，那条被抓捕被折磨得发疯的肌肉还得被一条羊肠线捆绑，不让疼痛的翅膀收拢、降落。疼痛被拽成了绵长的丝线，以供我在间隔的15天里细嚼慢咽。

他跌坐在地上，低着头，保持着跌倒时的姿势。没有知觉的右腿在倒下时应向右侧伸出，但右侧恰是台阶，它阻挡了向前伸出的腿，但他沉重的身体仍向它压下去，这致使那条腿同身体的角度十分可怖。那是一种我从未见过，也无法理解的角度。瞬间的惊恐后，我立即动手修改这个明显的错误。他急切、痛苦地说，别动，别动，我在他的哀叫声中迅速而果断地将那条腿像摆积木一样摆放到它原来的位置上。我的手抖得像风中的丝巾。

他低着头，大口喘气，试图将疼痛从呼吸道带走一部分。他的腿是不是已经骨折？需不需要担架？他的伤情是个巨大的问号。

卫生间白瓷砖的地面，有一层薄薄的积水。洗手盆上的水管似无法关死，水不停地有节律地滴下来，计数着时间。地上的水，都变成了有脚的动物，响声惊醒了它们。它们都向他的身下爬去。他成了一块吸水的海绵或水爱吃的食物。灰色的裤子贴近水面的部分已经吸饱了水，颜色加深了，致使它的颜色和质地越来越接近水泥，并随时可能同地面凝结。

他抬起头，目光中飞出一群惊恐的翅膀。

别怕，我迅速抱住他的头，同时咬紧牙齿，不让它们有磕碰的间距。我有过从水里抱起一只奄奄一息的猫的经历。那是一只狸花猫，在我到来之前，刚被两个小男孩在水里浸了半天。它最后已经无力挣扎了。小男孩觉得再浸它已经没有什么娱乐价值，就丢下它玩别的去了。它倒在水稻田里，周围都是碧绿的秧苗。水不深，它身体的一半浸在水里，一半浮在水面上。身上的毛湿透了，粘着泥浆，这使他的身体看上去很小。它的身体在秧苗兰花状叶子下偶尔抽动一下。

他坐在水里，像被巫师施了魔法，就要在我的面前变成一块石头或一块水泥。我的手在咒语的压迫下不停地颤抖。它触了一下他的额头，湿冷的汗水顺着我的手指爬向手臂。

1957 年的白百破疫苗

1957 年，父亲的 76 师还驻扎在北朝鲜的大榆洞。我两岁，没见过父亲几面。这一年的夏天，父亲回国探亲。

在我们那个军队大院，穿军装的男人是从不抱孩子的，那足以让人耻笑。其实抱孩子暴露了人性中温柔的一面，而军人是不能让这一面露出来的。父亲也从不抱我们。我记得一岁的时候，父亲想看看我。我躲着他，他伸手从窗帘的后面把我抓到了。他用一只大手抓住我后背的衣服，把我提了起来，提到与他的目光水平的高度。他就用那种姿势看了我半天。我挣扎哭叫，像一个被天敌逮住又绝无逃脱可能的小兽。别人家的孩子父亲不抱，还有母亲来抱，而我们家就完了，母亲也是军人，她也不抱孩子，这就造成了我们从小没人抱。要不是我还有个奶奶，我将不知道长辈怀抱的温度。我至今不能原谅母亲漠视性别漠视孩子的人生态度，她造成了我对异性的病态，既渴望又痛恨。我很难同女人心平气和地相处。回忆我短暂的婚姻史，那总是硝烟不停。我打跑了两个妻子。

1957 年的夏天，我两岁；1957 年的夏天，父亲从朝鲜回国探亲。也许是父亲离开我们太久，对我们吵闹的厌烦已经被思念所消解。总之，1957 年的夏天我们家发生了一件事。事实证明，这一事件打开了我漫长一生的苦难之门，使我整个生命随之改变颜色。我从不抱孩子的父亲，在 1957 年的夏天，突然抱起了我和我的哥哥。两个儿子，他一起抱了起来。那绝对是抱，而不是提起来，也不是摸一下头。父亲用他的胳膊，把我和哥哥轻轻地、充满喜爱地抱了起来。

原来，父亲抱我们是有个原因的。院子里的小黑板上写着一行字：1～5岁的儿童到后院的卫生所打白百破疫苗。父亲看到了这行字，又想到了他的两个儿子都在这个年龄段里。于是他就抱起了我们。其实，当时我们家有奶奶还有个保姆，父亲可以转告她们带我们去，但父亲决定亲自抱着我们去。其实，他就是想抱一抱我们，打疫苗是个借口。

父亲抱着我们，走向那个卫生所。父亲不知道，他的稳健、有力、标准的军人步伐，正在将他的一个儿子，送向一个无底的深渊！

其实，我和哥哥都是从长托幼儿园被母亲接回家的。我们的幼儿园正流行一种奇怪的传染病。症状是高热，病因不明且无药可医，但5～7天往往自然痊愈。我和哥哥都被传染了。其实，那个传染极强的怪病，就是脊髓灰质炎。我和哥哥都处在自然恢复期。我的体质好，肢体运动的欲望特强，我一刻不停地玩着，哥哥娇气、体质差，他仍病恹恹。

父亲抱着我们来到了注射室，打针的护士看了看我们，说，这个（我哥哥）不能打，他像有病；然后又转向我，这个行。她毫不犹豫地把那致命的药水给了我。强健的我遭到了彻底的破坏，而病弱的哥哥因其病弱得以逃脱。我在那个注射室里表现得兴奋而精神，其实我和哥哥一样都在低烧。

针管中挤满死去细菌的水滴被植入我的血液。它们成功地激活了我体内处于假死状态的脊髓灰质炎病毒。那些被我的免疫系统的猛烈炮火压在山脚下不能动弹的脊髓灰质炎病毒，在得到几乎是天兵的白百破细菌的有力增援，个个起死回生，露出狰狞面目。它们突然长高长大，武器也突然进化了。当天晚上，我突然高烧。这个高烧的过程，就是那些突然强大起来的病毒，拿着新式武器，开始向我的坚固的免疫工事发起报复性进攻。我的免疫军队进行了抵抗，但这次，它们所有的武器都不好使了，脊髓灰质炎病毒突然都刀枪不入了。我高烧了一夜，它们激战了一夜。到了第二天早上，我的所有抵御入侵病毒的战士全都牺牲了。战斗结束了，我退烧了。一种志在把我致残致瘫的病毒全面占领了我的机体。它们统治了我的机体，并迅速毁坏了我的运动神经系统。在此后

20年的无效治疗过程中,我还有那些医生,始终没有找到它们的准确位置,那威力巨大的炮弹都落到了旷野上。杀伤力极大的爆炸没有炸到它们的一兵一卒,反而把我炸得血肉横飞。

第二天早上,我想撒尿,但动不了。我就喊我妈。我妈很生气,她从来对我就没有耐心。她以为我耍赖,就把我用力从被子里拽出来,并照着我的屁股狠打一下。这时,母亲和奶奶都惊异地发现,我的腿像面条一样软。

(在脊髓灰质炎病毒感染期,肌肉注射是引起瘫痪的高危因素之一)

他的头动了一下,然后就听到了他的声音:我行了。站立的细致入微的分解动作,我们又重复了一次。

我们得出去。不能永远待在洗手间里。虽然我们在这个狭小的空间里艰难地找到了平衡(他一只手抓住门,一只手抓住了我)。

能走吗?

不知道。

他在摔倒三次之后,对自己的腿已没有信心。他的腿在酒精的作用下,支持体重的力气,已如精怪的分身之术,精气已如烟雾飞走,只留下了腿的空壳,在这虚应故事。

我无论如何没有力量将他近80公斤体重的人弄到座位上去,我们又没有翅膀。

从洗手间敞开的门向大厅望出去,几个男生都在灶房,正忙得不可开交。女服务员穿梭在十几张餐桌之间,鲜艳的服装使她们看上去像斑斓的热带鱼。我的寻找援助的目光最后落到了离洗手间门最近的一张餐桌上,没人在这桌上用餐。

这张餐桌同我们坐的那张是一样的,也有四把椅子,它们安静地待在桌子的两侧,正互相对视着。它们也是实木的,很结实。木头是最稳固的东西,它们有的曾十几年,上百年甚至上千年地站立一动不动。只有木头能帮助我,它在我需要它时,静静地站在离我不远的地方。它们一定是想帮助我，不然，我为什么在这个时候看到了它们，并认定它们能帮助我呢？

我目测了一下，同最近的那把椅子有 3 米远。这样走 3 步能抓到它。回来还需要 3 步，每步用时 1 秒，这样共需 6 秒。但 6 秒钟里，离开我这个支点，他会不会倒下去？看来必须找到另一个支点，以便将我替换出来至少 6 秒钟。

其实，卫生间里并不缺少扶手，关键是他已醉了，不知道要扶，他三次跌倒都是因为手没去扶。我比一个门把手对他更有意义是因为我能强迫他扶，而门、水管，这些东西则没有什么责任心，它们对他的跌倒漠不关心，因此我就显得不可或缺。

我选中了墙边的水管，它很细但极牢固。

抓住！我大声说。

抓住。他重复了一遍，不然他就会忘掉。

又拍了拍他的另一只抓住门把手的手：千万别松开！

不松开！同时向我信誓旦旦地点头。

他的形状已接近十字架上的耶稣，我仍然不敢离开半步。门和水管毫无怜悯之心，而他则不十分清楚自己的处境。他三次瓷器碎裂般的跌倒已彻底振荡了我的神经，它们已失去弹性。

你向我保证，一定抓住水管和门，一定抓住，别松开。我牢牢地盯住他的眼睛说。我一定是目露凶光的。

他的游荡在由酒精造成的幻觉图画中的眼睛，吃力地望到了我。他的目光离我是那么遥远，像隔着山山水水，像嵌在一个纷乱的梦境里。

看着这种如在另一世界向我吃力回望的目光，我无法离开。它们已无力指挥他的手。他的意志的末梢已被麻醉，而他的手就是末梢。

再重复一遍我的话。我用力抓住他如蚕丝一样细滑、飘荡的目光，死死地拽住不放。

抓住，不松开。他能在精神极度恍惚的情况下准确地提炼出一大堆话中的关键词，而且，他的舌头不受酒精的干扰，吐字清晰。

我的大声喊叫和反复强调是十分必要的。我的声音一定是惊醒了他一部分被酒精麻醉的意识。它们像困倦的守夜人，在一阵异常响动下突然醒过来，然后披上多日没洗的外衣，在哈欠声里推开房门，就着夜半的月光，警惕地巡视着他所管辖的那个大院子……

只需要6秒，他的意识不要在6秒钟内就巡视完，得让它发现点可疑的迹象，这样，我就可以争取到充足的时间。

把眼睛睁开。我拍打他的脸。

你数6个数，慢一点数，我去给你弄一辆坦克回来。在听到坦克一词时他睁开了眼睛，嘴角现出一丝笑。他的眼前一定是出现了一大片雪野，上面蚂蚁似的是德军的坦克。而不远处是苏联的首都莫斯科。他喜欢兵器，当兵曾是他青年时代的最高理想。他的军人情结大概是来自遗传。

有了这些坦克，我迅速转身，2秒钟，我的手就触到了那把椅子，他粗重的声音从身后响起：1……2……3……他数得很慢，一定是雪地上的坦克在行进过程中走得不够规则，有些乱七八糟，这给他数清它们带来了困难。一只母鸡带着二十几只小鸡在松软的土墙下觅食，小鸡们不停地跑动，我数了几次，结果都不一致。

坦克在行进，不时有被苏军的炮弹击中翻倒的，也有一头撞上一棵百年大树，突然熄火，并同后边的坦克撞在了一块。这个时候，他就会懊恼地从头数。

当把抓到手的椅子向外拉时，它的腿同桌子的腿绊在了一起，我一用力，桌子歪到了一边，椅子疼得叫了一声。我听到动物的骨头相碰时的声音。这至少误了2秒。等我把椅子拉进卫生间时，卫生间的门又猛地绊了它一下，它又尖叫一声。我右手拉着一路哭叫的椅子，像拉着一个沉迷于一个没结束的游戏而被母亲硬拉回家的顽童。当我的左手抱住他的摇摇欲坠的腰时，听到他已数到了8。我由椅子支撑着深吸了一口气，身上的汗水汹涌而出。

这时，我的手指触到了他的腰肌。

他的丝绸质地的衬衣（他衣着讲究，还在固执地使用手绢）没有给我的手指带来多少干扰。我准确地找到了他右侧的腰大肌，找到了右侧腰大肌外侧塌陷的沟壑。这是一次荒谬的战斗的遗址，是被一种疯狂思维摧毁的家园。我的手指在这废墟的边上，静穆地站立。废墟往往有力量凝固后人的脚步。我是后人，我比他小10岁，我在他身上的废墟形成的那一年出生，废墟与我同岁。他的废墟与我有关。我的手指突然有了一个决定：它要重走那两束被迫迁移的腰大肌走过的血腥道路。我的手指没有遇到阻力，那条下行的路线，沿途的血液已经凝固，重复的雨水，已经擦掉了一切。时间是个勤快的劳动妇女，她每天不停地擦洗，拂去一切物体表面的灰尘。遮住那伤口的丝绸衬衣，使我手指的步伐顺畅。腰肌上横断的九针所造成的伤口上的阻隔，我的手指没有感觉到，它们被丝绸的滑软垫平了。我的手指努力地辨认、分析，才跟上了腰肌的脚步，而没有迷失方向。我感到手指下的肌肉已经僵硬得如同石头。它们不能伸展也不能收缩，它已经死了。它们在离开家园的当天就死了。在手术刀开辟的血肉模糊的道路上行进的不是一支军队，而是一个被杀害的孩子。我手指触到的是他的尸体。他被埋葬了40年。他的坟墓长20厘米，被17道横线捆绑。40年前雄心勃勃的战略转移，实际上完成的是对一具尸体的掩埋。

2000，和奔跑的女儿

我的女儿已经16岁，长得像我，也有一丝她善舞的朝鲜族母亲的印记。可她不穿裙子，不留长发。我是那么喜欢裙子和长发装饰的女孩。我的女儿似乎还不知道自己的性别。她穿男孩的衣服，理男孩的发型，说话也是男孩味。

当她十几岁时，我看见她的身体发育起来了，就给她买回了两个胸罩。我还认认真真地跟她说了一大堆话，我的重点就是提示她的性别，然后论述了胸罩的意义，最后我郑重地把那两个乳白色的胸罩递给了她。我的傻女儿，开始还瞪着眼睛听我说，当她看见胸罩时，她一把抓过去，然后用力扔过来，打在我的头上，她认为我侮辱了她。我对女儿青春期拐弯抹角的性教育宣告惨败。此后我不敢再尝试，就让她自己摸索吧。

但我的女儿有一点让我满意甚至是骄傲。她善跑，从小学到中学，她是学校的体育明星。每次我女儿的学校开运动会，我都找个视觉开阔的地方坐下来。我安静地坐着，一坐就是一天。只要有我的女儿从运动场上掠过，她总是跑在最前边。她矫健的长腿是那么有力，那么美！仿佛我的体内被打入死囚的运动精灵在我女儿的双腿上复活了！能奔跑是一件多么幸福的事啊！每当女儿如飞鸟一样从我的眼前掠过，我就忍不住泪流满面。

这辆木质坦克没有轮子。但这并不妨碍它像一辆真正的坦克一样在酒店的二楼驶过。我们的道路异常平坦。白、绿两种色块拼接的地面，连接缝都被精心处理过了。椅子擦过地面发出尖利刺耳的声音，像凛冽的北风刮过雪野时折断的枯草发出的尖叫。手杖被他拖在手中，木质手杖同瓷质地面相碰发出极清脆的吧嗒吧嗒的声音。

他坐在木椅上，由我推着，像从前线负伤的士兵由穿白衣的护士推着，走在后方医院静谧的林荫道上。

但那十几级楼梯是我们无法逾越的，必须等到他的腿恢复了知觉，等那些如魂魄一样飞离的力量，游玩够了回到他腿的肌肉中，才有可能回家。以我的经验，这至少需要4个小时，也就是得下午6时他才能大致清醒。这个下午就要在这酒店的二楼度过了。

桌子已被收拾干净。他不能再喝酒了，更不能再上卫生间了。那个地方对于我和他是个噩梦丛生的荒野，是个羁绊夜行人脚步的坟地，我们刚刚绕了一夜，总算在一缕晨光的指引下走了出来。

坐下来后，时间就像突然长出的藤萝，在我们的周围攀爬、生长。一会就将我们织在它细密的网中。它们在静静地抽叶，伸出动物触须一样的东西，抓住一切能抓住的物体，然后爬上去。叶颈上长出细小的花蕾，然后一点点伸出头来，像个会爬的双角蜗牛。花蕾在长大，如不断充气的气球。

我要回家！他的声音几近哀求。

我们下不了楼。我急忙指明我们的处境。

他仍自言自语，反复说出的就是"回家"这个词语。

不许闹！我瞪圆眼睛，再不听话，我走了，把你留在这过夜。

他嘎嘎嘎笑出声，那天黑以后我把这屋子里的酒全喝光。他的笑声像沉默的猛禽的叫声。

我趴在餐桌上，准备闭上眼睛休息一会，同时命令他也照我的样子做。我不可能在精神受到极度惊吓的状态下睡着，我只想休息一会，我刚从惊涛中救了一个落水的人，把他拖到阳光灿烂的沙滩上后，我也想在沙滩上躺一躺。可能由于极度的疲劳，不一会，我的意识开始模糊：一直在我眼前清晰的一座房舍，忽然扭动起来，像是动荡的水中的景物，而残存的一部分意识敏捷地抓住了在我的头发上游动的小东西。那像是一只老鼠正用嘴嗅我的头发，又像幼童从高高的滑梯上一次次滑下。

一定是他在摸我的头发。我没动。在是让他这样沉迷下去还是中止他的游戏上举棋不定。

他的玩法有一点变化。由从头发表面的抚摸到将四根手指插入头发里像梳子一样滑向发梢。被头发绊住了，他还很细心地处理好头发之间的纠葛，最后顺利地到达发梢。

我忽然想看一看他的脸是什么样的神态。

我抬头的速度是极快的，足以凝固他脸上的一切。然而一切都没有停下来。他仍然理着我的头发，对我的抬头现出不理解甚至不满，因为我的抬头使他的动作受到了阻碍。他的目光专注在我的头发上，什么也没看见。他没看见我！

他像要同手里的头发说话，但欲言又止。似乎一切头发都应该明白，无需他说了。那些话仿佛雨后树叶上挂着的逐渐加大的水珠，随时都可能滴落下来。他处在那种随时都可能开口同眼前的头发轻言细语的状态。后来我听到他发出了声音：唉——这不是叹息，而是呼唤。声音又轻又低。他在喊头发。他已经撇开了我，单独同我的那些头发建立了友谊，或者说我的头发已经对他产生了好感，或者他们互相产生了好感。我猜他的呼喊那些头发一定是听到了，并且用自己的我无法听到的头发的声音作了让他明白的回答，不然他的脸上为什么是那种满足的微笑？

我怎么能破坏这个微笑？我怎么能击碎水面上那么圆的黄月亮？我的头发如果能蜿蜒成他通往幸福回忆的通道，那就让他从我的头发上走过去吧！我不知道他从我的头发搭建的桥梁走过后，到了一个怎样的世界，但他的肉体躯壳还在70厘米宽的餐桌的对面，我的头发贡献给了他的精魂，但他的肉体仍需要我来看护。

我伸手抓住了他的手，建议他趴在餐桌上睡一会。睡眠能造成缩短时间的错觉。我希望他能睡着，让肉体彻底的静止，精魂就会跑得更快。我不知道他在梦里是否能奔跑，我失明的母亲在梦里能看见一切。母亲说，我爱做梦。但母亲是晚年失明，她有60年的看见的经验，而他从2岁瘫痪，他没有稳健行走和没有跌倒之忧的奔跑的记忆。他在梦里是不是还会跌倒？我担心他的梦境。

我睡不着，他说，并挣扎着不肯睡觉。

我把一只手放到他的背上，一下一下拍着，嘴里哼出一支古老的只有一句歌词的摇篮曲。我希望他睡着，并期待着他的梦境。

尽管他对我把这支5岁以下儿童的摇篮曲用到他身上略有意见，但他还是如我期望的很快在这只古老的歌谣的包裹里睡着了。

墙上的钟指向下午3时，还有3个小时。

我也睡吧，他均匀的呼吸对我是个催眠。我也需要体力。3个小时后，他仍需要搀扶，他回家的道路上，我的身影已不可缺少。桌子有点窄，我同他几乎头顶头。他是一头自然的羊毛卷发，美丽极了。我是直发。我们的头像两只温和的草食动物，刚刚吃饱了嫩草，连反刍的工作都已经做完，现在，它们要睡觉啦。

在我的意识像一片云一样飘过山冈，消失在天边之前，没来得及将搭在他背上的手移回来，而他的另一手也在他"不对"的呓语中重新滑到我的头发上。这是我们在一张 70 厘米宽的餐桌上相对而眠，看上去是一幅极为浪漫的图画。

《布老虎散文》2006 年

坐在呼吸的空白地带

我四处寻找他的呼吸声：卧室里没有；庭院里没有；公共汽车上没有；城外沼泽地里没有；窗帘的褶皱里没有；吊灯的玻璃罩上没有；我的食指上也没有……

从他的呼吸，那些遍布细节的声响里，我能准确换算出他喝了几两白酒。他是个酒后兴奋的人。酒精不能麻醉他的语言系统，也不能麻醉他的腿、胳膊、手和脚。酒后回来，他像一棵风中的大树，枝叶晃动而主干倾斜。

空旷的客厅里，有我看不见的他的朋友或敌人。让他在沙发上坐下来，口语、书面语、甜言蜜语都是无效的——他听不见我说话。他就在我的眼前创建了一个他的空间。我被留在他的空间的外面。我进不去——我的语言进不去。他在玻璃罩里正在和他的战友、哥们进行交流——热烈、亲密。但是他处境危险——家具的所有棱角都在等着他。几次他都奔着茶几的直角、沙发扶手的弧度去了。这时，我就放下了语言。我的身体一下子就进入他的空间，并迅速投入治理这个空间秩序的劳动中。如果从窗外看，我和他的姿势特别像打架，而且难解难分，势均力敌。当我的身体透出汗水的时候，我就打赢了这个战斗——他被我控制，终于坐下了。我的目标就是使他坐下，最好是坐在沙发上。最后的结局没有向最好的方向去，他坐地板上了。如果从窗外看：我站着，他像跪着。从这个姿势看，我也是赢了，而且赢得很彻底——那男人都跪下了啊。我换算的结果是：他至少喝了一斤50度以上的白酒。喝半斤与喝一斤他所呈现的状态是有很大差别的。喝一斤以上，他呈现那种欢愉的情状，很是好玩。（他的战友孙振，酒后找不到家，但他找到了他家的那个小区。于是他跟人家打听：请问你知道孙振家在哪个楼住吗？被提问的人开始思索。他看见人家想不起来，就在一旁提醒：我就是孙振。）他是怎么回来的我也迷惑。站立不稳的人是怎么走回家来的？我看见他站着是那么危险。一个人的身体姿势如果改变，那么他就突然与四周的一切物体发生冲突。坐下来后，他不说话了——不说话他是不甘心的，他开始呕吐……

已经半夜了，我得把他弄到床上去。从沙发到床上的距离有多远呢？没有多远，可是我感到遥远。一个人处在非常状态，那么距离和时间都将发生看不见的改变。平时几步加一两个转身就完成的距离，此刻突然在我的眼前不确定起来。那个过程我可以写两千字，但是我不写了。要写就写他在那个过程中说的一句话：他说已经早上了，他要上班去。因为他坚信已经是早上了，是早上就应该上班去。上班去的方向跟进卧室的方向是相反的。他向着上班的方向努力，我必须拿出体力消耗他上班方向的力量而有所剩余才能把他弄进卧室。我用体力克服着这句话带给我的阻力。在向卧室前进的道路上，最大的挫折，是他把我也一同带倒在地板上。我没什么怨言把他拽起来继续前进。付出比刚才多几倍的汗水后，我又打赢了这个战斗：他轰然倒在床上；我站在床边喘气。从窗外看，这回我是把他给打死了，正犯愁如何处理这个巨大的尸体。

他躺下了，世界就和平了。我感到身体很轻盈，感到无所事事——那么今天可以结束了。我累了。我真的累了。我进一步把他的身体规范了一下，开辟出一块我可以躺下的空间。躺下后，我的这个身体姿势像个红灯似的亮了一下。这个忽闪提醒我：刚才做的一切，都是应该的，因为这个人他是跟你躺在一个床上的。我困了，更累了。我很快睡着了。

几个小时后，今天就将被结束——今天就将成为昨天。

突然我被惊醒了。我是被静寂惊醒的。寂静它不是空的，它是一种不可见的物质。此刻这种物质挤满了我的卧室。它的数量足以把我从深度睡眠中吵醒。我醒了，看来我的今天还不能结束。今天还有必须做的事在等着我。清醒过来后，我立刻开始了工作。

我四处寻找他的呼吸声：卧室里没有；庭院里没有；公共汽车上没有；城外沼泽地里也没有；窗帘的褶皱里没有；吊灯的玻璃罩上没有；我的食指上也没有……

最后我找到了他的肺部。他的呼吸在他的肺叶里被竹叶青灌醉了。他的呼吸呈液态，有迷人的蓝色。偶尔浮出一个气泡，破碎的声音被他的胸骨遮住了。

我不说话，在这个夜晚我已经放弃了语言。我用我的胳膊我的手，摇晃他的胸肺部分——摇晃他的呈液态的呼吸。我信心百倍地摇晃着他，像一个孩子摇晃一瓶肥皂水。他就是一瓶肥皂水。那些醉醺醺的气泡早晚会被我摇晃出来。果然，肺泡里的水在我的持续推动下如一锅水被不断加热，气泡浮上来，破碎，露出里面的气体。一团一团的气体一出来就开始互相拉上了手。它们找到了出路，发出布满毛刺的声音——被我看见。

这样，他中断的呼吸被我努力续接上了；一条被雪崩阻塞的道路被我开通了。我累了，我真的累了。在他呼出第二口气时我又睡着了——我急于借助睡眠把今天结束掉。

然后我又被惊醒了。这次惊醒跟上次的雷同。

——我被今天的最后一个自然段拦截。

寂静再次涌进我的卧室，而他的呼吸声不知去向。我立刻开始寻找：

卧室里没有；庭院里没有；公共汽车上没有；城外沼泽地里没有；窗帘的褶皱里没有；吊灯的玻璃罩上没有；我的食指上也没有……

最后我找到了他的肺部。他的呼吸在他的肺里呈液态，状如高山湖泊，没有水生动物和植物：一片死寂；一片蔚蓝。

我用力摇晃他的上半身。我没有多少力气。我大汗淋漓地摇晃他的上半身。我不能停下来，我得把那些冷却的液体摇晃成微温的气体。当他在我的奋力摇动下又呼出一口气，就像一个人终于把一辆墙边的破摩托车给打着火了。

我受到了惊吓，睡眠收拾收拾离我而去，我被单独留了下来。留在一个现场——留在一个无法把握呼吸的人的身边。他的呼吸不断地需要我的援助，他的呼吸需要我看守。我坐在他的右侧，身体呈直角——这是个能快速到达发生故障现场的姿势。

从窗外看，我想从窗外怎么也看不出这是咋地啦。

整个一宿，他不停地突然熄灭，我用体力靠重复一个简单动作坚决地把他重新打着火。到后半夜，他就变成了铁皮的，一辆走一步就熄火的破摩托车——这破车的发动机好像一块冰。

我最终把他拖进了黎明。

我的丈夫吴连长，早上从卫生间出来：已经认真地刷好了牙；脸也刮过了，腮部泛着青色。

我披头散发，坐在床上——坐在我抢险救灾奋战了一夜的位置上。我说你得找时间去趟医院，昨天晚上你差点牺牲在我的床上。

吴连长已经穿好了马裤呢军装，从头到脚没有破绽，没有一粒灰尘——他是个对衣着整洁计较的人。他说，耸人听闻。我从来不上医院。我没有病，去也是被抬去。

你呼吸突停，像是在哪里给卡住了。你的呼吸系统有隐患。吴连长说你快洗脸去吧，我怎么看你像精神系统有隐患。吴连长说完就往外走。外面是早上 7 点多，早上 7 点多他得去上班。

现在我看他的背影：一个完整的背影——一个挺拔高大的背影。他凶险的呼吸系统就隐藏在这个完美的背影里。

《美文》2010 年

金银饭

玉米的颗粒大。去掉皮，再加工成4块，仍然是大米的几倍。第一次吃到玉米是我长牙后的那个秋天（母亲怀念原来的农作物，她在菜地的一角种了一些玉米）。我吃到的玉米不是一碗饭，而是一个整穗玉米。以我那样幼小的牙是没法对付那么大的一穗玉米的，但是，我的牙稚嫩，那放在我手里的玉米比我的牙还要稚嫩。这样，我就很容易地把我的第一穗玉米给吃掉了。那穗玉米是用火烤熟的：有的地方呈金黄色；有的地方金黄得过了头，有些黑色了。我感到那玉米很香，比大米饭要香。那穗玉米，染黑了我的手，染黑了我的嘴。还有一部分的黑已经被我吃下去了，它也一定染黑了我的胃，以及整个消化系统。

我见到的玉米，是玉米的低谷时期。它那大片的繁荣景象在我出生前就被我父亲摧毁了。父亲翻手引来了大片水稻，玉米后退，退到我家菜园的一角。在我的记忆里玉米是一种好吃的食品，而不是粮食。我的牙齿记忆着它被火烤出来的香气。

多年以后，我去外地读书。学校的食堂提供给我们的食物以玉米为主。这样，玉米就以粮食的身份出现在我面前的瓷碗里。这时候，我16岁。我离开了父亲的势力范围——这时候我的父亲已经去世了。这导致了我与玉米正面相遇。没有了父亲，我就遇上了玉米。学校的玉米导致了我持续多年的胃痛：我的胃使劲抖动，它激烈反对那些比大米大很多的颗粒；我的胃不欢迎大颗粒的玉米进来；我的胃不知道怎样应对那些颜色鲜艳、颗粒硕大的米粒。但是，玉米仍然每天都频繁入侵我的胃。胃经历了这样的折磨后，做下了病。它变得敏感起来，一惊一乍的。过度敏感会导致判断错误。明明吃的是大米或白面，胃也紧张地痉挛。它太害怕玉米了，因此老是判断出错误。一直过了许多年，胃才平静下来，总算相信了再也不吃玉米了：我的胃痛不治自愈。

又过了许多年，当我主管一个厨房的时候，我总是煮大米饭，总是包饺子。食物不管形状如何，总是白色的。我的饭锅里总是白色的。春夏秋冬总是白色的。我煮的饭的颜色没法如植物一样随四季变化。这时候，有个营养专家就开始在食品杂志上发表文章：他大声呼吁，号召人民起来多吃玉米，多吃杂粮，从而改变餐桌上主食的颜色永远是白色的这种现状。我是个信仰科学的人，尤其在我年轻的时候。我明白营养对人的重要。知道吃食物不应该以是否好吃为唯一准则。低头看完营养专家的几篇文章，发现好吃的东西几乎都没什么营养，甚至对人有害。专家用很大的篇幅否定了长期以来餐桌上的主角，把长期以来餐桌上的主要角色都打上了叉，判了死刑。然后，为人民指明那餐桌下面的，长期被冷落的食物——那被重新指认的食物就有玉米。专家用很长的篇幅论述玉米，把玉米凌驾于大米白面之上。竭尽全力把粗糙但金黄的玉米推上餐桌的最高处。

营养学家开始说话的时候，超市里米的颜色就开始发生变化。当我在杂志上读完学者关于米的颜色的论述，在超市里我就遇到了那些被论述的颜色——许多年，我是不用买米的。我们吃军粮：军粮就都是大米和面；军粮不可以是五颜六色的，那太不严肃了，太有悖军规了；军粮也跟军装一样，要颜色一致。严肃的军粮不但给军人吃，也给军人的老婆孩子吃，我觉得这很应该。就在大米和白面被营养学家否定了的时候，在粮食的颜色要大繁荣的时候，军队却接到了裁军的命令。我丈夫所属驻 C 市的整个 369 师被整块裁掉了。我丈夫就转业了。他从吴连长转成了吴公安——从连长到公安，这是职业上弯度最小的转折。很多连长都抄近路转成了公安。在这些匆忙转弯的人流里，就有吴连长。他身份的改变，直接导致了我们家米饭颜色的改变。我再不能吃军粮了，我得去超市买米。第一次自己买米我特别不适应：在军营住了7年，我没买过米，没买过油。我不知道这些东西的价钱；时间长了，我认为这些东西就不应该自己买，它应该是自然就有的。因此，我第一次自己去买米感到特别委屈——我甚至要哭了：这日子是怎么过的？怎么越来越不好了？连米都要自己买了？

在超市里，我看见被专家肯定的米都有。它们是先有的还是专家发表完论文才有的？我想应该是专家论文在先，各色米等随后——吃饭已经要在理性的指导下进行了。我不是一个顽固的人，我容易被教化，我对专家的论述深信不疑，并决定按照专家的指导去买米，去煮饭。在超市里我看见那么多选择杂粮的人，看来听劝告的人、可教化的人、接受理性的人很多。我灰暗的心情忽然好了。我买了一点黑米，然后我又看到了一种金黄色的米。捏在手里细看，发现它原来是玉米。玉米可以变成这么小的颗粒吗？我从来不知道。它的颗粒已经比大米还小，却又不是粉末。那么它可以煮成米饭。我只会煮小颗粒的米。大于大米粒的米我就不知该放多少水。杂志上的营养学家在论文中，重点论述的就是玉米。我只是在秋天吃一点嫩玉米，等玉米一旦长成熟，我就不爱吃它了，或不掌握吃它的方法了。现在，我的吃玉米的难题不知道被谁给解决了。不知道已经被解决了多少年了。于是我心情好些了。等我买了这些五色米，我就开始了吃民粮的生活。

回到家，我开始了具有划时代意义的煮饭——我做了一锅黑米饭。我做的黑米饭里面放了白米，而且是白米多于黑米。黑与白的比例是1:10。白米远远多于黑米，但煮好一看：整个一锅饭都是黑色的了。白米不是黑米的对手；白不是黑的对手；白色被黑色打败，全军覆没，被整体涂黑——黑以少胜多，在我的饭锅里，取得了一个胜利。原来白米只能在自己的米袋子里坚持住自己的白。把白米与黑米放在一起，再盖上盖子，在漆黑的锅里，白米就丧失了坚持。

吴公安在部队服役十多年，吃白米吃了十多年，突然，我端给了他一碗黑色的米饭。他大惊，说这是什么？我先给他转述那篇营养学家的论文，再讲我在超市买米的所见所闻，所思所想。最后我说：吃吧，这碗饭的主体仍然是你了解的白米，只是在锅里被少数黑米影响了。影响的仅仅是外皮，我想它们的内心仍然是白的。吴公安小心翼翼地把那碗饭吃了，最后总结说：味道还是原来的，就色吓人。又说：这真能使我的头发变得又黑又亮吗？我说能，它能把白米染黑，也应该能把你的头发染黑——你的头发比白米还固执吗？

第二天，我做玉米。因为胃的记忆，我怕它突然想起过去的创伤，会激烈反对。我不敢多放玉米，比例还是1:10。玉米1，大米10，我想循序渐进。等煮好了，在揭开饭锅前，我想了一下这锅饭应该是什么颜色？会不会变成金黄色的？打开一看：玉米没能把身边的白米染黄——大米仍然白着，玉米自己黄着。原来，也只有黑色最具侵略性和侵略能力。玉米的颗粒小，数量少，这就形成，它真像金沙一样，这里一颗，那里一颗，然后闪光。这样的饭很好看；我试吃了一口，也好吃。我是爱吃玉米的，它有很浓的香味。玉米从小给我留下了好印象，只是在少年时期伤了我的胃。我煮的这锅金银饭里，玉米的香味很真切。我一下子就看见了这香味的来路——它一路从我的童年而来。

我盛了一碗金银饭给下班回来的吴公安。他仔细看了看，然后把碗墩在桌子上。他放得有点重，这样碗与桌子的碰撞声就表达了他对这碗金银饭的意见，但他觉得碗的声音没表达清楚，就又追加上了他的语言：他说我不爱吃这种饭。我不爱吃玉米。我从小吃玉米。我天天吃玉米，年年吃玉米，月月吃玉米——今生不吃来生不想！我说你跟玉米已经有仇了吗？他说是，我跟玉米已经有仇了。他说到跟玉米有仇的时候，把手里的筷子也扔桌子上了。扔筷子是很严重的事，跟战士扔枪一样——那意思是我不吃了；我不打了。在这种情况下，转述营养学家的论述已经来不及。于是我说，那我把玉米给你挑出去吧。于是我开始用筷子把细小的玉米从白色中剥离。我一边挑，他还不依不饶的。他的怒火没消，他还需要说话，不然他就受不了。他对着我劳动的脊背说：咱们家缺大米吗？嗯——？你是从哪弄来的玉米？从哪弄来的破坏我的幸福生活的玉米？我考上大学考上军校，就是要离开玉米，吃上大米白面。现在，当我已经把过去忘掉的时候，你又把它放到我的饭碗里——你这不是成心让我不痛快吗？——不是成心让我回到过去，回到万恶的旧社会吗！

在他攻击玉米的时候，我一言不发。我把他的那碗饭里的玉米差不多都挑出来了。我把这样的一晚白米饭推给他。他嗅了嗅，又把碗推开。这次他不是把碗推向我，而是推向远处。他伸直了他的长胳膊，一直推到桌子的边上。他说：饭里的玉米味儿你是没法挑出去的。我也不爱闻玉米的味。他的脸色已经很不好，从愤怒转入神情萎靡、沮丧。他把两只胳膊收回来，在面前的桌子上围拢，像是临时修的一个圆弧的战壕：他在战壕的后面，神情萎靡；他的那碗饭，在他的对面端坐着，像是一个白色的军事武器。它们对视着：一个修好了防御工事；一个酝酿再次进攻。他提出要喝点酒，说要借酒浇一浇愁，心情已经被玉米给弄坏了。他用胳膊在面前修的战壕其实一点必要都没有——他已经被那碗米饭打败了，在他没有任何准备的时候，玉米乘坐一架白色飞行器，在一瞬间从他童年的某处起飞，一下子就将他给击中了。

他开始喝酒。我给他炒了一盘辣椒。我坐在他的对面说：吴公安，你可真脆弱啊！

《美文》2010 年

哺乳动物

　　站在厨房门口，我没进去。我发现厨房里面有异常。

　　墙角有个塑料编织袋，那里面有至少两个萝卜。那里的萝卜是圆形的萝卜，每个都有蜜柚那么大。一开始，那里的萝卜是三个，后来剩下两个。剩下两个后，无人再动它们。若不是地面这一层水泥，它们应该已经利用这个时间扎下了根。它们无法扎根，以我的经验，它们也没老实，它们应该已经长出叶子来了。我想那叶子不会是绿色的，它们没有见到阳光。黑暗中长出的叶子我见过，同刚出蛋壳的小鸡的羽毛颜色一样。萝卜长叶子的动作肉眼是看不见的，因此它们在我的眼里一直是静止的。现在，一个早上，我看见袋子中的萝卜在动，像动物那样动。我得出第一个结论：袋子里面有动物。接着，我又得出第二个结论：袋子里的动物是老鼠。第三个结论：袋子中的老鼠听到人类的脚步声后想逃走，结果它找不到出口。它在长了鹅黄叶子的两个萝卜中间乱跑一气。它跑得使两个静止的萝卜都摇动起来了。

　　这时，我走近袋子，伸手抓住袋口。我的一只手，把萝卜和老鼠一同困在了里面。不同的是，萝卜没有出去的愿望。萝卜没有任何愿望。萝卜不能用动作表达愿望，因此可以认为萝卜没有愿望。但是那只老鼠，在它生命的一个死胡同里，寻找出口的愿望是那么强烈——整个袋子都被它弄得抖动起来了。

我喊卧室中的吴连长。

吴连长在执行我布置给他的任务的时候，动作同接到军令的速度是不能比的。他出现时，穿着睡衣，眼睛里还滞留着一大块睡意。我把抖动的袋子交给他，要他扔到楼下的垃圾箱里去。他问里面是啥？我说：一个老鼠，两个萝卜。

如果袋子里只有两个萝卜，那么把袋子扔进垃圾箱的工作就是我的。扔一袋垃圾是一件小事，不应该惊动一个男人。但是，现在不同，这个袋子里有了一只老鼠。那么这个袋子就不是一袋普通的垃圾了，它甚至已经不是垃圾了——老鼠一直是我们的敌人。现在敌人来了，而对付敌人的一直是男人。吴连长抓过袋子没说出反对意见。他在思想上清楚这是他分内的事，我把他从卧室里或睡梦中叫醒是理由充分的。

他已经走出了好几步，他后背上的条文提醒我，我的话需要进一步说清。

我冲着他懒洋洋的后背说：只扔进去就行，不要弄死老鼠。

他什么都没说。

当他走下了一层楼的台阶，只剩下头部和三分之二后背在我视线里的时候，我又把话的关键词重复了一遍：只扔，不弄死！

我认为老鼠应该活着，因为它有那么强烈的活着的愿望：它四处寻找食物为了活下去；它迅速生育为了活下去；它遇到危险是那么害怕；它陷入一个绝境从不放弃求生的努力……但是，我认为人不能和老鼠生活在一个房间里。我可以把我的食物给它，但我不要它在我的厨房里吃。我从未产生过杀死一只老鼠的想法，我只是让它换个地方吃萝卜。

几分钟后，吴连长回来了。他竟然把那个袋子拿回来了！这让我很吃惊！我所说的扔，是全扔。包括老鼠、萝卜、袋子。现在，他扔掉了我要求他扔掉的一部分，把另一部分拿回来了。这是很愚蠢的：第一，这个老鼠待过的袋子，还能用它来装什么呢；第二，袋子上的血迹暴露了他的所作所为。

我吃惊地盯着那个袋子，它摊在我脚边，上面有一片红色的血迹。我把目光从那片新鲜的血往上移，一直移到吴连长的脸上，我看见几分钟前还睡意弥漫的眼睛已经闪闪发光——他醒透了。他努力压着兴奋。

我问，这是谁的血？话一出口，我已经知道这是谁的血了。

吴连长向后退，说，耗子的。

你为什么要弄死它？

吴连长继续后退，我没有……不是……我，是……萝卜。

那你说说萝卜是怎么杀死老鼠的？

吴连长说：我一边走，一边用力上下掂那两个萝卜。萝卜不停地落下来，砸死了老鼠。我没打老鼠，是萝卜打的。

如果我没有在他的身后补充那两句话，我是不会突然失控的；如果我没有把话的关键词又强调了一遍，我也许不会立刻就疯了。

我突然向吴连长扑了过去。我不是突然向他扑了过去，在我看到袋子上那片新鲜的血迹的时候，我就已经死死地扭住了他。现在，我动用了我的身体——我很少对他动用身体攻击，因为我的身体不是他身体的对手。人家是军校出身，从小练就攻击和防御的基本功。我一定是疯了，我连失败的结局都顾不上了。

吴连长向后退。他在我疯狂的目光下，才知道自己没有理，因此他放弃一场他注定会赢的战争。他迅速后撤进卧室，并锁上了门。

门挡住了我的身体，但门挡不住我的声音。我开始喊叫：

——它惹你惹你啦？惹你招你啦？！

——它为什么一定得死？你说！你告诉我理由？

——流氓！你就是流氓！你这个没有理由的流氓！！

——它是哺乳动物你知道不知道！？

——你也是哺乳动物你知道不知道？！

……

吴连长没能拿出我要的理由。吴连长后来认为自己错了。他说从小到大，打死一只老鼠从来是不需要理由的，但是我的疯狂和愤怒似乎是把他的一块骨头猛地扭错位了。他不知道是原来就长得错位，还是我用力地扭动使它错位：总之他说我太吓人了，为了那么一点点事儿。

《美文》2010 年

易燃物

八一两个月大的时候，我的厨房发生了一次火灾——这次火灾因为发现得及时而未能酿成大火。

那些现场的浓烟从我为它们打开的窗子逃走了；烧坏的铝水壶扔在墙角，以物证的形式，提醒我火是能失控的。水壶是那次意外中唯一被烧坏的物品。我看见水壶的底部，一块手掌大的铝金属不见了，它们变成了烟。它们变成烟后体积是那么大——手掌大的一块金属，就挤满了厨房和走廊。它们飘起来了，它们从窗口飘向了天空。我和八一哪里有一块铝金属坚硬？我们软，比金属更加易燃。我们更容易变成烟雾，更容易飘起来。

可是我们还不愿意离开地面，我们不愿意像水壶的底部那样飘起来。

我得想办法，我得想出不飘起来的办法。我坐着想。我坐在我的床头柜上想。我的背紧靠着东墙，从我坐着的这个点出发，一寸一寸地搜查我的房间。我觉得我的房间充满了可疑的东西，埋伏着火的许多同谋：我看见了衣柜、床、八一的床、门、椅子、桌子、木屐……我归纳它们，然后我找出了共性：它们都是木头的；它们都是干燥的木头的；它们都是涂了一层油的干燥的木头的！木头和油的组合配方是多么爱燃烧啊！是多么渴望燃烧啊！它们天天都在等待一滴火。我看出它们想飘起来。

它们跟我的想法方向正好相反。它们想改变形状，它们要到空中去，因此它们天天都在等待火。

看到这里，想到这里，我就坐不住了。我站起来，在屋子里走。我一圈一圈地走，像笼子里的母老虎那样一圈一圈地走。我发觉我太不沉稳了，太慌张了。我还没有把屋子里所有可疑的东西都找出来，我刚刚找出来一部分。我告诉自己要冷静，要坐下来。我坐在了南窗台上。除了悬空的两条腿在晃悠，我的身体的其他部分都冷静下来了。我的眼珠开始动。我搜查我的房间，一寸一寸。这次的起点是窗口，我的目光又出发了。我用了一个身在窗外、向屋内窥探的局外人的角度：我看见了被子、衣服、鞋子、窗帘、枕头……我归纳它们：它们都是针织品，它们比木头家具更想飘起来。这些由危险的棉花乔装成的物品，它们飘起来的条件比木头更低，它们仅仅需要一阵风。它们沾火就着，它们是火的接力者。它们把火扩大后交给那些看上去安安静静的木家具。这是一个周密的计划，一切都安排好了，什么都不缺了。只要火到来，所有的一切就都飘起来了。

当我看透了房子的本质，家具的内心，被子的内心，我就又坐不住了，我从窗台上下来，踩到了木地板上。我跳起来，地板烫了我的脚——它早晚要烫了我的脚。我来到睡在床上的八一身边。我的孩子八一，他睡在一堆棉花织物的中间，一点警觉都没有；他睡在涂了一层油的木床里，一点都不知道害怕。八一还不会说话；八一还没有长牙。八一对这个房间没有充分的认识。八一对这个房间没有任何办法。他睡得那么香，睡得不知道这个世界上存在着火，不知道他身边的一切都是火的同谋。

我得想办法——我得为我想办法——我得为不能想办法的八一想办法。

我先在想象里把火点起来，我得身临其境，想出的办法才是最可行的。火是从厨房着起来的。厨房每天都有明火，厨房有定时炸弹煤气罐。往往发觉时门已经烫手，门外已经都是火了。这时候是不能开房门的，门里的那些易燃物都等着你开门呢。门出不去了，下楼的楼梯上都是浓烟了。门以及楼梯都是在不失火的情况下走的，在着火的时候，那里从来都不是出路。还是往后退，一直退到南墙，如果南墙上没有窗子你就没有退路了。所有的南墙上都有窗子——所有的困境都有退路。一个有窗子的房子就不是死胡同。窗子是门的一个备份。在门出了问题的时候，窗子就是门。

我的思维踏上了正确的道路。我向房子里唯一的南窗走过去。我曾无数次地来到窗前。我看天色、看云、看月亮、看院子里的柳树、看柳树下的秋千、看远山、看吴连长回来没有……今天，我不看这些：今天我的眼睛里没有风景，没有人物；今天我的眼睛里全是数字。我的目光一出去，就像个很沉的东西一下子就垂落到地上了——我看见我的目光瞬间变成直尺，量出了窗口与地面的距离——二楼，高度是 6 米之内。

这样跳下去是会摔伤的，抱着八一就更会摔伤，得借助一个下降的工具。我首先想到了梯子。想到梯子是错误的，谁家的窗口常年架着梯子？我有理，我也不能明目张胆。我也不想太强硬，还是本着秘密的原则。在这个原则的指导下，我向右转，我想到了绳子。想到绳子是正确的——绳子就是梯子。它有梯子的一切功能却没有梯子的那个弱点——绳子是梯子的灵魂。绳子可以变形；可以隐身；可以成为一个团；缩成一个点；绳子是个很鬼魅的东西。只有这样的东西才能在非常时刻作出非常之举，为我作出贡献。

在一小时内，我就找到了这样的绳子。当我发现它时，它以一个团的形状、以军绿的颜色，像一条冬眠的蛇，卧在吴连长的箱子里。我一看到它，它就像个小动物似的在我的眼前懒懒地伸直了腰，然后变成了一架绿色的梯子。

那是一团军用行李绳，吴连长的。

吴连长用到这条绳子的时候很少。一般是一年一次的秋季外出打靶。如果发生什么自然灾害需要调动部队的时候，这条绳子也要用。当我把绳子藏起来不到十天，相距 50 公里的金城就发大水了。听到集合号，吴连长开始准备。他们所带的物品是一个行李，一个背包。行李需要用行李绳捆上。刑侦连长吴很快就把我藏起来的行李绳找到了。我扑上去抢，这样我们就发生了肢体冲突。在这种冲突方式里，我是必败无疑的。我败得很彻底，我被推倒在了地板上。出现这种局面，我的失败已经无法挽回。但我得对我的失败有所反应，我哭，我坐在地板上哭。八一坐在床上，一直在看两个大人打架，看着看着，情况向着他不喜欢的方向滑了过去。他想介入，他用突然的尖锐哭声介入了进来。八一哭，我的哭就得结束了。我的日常工作之一就是不让八一哭。现在他哭了，我哭的理由立刻就没有了。

最后一次为行李绳打架，是秋季打靶。吴连长打靶归来的时候，除了原来的那条，又带回了一条新的行李绳。他把半个与都没刮的脸凑到我的面前说：你为什么要这样一条绳子？我看出他在这半个月里，除了消耗子弹，就是在琢磨这个问题。显然他没有找到他认为合理的答案。

我抱着扔到我怀里的绳子，冲着他迷惑的脸露出微笑。

《美文》2010 年

破坏

　　吴连长把厨房用的围裙套上了。后面的带子他努努力不是系不上，但他不想努力。他找到了一个打扰我的借口。

　　他的喊声把我从卧室里拉拽出来，你要干啥？不刚吃完早饭吗？吴一边下蹲，一边说，吃完早饭就没事啦？不还有午饭吗？我说那也用不着做这么早哇？但还是帮他系上了带子。他对做饭产生极大兴趣的时候毕竟不多，可疑也要支持。

　　吴站直了身子，把肚子上的大花猫冲着我说，我今天要给你做个复杂的午饭。我说你要做满汉全席？那是我认识的最复杂的饭了。吴说比那复杂——包饺子。说完先把自己逗乐了。

　　我说我认为饺子是最简单的食物——包什么馅的？

　　我关心包什么馅的，是从我宣布吃素开始的。以前不管什么馅我都吃，现在，我的生活已经被我细致地画出一些原来没有的线条，我得小心别踩到它们。

　　吴说当然是一半肉馅，一半素馅。他已经找到了面粉。

　　——那你一个人包？我也关心这个问题。一般都是我一个人包饺子，顶多是我们两个人包。

　　吴连长说那当然。一边说一边从衣袋里掏出一张西关宾馆的游泳券：

你游泳去吧，两个小时后回来，吃饺子。

这也太可疑了，他要一个人包饺子！

先游泳，看看他到底给我包个什么馅？

我回来得很是时候：进门见吴连长正一溜小跑从厨房往餐桌端饺子，而桌上已经有了一盘，正冒热气呢。他胸前的花猫已经给白面糊上了。

我已经又渴又饿。游泳真耗体能。在水里不觉得，出了水就软了。

软软地坐在椅子上，筷子也不拿，用拇指和食指拈起一个肥头大耳的饺子，就咬了一口，然后又咬一口。两口，一只饺子就不见了。拿起第二个刚要吃，才想起问：哪个盘子里的是素馅的？

吴连长已脱了围裙，站桌边看着两盘饺子，两只沾着白面的手反复搓着：完了完了。我忘了单煮。混了。说完迅速偷看我一眼。

那你给我挑出来，我生气了。我宣布吃素刚不几天，这项生活新内容正处于试行阶段——试行是很脆弱的，禁不起一点破坏。

吴俯视着两盘混乱的饺子说那怎么挑，皮上又没做记号。要不等下次：我让肉馅的穿裤子；让素馅的穿裙子。

在生气的时候我还是笑了。我说你绝对是故意的，你想破坏我的试点工作。吴说你刚才不是已经吃了一个吗？那个是什么馅的？我说不知道。我饿得要死，怎么知道。我今天被你暗算了。他说这叫暗算？这叫对你好。看你头发像枯草，都是你素食素的，他找到了道理。他坐下，拿起筷子，吃了一个，好吃！说能吃一个就能吃两个，能吃两个就能吃二十个。说完从兜里掏出一打红色的钱，放到两盘饺子的中间地带，吃完一整盘，这钱就归你了。

我不吃这钱就不归我吗？我还在研究第二个饺子的皮。我认为第一个算事故，第二个就是故意犯规，性质很不同。因此我在第二的面前犹豫，不敢草率动手了。

吴说那当然。这可不是工资，当然可以不给你。再说我不说你知道吗？——你不是要去云南吗？

我开始吃第二个。其实满盘也没有一个素馅的。他不是在煮的环节上混的，而是在包的环节就安下了心——他故意的。我更多的是被自己的胃左右了。在极度饥饿的时候，人很脆弱。我的素食，是强行的，理性的。而理性常常败给肉体。

吴连长已经在我犹豫的时候吃完了一盘子，他打了个抒情的饱嗝，进卫生间刷牙去了。他的心情非常好。我的素食计划被他有效地破坏了。

《美文》2010 年

女人没有故乡

第三章　湿透的城市

线团是个起跑的姿势

从前，现在仍然是这样：我喜欢拆旧毛衣。说我喜欢拆旧毛衣也不准确，我有时拆的是新毛衣。看来我拆毛衣的理由并不是毛衣旧了。

很少有特别完美的毛衣。每一件上面，都可以找到一些毛病：式样过时、缩水了、变形了、太瘦、太肥、太旧了、花纹看腻了……——这些都可以成为我拆掉它们的理由。有时候我想织一条围巾，我就会在那些毛衣里找，看哪一件的线更适合织围巾。

我为什么不去买一些新毛线呢？当我要织一个什么的时候，为什么不去买一些新毛线呢？我不知道为什么。谁知道自己的一些特殊嗜好是为什么呢？

其实，我的很多用其他布料制作的衣服，我也是很想把它们拆掉的。只是棉布、毛料、丝绸等衣料，拆开后不能还原成一块完整的布料。它们回不去了，这就是我不拆它们的原因。

毛衣不同——毛衣是一种特殊的衣服。拆掉后能还原成原来的毛线。一团一团，像新的一样。像从来不曾被织成过毛衣。

我拆一件毛衣时，内心很快乐，甚至充满了激情。我不觉得那是一件麻烦的劳动，而是在纠正一个错误。而这个隐藏在我生活中的错误，被我这么修改了后，我的生活会更完美、没有瑕疵。

我拆毛衣的行为，很有象征意味。我对一些大的事情也是不满意的，但我无力修改。而拆掉一件我认为有问题的毛衣是多么容易。我通过拆毛衣证明我有能力修改错误，从而掩盖了我对有些错误的无能为力。

毛线刚拆下来时，那些线上布满密密麻麻的勾弯。那是它们过去的形态，都是一些坏习惯。我无法忍受毛线变成了那样。我用开水来烫那些错误，也就是用一种激烈的方式。这是个残酷的办法，但是你劝说那些勾弯，它们是不肯自己伸直的。毛线的一些经历包括我认为的错误、细菌、病毒，都在热水里死了。毛线干净了，伸直了。它们在热水里转世、脱胎换骨回到了过去。回到起点。回到没有错误的童年。

然后是晾晒。它们一束束在阳台的光线里滴着水。慢慢地，一点一点地把过去的污迹滴下去，把过去的一切滴下去。

几个小时后，平展、蓬松的毛线在太阳下晒干了。

我把它们套在脚上，以手为中心把它们缠成线团。它们被团了起来，做好了一个起跑的姿势——线团是个起跑的姿势。

这些年来，我沉迷于拆毛衣。我用手指的轻柔动作，就把过时的花纹、编织的错误、缩水变形等一系列问题删除了。

在我的衣橱里，你是找不到几件毛衣的，但你不用找就会看到很多溢着香味的线团。它们这里一团，那里一团，像是一些顽童，随时会蹦跳、滚动，开始新的生活！

红方块

◆

从住所到菜市场，笔直的路不到 300 米。当走到三分之一的时候，一条左转的岔道出现了。我认出它可以通向我 8 岁的儿子就读的小学校。我的脚突然就转向了这条岔道。使我的脚步改变行进方向的主要原因是100 米外操场上孩子的喧嚷，其次，我的耳朵也参加了脚步的背叛行动。它真真切切地听到了我的孩子的叫声。

脚步紧跟在飞跑的耳朵的后边，迥异于去菜市场的闲散，它突然有了快速前进的激情。还有我的眼睛，也被这个突然左转的动作唤醒了。它热切地要触到刚刚离开不到 3 个小时的孩子。

至少是 8 年了，我与孩子的距离都太近了。他一直在我的身前身后，在我的身左身右。若是他离开我 10 米，我立刻就惊恐不安。10 米是我不能一伸手就抓到他的距离。我的臂展是 1.5 米，我不敢让他游离到离我 2米之外的地方，那里暗藏着所有危险。

现在，他不仅离开了我上百米，而且走到了我的视线之外。这给我远距离看一看他创造了条件。这是一个我与孩子之间的新角度。我急切地想知道，他在远离我的地方，在我的臂展之外，他是什么样子，是否安全，他在干什么，有没有什么不适。

我的脚步被学校的铁栅栏挡住了，但它也仅仅挡住了我的脚步，我的目光没有遇到不可逾越的阻力，它毫不费力地就穿过了缝隙很大的栅栏，来到了操场的中央。耳朵没能帮上眼睛的忙，上百个孩子此起彼伏的喊叫、奔跑，已使它失灵了。

我的眼睛则信心百倍。它是多么熟悉这个孩子啊：他的左手上有两个"斗"。一个在中指上，一个在拇指上；他的头顶有一个按顺时针旋转的"旋"；他的后背正中央也有一个由汗毛形成的逆时针旋转的"旋"；他的屁股上有一片手掌大的无法归纳形状的胎记。

我把目光落在操场上黑压压的小孩头上。这些头都在不停地动，我无法看清他们的"旋"是一个还是两个，是顺时针还是逆时针；我又把目光落在了他们的小手上。那些小手，有的在拍球，有的在抓着单杠，有的在握着拳头奔跑，我无法看到他们手上"斗"的分布情况。我想他们也不太可能停下游戏让我细数手上的圈圈。我想后背上长旋的孩子不会太多，凭这一点可以认出我的孩子，但我的目光被覆盖在后背上的衣服所阻挡。颜色同一的校服盖住了所有孩子的后背。我开始恐慌。我知道，我没有多少时间了，我只有不到十分钟。我重新纠集信心，把目光落到一个小孩的牙齿上。还没等我数清他张嘴大笑的嘴里的缺口，他突然闭上了嘴，然后迅速跳开，飞跑起来，转瞬就消失在众多的小孩里。我又在滑梯那锁定了一个孩子的脚，我的目光随着那只白色运动鞋沿着那个人工的斜坡下滑，我期待它落到地上时能给我几秒不动的时间，给出我仔细辨认那鞋带上的花样的时间，那是我早上系上去的。可忽然，至少有六七个穿同样鞋子，甚至是系着相同鞋带花样的孩子拥了过来，他们迅速地混淆在了一起。我大吃一惊。他们怎么穿着相同的鞋？那双鞋是我一个月前买的。我之所以在众多的鞋里选择了这一双，是因为我看见那双鞋十分特别。还有鞋带，我也打得十分讲究，看上去像盘扣。

我的目光已经慌乱，信心在意外的打击下丧失殆尽。它毫无章法地在操场上奔走，在某一个小孩的细节上停留一下。它的辨认总是被突然地破坏，被迫不停地从头开始。当一声刺耳的铃声响起，蓝色、红色的小孩像海水一样退去。他们被洞开的一个或两个门吸了进去。操场上的水泥暴露在了上午的阳光里，闪着很白的光。我的目光僵在操场的正中央，它一无所获。

十分钟，我没能从近在咫尺的院子里找到我的孩子。以他的好动性格，他一定在操场上玩，在我的眼皮底下玩，而不会在某个角落里呆坐着。让他安静地坐几分钟是一件很难的事情。这个我知道。

我会认不出自己的孩子？！我对他是多么熟悉啊！我牢记着那么多关于他的记号：他的左手上有两个"斗"。一个在中指上，一个在拇指上；他的头顶有一个按顺时针旋转的"旋"；他的后背正中央也有一个由汗毛形成的逆时针旋转的"旋"；他的屁股上有一片手掌大的无法归纳形状的胎记；他的门牙昨天刚掉了一个；他的脚的小指甲是双层的；他的胸前——

我牢记的，我的孩子那根植于肉身上的一切标记，在这里全都失效了。在一个大操场里，我的记号全都看不见了。我吃惊地发现，在学校的操场上，所有的孩子都一样。他们穿着学校发的颜色相同、质地粗糙的衣服；梳着长短划一、样式相同的头发。他们甚至有一样的表情，说话的语气也十分接近。我的用来辨认孩子的标记，被学校的校服严严地遮挡了。孩子则被众多的相同的孩子淹没了。他们互相掩盖，彼此吞没，成为一个队列，一个班级，一个小组，一个学校——

在折返菜市场的路上，我的心情沉重。我被这个意外事件重击了。这等于我丢失了自己的孩子。我知道，他放学了会回到家里来，但他仅仅是回来吃饭、睡觉，明天他还会到那个旋涡般的操场里去，成为我无从辨认的一个。我担心，他手上的斗，背上的旋，这些我的记号，不仅被校服遮挡，还会一点一点地模糊、消退。在他头上的"旋"模糊下去后，头的里边被灌注了相同的算式、相同的句型、相同的答案、相同的信念；他会不再不洗手就吃东西，不再冲着小树的根尿尿，不再大哭大闹；他会越来越听话，越来越像楼上张家、楼下李家、楼前赵家、楼后孙家的孩子；越来越像兰州的孩子，福建的孩子，青岛的孩子，乌鲁木齐的孩子——

◇

阳光从教室敞开的窗子飞流而入。把那 40 个 8 岁的小孩，照亮了一大部分。在这大块的阳光里，我发现了一个能反射阳光的孩子。是个男孩，坐在第二排。离我据守的讲台不足 10 米。二十年前，我还不是特别近视。世界在我的眼前刚刚显出模糊的迹象。借助一架 150 度的近视镜，清晰地看见了这一自然现象。我一边教他们 20 以内的加法，一边寻找那个男孩何以能在头上形成一个不散的光圈的原因。当几乎所有孩子都能不借助手指算出 15+4=19 时，我也将那个关于光圈的答案找到了：他的头发长，呈一个蘑菇的形状。在下课以前，在他们都在低头演算 6 道得数不超过 20 的加法试题的时候，我把那个男孩头发上光圈的答案又向前推进了一步：那奇妙的光圈是可以栖落在任何一个男孩的头上的。关键是看你有没有准备出供阳光落脚的长而光滑的头发。头发从头顶垂下来，形成一个拱形，阳光就可以坐在那个穹顶上了。阳光是鸟，它得有落脚的弯弯的树枝，它不能像蜻蜓那样站在尖尖的竹竿之上。几乎所有的男孩，头发都被剪得短短的，形成一片竹尖，竹尖无法下弯，鸟从这里一闪而过。阳光在男孩的头上盘旋，它们无法降落，更不能在头发上围坐成一圈，闪着光芒。

我发现了一个头发上能闪烁光芒的孩子。他坐在第二排。头上的闪光使他醒目而美丽。

◆

从学校的铁栅栏边回来后，我知道了害怕。我的有着数不清记号的孩子，丢失在了学校的操场里。他幼年的记号，那些我的标记，一到操场上就消失不见了。是有人故意遮掩了那些醒目独特的记号。有人藏匿了我的孩子，然后打上了他们的记号。

我不能对孩子的丢失持听之任之的态度，我决定找回自己的孩子，我决定重做标记。我要同那双看不见的手争夺，我认为我有理由有权利这么做，因为这个孩子他是我生的。我只求在任何时候、任何地方认出他来。

我把希望寄托在孩子长得极快的头发上。那些很短的头发，像一片竹尖似的头发，将成为我培育标记的材料。我将运用这些与我血肉相连的头发，搭建寻找我的孩子的灯塔。他将在黑暗里闪闪发光。

只有一个月，我看见那些头发开始下弯，它们正在由竹尖变成枝条。阳光比我更先看到了，它们纷纷落在那里，坐成一圈，它们的闲聊闪着光芒。我不害怕他被那么多相同的孩子淹没了，因为他已经醒目得不同了。他的头上稳稳地坐着光线，我的儿子，几乎是一个发光体，他成了一个会闪光的男孩。

在校门口，那男孩的母亲小心翼翼地问我，赵老师，王辉的头发，行吗？我说行，非常好看。我说这话时，忘记了校长的存在。我是班主任，那40个孩子包括他们的头发都归我管，可我忘记了，我这个主任包括我那40个孩子都归校长管。让我意外的是，校长对于那男孩头发上的光芒的看法与我的截然相反。

瘦而高的女校长在上课间操的队列里巡游，状如觅食的鲨鱼。当她走到那个男孩的身后时，停了下来：她弯腰细看了看，又用手烦躁地抓了两抓，然后就向队列后面的我走了过来，下达了一句话的命令：王辉的头发剪了！这哪像个学生！我一言不发，甚至没有停止那个踢腿运动。我用向前伸出的双臂，推挡着她的命令，又用高高抬起的左腿，表达了我对这一命令的真实态度。在我的右手指尖与左脚尖相触的一瞬，一个对策已经形成。

校长的命令我没有执行。我希望她会因工作的繁忙而把颁布的口头命令给忘了。事实上，她确实是忘了。这样，男孩王辉的头发又在我的教室里闪亮了一段时日。但我的这个学生，他是个男孩。他在下课的时候，爱在操场上跑和跳。这就使他的头发游离了我的视线，游离到了我的势力范围之外。他一定是为了躲开同学的捉拿，突然离开坐椅，冲出了教室的门，向操场西侧的三棵柳树狂奔。在由教室到三棵柳树的逃跑之路上，一头撞上了迎面而来的校长。男孩不知道，他为了逃开一个游戏中的假象的敌人的追捕，而一头落入了差不多是真正的敌人的手里。

当女校长与这个狂奔的男孩狭路相逢，男孩头上的闪光，将她若干时日前颁布的但被遗弃在尘土里的命令照亮了。她弯腰拾起被撞落的三年级教学大纲的同时将那个尘土里的命令也一同拾了起来。她吹落命令上的尘土，发现这个命令竟然没有被执行。这差不多等于一个法官在去菜市场的小路上，一头撞见了一周前亲手判处死刑的一个囚犯。

校长是按计划去听三年二班的语文课。因为下个月全区语文课大赛的参赛课得着手做了。从教案、教师到去上课的学生，都还没定下来。尤其是哪个问题由哪个学生回答，这都得事先准备好。为了使教学效果看上去好，老师提问时，所有的学生都要举手。为了让老师分清哪些举起的手是会回答，哪些举起的手是不会回答，她想出了一个好办法。那就是让会回答的学生把手举高，不会回答的把手降低。当她正在考虑这些细节的时候，手中的书突然被撞掉。当她看见了这个撞她的孩子时，觉得参赛语文课的细节得先放一放了。她一只胳膊夹住了拾起的书，另一只手一下子就把吓呆了的男孩抓住了。她抓着这个意外捕获的猎物原地转了180度，向三棵柳树相反方向的校长室而去。

她的个子瘦高，因此那腿就又细又长。因为突然燃起的愤怒，她的脚步比平时快了一倍。这样，男孩要想跟上这种愤怒的脚步，就得跑，而如果他本能地反抗，不想跟上这个脚步，以延缓抵达那个可怕的目的地的时间，他就是被拖拽着前行。

当校长的愤怒突然燃烧起来的时候，我正坐在一年三班的教室里，批改那些学生作业。太阳忽然被一片很薄的云遮住的景象没有引起我的警觉。操场上的突发事件，我没有一丝预感。我的右眼倒是跳了三跳，可我的眼睛它经常跳，它已不能向我准确地预报吉凶祸福。操场上蒸腾着孩子的欢叫声、奔跑声，这些声音盖住了一切。包括我的学生在校长的夹持下挣扎的脚步。在被拖拽着去校长室的路上，他甚至大喊着向我求助。但因他的喊声没能顺利地发出而没有被我听到。

当一个女生气喘吁吁地向我汇报她在操场上看到的可怕事情，那40本作业我已经批改完了三分之二。我从教室向校长室跑。我突然觉得腿用不上劲，觉得地面给予我的反弹力不够。我看见一把剪刀跑在我的前边，它的速度比我快。我知道我注定追不上它。但我却没有放弃追赶它。在这个关键时刻，操场上水泥的地面不知何故变得软绵绵的，它不但没有给我助推，反而施加上拖拽，这使我的奔跑速度比平时更慢。

当我终于跑到校长室的时候，跑在我前边的剪刀，已经先到了至少5分钟。一把剪刀在5分钟里能剪断很多东西。我冲进门的时候，看到的就是剪刀忙了5分钟之后的现场。男孩被按在一把大人的椅子上，两只小脚在空中悬着，正在徒劳地相互撮着。脖子上围着白毛巾，上面已经落了一层黑色的头发。高瘦的校长，白着一张脸，衣服几乎看不出性别。她手里握着一把理发的推子，正开足马力，推土机般地把男孩的头发推下山坡。我看见那些头发哭叫着、翻滚着跌落下去。男孩嫩白的头皮露了出来，像还没有睁开眼睛的哺乳动物的幼崽。它们暴露在光线下是很危险的。它们必须藏到窝巢里去。孩子的肩在不停地抽动，眼泪和头发一起纷纷飘落。当男孩看见我时，才敢发出哭声。这个哭声显然是打扰了校长的工作，至使她手里的动作出现了磕绊。

"不许哭！"她一边加快手里的动作，一边企图用严厉的、爆发性的命令扑灭这个忽然升腾起来的哭声。

哭声没有停止。男孩知道我已经救不了他，但我能支持他哭泣。

我从这突然的哭声里，知道我虽然来迟了，不能保住那些与生命相关的头发，属于孩子身体一部分的头发，但我能使他在一把推子的碾压下，减轻恐惧，甚至是敢于表达消极的反抗。

我站在门口，没有说话，也没有离开。我从男孩突然的哭声里知道了我站在这里的意义。其实我不愿站在这里，目睹一个美丽的男孩被一剪一剪剪成一个监狱里的光头囚犯。我离开或闭上眼睛并不能阻止罪恶。看与不看，仍在继续。我至少能减轻孩子的恐惧，甚至能和孩子一同形成一个消极反抗的力量。这个力量虽不能左右局面，但能证明这种反抗的力量存在！

我觉得站在校长室门口的时间十分漫长，长得在我的心里有一块东西凝成了固体。这块坚硬的在几分钟里形成的硬块，是我对校长的仇恨。当两年后，又一件我认为的罪恶发生时，终于导致了我的愤然辞职。我逃走了，我闭上了眼睛，我等于从校长室门口转身离去，我等于抛下了正在被野蛮剃头的男孩。

◆

孩子放学回来，将一张纸条递给我，上面写着开家长会的时间。我怎么敢去学校。怎么敢和那不知对我的孩子的发型持什么观念的老师坐得那么近。那个老师是女的，我在校门口看见过。她像我年轻时的校长，瘦高而且白着一张脸。我见到这样的女人就不喜欢，至少是引起了我的不舒服。

我决定不去开家长会。我担心她见到我会跟我说起孩子的头发。我也写了一张纸条，由孩子捎去。我说我不巧在那天出差，票已经买好了。有什么事请写条，我一定照办。

结果捎回来的纸条上写着：建议理发。下面还有一个建议，是建议我的儿子留级。也许那老师认为这个建议更为重要，就加了说明：李九五已经跟不上二年级的学习。这样上三年级会更糟。为了说服我，她用期中考试的名次来作为依据。她说全班 60 名学生，我的儿子排 58 名。

我拿来那考试成绩一看，就给老师回了一张条：我写了四句话。第一句，考试排第 58 名不是头发造成的。第二句，他考 80 分已经不少了，我已经奖励了你的这个倒数第二的差生。第三句，他不可能留级，因为我不同意，他也不同意。第四句，我决定给他转学，转到一个 80 分不认为应该留级的学校。

◇

把头上一下子连一根头发都没有了的孩子带回教室。他一边走一边哭泣。我说我告诉你一个秘密。光头孩子听完我的秘密后终于笑了。我其实只是告诉他，头发还会长出来。谁也无法阻止它生长。

孩子不哭了之后，我并未轻松。这事没有完，甚至是刚刚开始。还有一关我要过。那就是放学时男孩与他母亲在校门口的相认。

那一定是一个依赖于依据的母亲，是个善于在孩子身上做记号的母亲。她的女儿在三年级，我见过那个女孩。她的辫子跟哪个女孩的都不一样。有一天，我仔细看了看，发现她的辫子是四股的。这就使它有别于别人的三股的辫子。四股的辫子看上去更像麦穗。梳着麦穗辫子的女孩是她的女儿，而梳着蘑菇形发型的是她的儿子。她在自己的孩子的头发上偷偷地做了醒目的标记。她是个十分恐惧丢失自己孩子的女人。她能看到别的女人看不到的可怕景象。能从事情一开始就看到结局。她是个悲观主义者。

这男孩的母亲辨识的能力要差，她必须依赖醒目的标记。而现在，这个她的标记被残忍地铲除了。她会认不出自己的孩子。就算认出了，她也会十分恐惧。在她的眼里，这个孩子已经受了重伤。她的标记已被她视同孩子身体的一部分。她的标记里布满了血管。在孩子的头发里，流着我们看不见的血。我只看见了男孩嫩白的头皮，在阳光下，像个没有隐藏起来的刚刚产下的蛋。它处境危险，谁都可能把这个没有藏到草窝里的蛋弄坏。

我走在前面，身后跟着那40个穿相同衣服的小孩。我要在校门口，将这些孩子一个一个地送到他们的父母的手里。因为孩子的衣服一样，父母很难认出自己的孩子。如果没有老师在这里协助完成，那每天放学的校门口，将是一片混乱。每天，他们都顺利地互相认出并找到了。但后来我发现，其实，大部分父母，站在那里，是无法认出自己的孩子的。他们的目光十分迷茫。他们只是站在那里，他们想尽一切办法，找到一个最佳位置，以使自己醒目一些，他们这样做，是把希望寄托在孩子找到自己上，为孩子找到自己创造出良好的条件。因此，他们在校门口挤作一团。每个人都想站到前面，每个人都想为孩子提供便利。在混乱的校门口，不是父母在认领孩子，而是孩子在寻找父母。父母是不穿校服的，父母的头发很不同。父母的标记还残存着。辨认父亲要难一些。男人相同的地方太多。而辨认母亲要容易一些。他们的头发有的是长的，有的是短的，有的是直的，有的是弯的，有黄色的，有红色的，有黑色的，有紫色的……她们去染头发，实际上是给自己涂上鲜明的标记，为孩子快速找到自己奠定基础。她们在屈服校规之后，只好在自己身上做记号了。她们站在校门口，心里是很自信的。头发的弯曲自己的孩子是认识的，粉色的毛衣孩子更是熟悉。一个母亲如果刚刚改变了头发的颜色，再穿一套从未穿过的新衣，她站在学校门口，一定是恐慌的。

我注意着王辉和他母亲在校门口的相认。当男孩跑过去抓住她的衣襟的时候，她把惊恐疑惑的目光投向我，我则把目光转向了别处。我知道她对我的怨恨将会消除。我所承担的责任只是无力保住她的记号。我不是破坏者，也不是破坏的同谋。

那可真是个百折不回地做记号的女人。第二天，在孩子光光的头上，几乎无法停落一粒灰尘的头上，我看见了这个智慧的母亲在一片瓦砾上的建筑：一顶白色的小帽子。我对这顶小帽子又给予了坚定的支持，我允许他上课也戴着。我想通过对这顶帽子的支持，以弥补我对那些头发的保护不力。

我又一次感觉到了这个母亲的脆弱和坚韧。她与孩子的母子关系除了血液、嗅觉、听觉，还需要视觉，而她的视力不好，她需要那种十分醒目的标记。她依赖这些感觉维系与孩子的联系。这是几条绳索，她紧紧地抓着绳索的一头，而将另一头系在孩子的身上。如果哪根断了，她就会立刻修补。我不知道她知不知道她手里的这些绳索早晚都得断，她修补的耐力和激情还能持续多久。

我看见她以一个母亲的力量在与学校较量。我不认为她输了。虽然校长差不多是连根剃去了她的孩子的头发。当学校增加了与学生联系的附加条件之后，她也在增加着自己与孩子联系的附加条件。他们相持着，不分胜负。其实，学校所做的一切，同这个母亲所做的一样，学校也在学生的身上、头脑里做着标记。学校一般很少遇到对手，几乎所有母亲屈服了，她们把孩子交出去，任学校修改，甚至重塑，最后面目全非。我知道这个女人是个反动力量，她的力量微弱，但她没有屈服，更没有放弃。我知道现在这场较量还没有分出胜负，但我知道结局。我对这位注定要失败的母亲充满敬意。

◆

现在，我站在一所小学校的门口，等待我那被我做了记号的儿子从门里走出来。回家的路上跑着疯狂的汽车，世界已被橡胶轮胎侵占，已经没有一条供儿童安全通过的回家之路。

二十年了，学校的面目没有变化。校服仍然是红色、蓝色、白色，以及这三种颜色的不同组合。质地仍然是那种最不适合做衣服的尼龙。它们永远不坏，易于洗涤，灰尘在尼龙纤维上找不到抓手。但尼龙夏天吸热，冬天不能抵抗寒风。它们其实不是衣服，仅仅是一些颜色。它们就像食物中的树皮，树皮不是食物，但它们也曾被装入胃里。

我从来不往门前挤，我躲在众人的背后，我怕被走在一个队列前面的哪个老师看见。我怕跟她说话。我怕她跟我说话。我怕她忽然说起我儿子的发型。我不想惹出这个话题，我想保持沉默。

远远的，透过人缝，我一眼就看见了走在队列里的我的孩子和他的蘑菇状的头发。还有他的头发上流连不去的光亮。

　　我站在许多父母的身后，我知道我是谁，我是个隐身人，是这个操场，这个教学楼的反动势力。我是我的孩子的基地，是他的航空母舰。同时，我也是单枪匹马，我胜利的可能很小，但我不甘心没有交手就放下武器，我是个顽固的敌人。

　　如果我收到学校传来的"建议理发"的字条，我马上就带着孩子转学。这个学校，已经是我找到的第三个学校了。我的孩子的标记得以保留到了四年级，是我带着他不停地转学。我期望这所刚刚转入的有一个男校长的学校，能使我的孩子带着我的标记读完小学。我希望男校长是个粗心的人，是个工作不认真的人，是个不完全剥夺学生家长的人，是个允许对手带着武器的人。

　　我每天隐藏在众多父母的身后，迅速抓住向我跑过来的孩子。在被汽车挤得很窄的人行道上，我不敢松手；在没有汽车的操场上我仍不敢松手。我抓着我的孩子，我觉得我还没有失去他。但我的心里，没有一天不恐惧。孩子在长大，我感到他的手腕在变粗，而我的掌握仍然是那么大，我觉得越来越抓不住他了。只要他稍用一点力，就能从我的手里脱挣出去。

　　有一天，我发觉手里的孩子的手腕十分无力，它搭在我的手里，像是受伤的下垂的鸟翅。我知道有事了：是老师让你剃头了吗？没有。他的语气是那种还有话没说。那你为什么不高兴？他说学校要开运动会了。我说开运动会不是很好玩吗？他说不好玩。我问为什么不好玩。他说他不能参加检阅。我问为什么不能参加。他说老师说不知道应该把他放在哪个队列里。放在男生队列里，他的头发像女生，放在女声队列里他又是男生。他说当所有的同学在操场上练正步的时候，他一个人坐在教室里。我问他你非常想参加检阅吗？他说想，然后又说不想。

　　我停下脚步，确实是犹豫了一下，然后领他去了一家理发店。

　　两天后的运动会，我的孩子参加了检阅队。我和很多家长站在操场的外圈观看。我看见红色的方块、蓝色的方块、白色的方块——我知道我的儿子就在那些鲜艳的方块里。可我怎么也找不到他，我只看到了移动的、迈着正步的彩色方块。

蜻蜓从前世飞来

　　我对蜘蛛的恐惧更多地来自它身后的那张弥天大网。这种网在蚊子以及蜻蜓看来一定是不存在的，就像人看不见未发生的灾难。

　　我一直警惕着蛛网，并且看得很清楚。它已经不能成为我的陷阱，但它使我走过屋檐和栅栏边时，如怕蛇的人走进山林。

　　我是在太阳将我晒得口渴，钻入黄瓜架下去摘一条带刺的小黄瓜的时候，迎面撞上那面掩映在黄瓜叶子里的蛛网的。蛛网很大，它将两根相距两米的竹竿连在了一起。我看见它的时候，蜘蛛不在网上，它躲了起来。但它决不会走远，它就在附近。网上已经有了一些收获。小的蚊虫，最醒目的是一只黄蜻蜓。它的翅膀被网粘住了，呈一个十字架的形状，倒悬在网上。我看见它时，它一动不动，似乎已经死了。

　　看见一面蜘蛛网，我一般是迅速逃开。不管那网上有没有蜘蛛，我都会从后背漫上来一片冰凉的恐惧。我知道蜘蛛就在附近。而藏起来的蜘蛛更让我害怕。因为不知道往什么地方躲才对。我一般是站住，一动不敢动，不敢再碰身边的任何叶子。然后全身肌肉紧缩，我会忘掉口渴，放弃唾手可得的黄瓜。如果我一时大意而一头撞上一面蛛网，那我会吓得接近于疯狂。会一边叫一边跑。我一定是在什么时候，被蜘蛛这种可怕的动物捕获过，在我用透明的翅膀挣扎的时候，将我一口一口地吞吃过。

如果我掌握一个秘密而不说，给我用什么刑也许不奏效，只要拿来一只或大或小的蜘蛛，悬于我的头顶，并时刻有爬入我的衣领的可能，那么什么要紧的秘密我都会说了。蜘蛛就是我的天地，它吃掉过我。

在这种莫名的、不是来自经验中的恐惧里，我能接近一张莫测的蛛网，试图搭救那只倒悬的蜻蜓，如果不认为那只蜻蜓就是自己，我怎么能压住那荆棘般的恐惧。当我一想到一只黑蜘蛛从一片叶子的后边爬出来，顺着闪光的丝线接近那只蜻蜓，张开我从不敢细看的嘴，撕咬蜻蜓的身体，蜻蜓剧烈地抖动，我就全身收紧，打冷战。那一刻蜘蛛咬的就是我。

蜘蛛网上的蜻蜓，倒悬着，头朝下，尾朝上，以一个一头落入陷阱的姿势，落入了蛛网。

我不敢伸手把它摘下来，虽然这轻而易举。但我从来就不敢走近一张蜘蛛的网。我的办法是找来一根长长的竹竿或木杆，它的长度以能消减掉一部分我的恐惧，以使我能胆战心惊地站在那里而不惊恐地跑开。竹竿的尖伸向网上的蜻蜓，死了的蜻蜓以为可怕的蜘蛛来了，突然痉挛似的抖动。它用了所有力气，以至整个蛛网都剧烈地抖动了起来。原来它没死。仅仅是它刚落入蛛网时的挣扎我没有看到。我看到它倒悬着不动的时候，它已经绝望了。我看到的是它的绝望。它被我弄到了竹竿的尖上。网出现了一个大洞。在这一搭救过程中，蜘蛛没有出现，它眼睁睁地看着留做晚餐的食物被一根木棍救走了。一定迷惑不解。它知道自己不是一根木棍的对手。因为它看见自己几乎是万能的网，对木棍无效。它于是理智地没有出击。我迅速带着那根等于是我延长了的手的木棍逃到安全地带。我用紧张得无力的手，将蜻蜓翅膀上的网摘掉。翅膀在这一过程中有了一些破损。当它重新飞起来时，形态有些滑稽，就像一个跛腿的人走路一样。

军医

　　我坐在椅子上，以一个接近仰卧的姿势，凝视桌面上一片阳光的碎块。这是午后的阳光，它像丝绸一样从办公桌的右侧斜着滑过去，一半沿着桌边下垂，状如达利的软表。一会，光斑的一角已垂到了地板上。它在那里细致地画了一个圈，似为自己从桌子上的跌落选好了落点，并小心地做上了记号。光斑含有金箔的重量，能沿着水银的轨迹流淌。

　　我试图用张开的手掌截住下落的光块。我的手呈掬水状，尽可能使它接近一个敞口的容器。但我的手指存在难以并拢的缝隙，光块遂变成条状，然后减速蛇行。像一个妖怪用妖术将自己庞大的身形更改成细长的丝缕，然后从容地通过一道窄门。它不可阻挡。

　　这时候，我对面的椅子响了起来。对面的桌椅一直紧抱着。椅子是雄性的，桌子是雌性。它们的身体刚好环环相扣。现在，它们的拥抱被什么人分开了。椅子用四只脚抵住地板，在摩擦力的帮助下，做了必要的反抗。桌子则无奈地低下头。我刚才也听见了桌椅相依相偎的细小声音。它们说午休是一天里难得的可以靠近和拥抱的时候。窗外的阳光是多么美啊！

　　拽开椅子的是个男人。他首先分开了紧抱的桌椅，然后用身体将它们阻隔，最后把有些力气反抗的椅子牢牢地压住。之后，他将手臂轻轻搭在雌性的不反抗的桌子上。他看上去心平气和，没有什么后顾之忧。

两张雌性的桌子安静地坐在我与他的中间。

他说他想给我讲一个故事。一个有趣的故事。他一边说一边低头用手指在桌子上画圈。桌子并不喜欢他的这个动作。

我说，讲吧。桌子也说，讲吧。

秋天来了的时候，我得将整个冬天清雪用的盐储备好。仓库与盐场的距离有十公里。单位给了我一个月的时间。这是一项孤独的工作。盐与漫长的道路。后来我的车上给配了一个副手李援朝。这真令我高兴，我是一个爱说话的人。

我听见对面的桌子对我的桌子说，哦！李援朝，我熟悉。十年前他刚调来的时候我是他的办公桌。我们一起工作了五年。

可我无论跟他说什么，他都一言不发。两眼直视前方的道路，始终不说一句话。这个李援朝可真是个怪人。

这有什么好奇怪，桌子说，他是个聋子。他听不到任何声音，怎么跟你说话，回答你？

柳树的叶子在飘落，道路十分平坦。我们的工作进展得十分顺利。若说有些什么小麻烦的话，仅仅是副手李援朝不打招呼就突然跳下车去。他快要把我吓死。他总是在我的车正全速行驶的时候，突然打开车门，然后一秒也不停留就跳下去。他竟然不跌倒，身手敏捷得惊人。像是受过训练。

李援朝原是军人。跳车当然不算难事。桌子大声说。

他下车后就直奔道路前方的一块石头，然后把石头搬走并推下路基。全然不管那石头是否阻挡了我们的车轮。有时，被他用力搬走的石头其实正老老实实地待在路边。他奇怪得让我糊涂。

这有什么奇怪，桌子的声音细细碎碎，他在家里的事才奇怪。

首先他作为一名司机，是应该及时清理前进道路上的障碍的。第二，他毕竟清理了所有能阻挡车轮的石头。而这一劳动是有意义的。他不认为路边的石头就没有危险。他看见了看似静止的路边的石头正在向着他们的车轮滚来。

男人总结说，他不能准确地分清哪块石头阻挡了车轮，哪块石头与车轮无关。他不能准确地划出这条界限。而正常和非正常的界限，往往就是由这条看不见的线来显示。无疑，他是不正常的。如果说他搬开与车轮毫不相干的路边的石头，是有碍与无碍的界限不清，那他对路上的细小的石子的态度就更加让我迷惑。那些天一直晴朗，路面上半枯的叶子被风卷成一个个筒，如同布匹，不规则地斜横在路面上。除去这些落叶，道路可以说是光亮、平坦，甚至没有灰尘。我放慢车速，我已经不敢快开了。一路上我跟他说着闲话。他仍是一句也不答。但这总比我一个人自言自语要好一些。有两只近在咫尺的耳朵，就有说话的激情。虽然那耳朵像是两条死胡同。后来我看见我说的话都挤在他的耳朵里，进不去也出不来。像一条塞了车的道路。这样平坦、光洁的路面，是没有一颗石头的。我打算加速，就在我刚刚加了一档后，李援朝突然就不见了。当我用两秒钟找到他时，他已跑到了我的车前十米远的地方，正弯腰从几片树叶的下边，拾起了一块拳头大小的石头。那是一块鹅卵石，灰褐色。他一扬手石头已到了路基下。他从不细看手里的石头，总是快速将石头扔到路基下。依我看，那块鹅卵石很好看，完全有收藏价值。但他把大的、小的、丑的、美的石头们都统统扔到了路基之下。那个拳头大的鹅卵石，同卡车巨大的橡胶轮胎比起来，是微小的，微弱的，是不值一提的。我看他把大与小的界限也模糊了。

桌子说，大与小在不同人的眼里是不同的。而危害更与体积无关。蚁穴同一座雄伟的大坝的关系我们不是已经知道了吗？也许，那个漂亮的鹅卵石在李援朝的眼里，比车轮还要大，大到足以对车轮的滚动构成了威胁。大到必须冒着危险跳车，然后清除它。也许他也认为鹅卵石同手掌一样大，但他看到了这个小石头的危险。谁能断定这仅仅是一块石头而不是一包炸药！

很快，盐运够了。单位通知我再运一车融雪剂。运融雪剂的地方，在盐场的相反方向，因此，那被李援朝清理了大小石头的道路不再对我们有用。我们走上了一条新的陌生的道路。这是一条土路，黄沙铺在上面。一看到没有尽头的沙子，我突然害怕了，我担心李会跳下车，然后去拣拾那恒河的沙。那我该怎么办？也只有一个办法，那就是留下他在路上拣，而自己去拉融雪剂。还好，我担心的事没有发生，他坐在那里，注视着前方的路面，似乎是没看见沙子。一路竟然平安无事。由于路途远，回来时，天已黄昏，但市区已经在望。就在这时，李援朝突然跳下了车，然后蹲在路的中央像在观察什么。我喊了他两声，他没听见，但他示意我先走。天就要黑了，而他的家刚好在附近，于是我就先走了。

他是在众多的沙子中发现了一块石头。而这块石头的大部分隐藏在泥土里，一时无法搬走。他的每一次跳车都是非跳不可的。

他在家里也做了一些让他的母亲妻子奇怪的事情。比如他于三年前将家里的所有蚊帐洗净晒干，然后剪成手掌宽的条状，又卷起来，锁在一个箱子里。又趁妻子母亲不在家，将家里所有白色的被单、床单，剪成条状后洗涤，晒在院子里。众多的白布条在风中飘荡，使他们家像一个小小的战地医院。他的妻子忍受不了他的怪癖，已于两年前弃他而去。只有母亲守着他，将家里的被子、褥子换成花布的。并容忍儿子用工资的一部分买回成卷的纱布。他已积攒了满满一木箱的白纱布。在他的周围，存在着众多的流血的伤口，包扎是多么必要，纱布又是多么的必须。

卸完了货，我就回家了。睡到半夜，电话响了。是李的母亲，她说她的儿子到现在还没回家。我立刻惊出一身冷汗。那个地方毕竟是郊外，城乡结合部，治安极其混乱，刑事案件偶有发生。他若有个三长两短，他七十岁的老母——我慌忙穿上衣服。我隐隐地觉得，他应该还在他下车的那个地方，活人或者尸体。我打了一辆出租车，十几分钟就到了那里。虽然是半夜，但上弦月已经接近半个圆。大地上的一切都模糊不清，但是黑影还是轮廓清晰的。我看见一个黑色的人影在路的中间正弯腰忙着。我生性胆小，不敢过去，先观察一下再说。我距那个低头弯腰，偶尔还要匍匐在地的人大约十米。我看出他太投入于手中的工作，天已经黑了这件事他也许并不知道。在这种情况下，就算我走到他的身后，他都不会觉察。月光暗淡。风把树叶刮得很响。那可都是秋天的树叶，失了水分，太阳专注的照耀足以使它们自燃。这样的叶子在月光下不会自燃，但它们会喧嚷，会吵闹。它们像在讲述一个可怕的故事，有意给恐怖的环境推波助澜。我感到了恐惧，树叶也许不可怕，半个月亮也许不可怕，但一个不知在干什么的人却可怕。

他在干什么？他有可能是个杀人犯，他正忙着把他刚刚杀死的，还热乎乎的死人，掩埋到地下，埋藏到道路的中央？杀人是快捷而简单的，难在销尸灭迹。让一个人死是容易的，但彻底把这个人的印记擦掉几乎是不可能的。就像一个错字，擦掉它容易，擦净它不可能。处理尸体一般是焚烧和掩埋。焚烧会有烟雾，烟雾是直上云霄的大喊。所以大多选择掩埋。泥土是黑色的布，它们盖住肉体，同时也堵住咽喉。

他有可能是精神病。梦到在一条宽阔的道路的下边藏有金子，那梦里的道路铺着金子一样的黄沙。于是他找到了这里，找到了与他的梦境重合的地方，开始了信心十足的挖掘。

而这两种情况，不论哪一种，都是不能让第二个人看到的。这都是铁一样的秘密，是不惜以杀死目击者来捍卫的。

桌子说，那个人就是李援朝。其实他正在认真地工作，同他白天的工作一样简单明了。只因为笼罩着朦胧的月光，使正常的工作在夜色里变得神秘甚至可怕。他在挖一个路面上的石头。那石头原是一小块，但石头的大部分埋在泥土里。他越挖越大，一直挖到了半夜。他是不会半途而废的。

我不敢往前走，我站在一棵树下。身体开始发抖。那棵树还很小，它抖得比我厉害，它比我还害怕。我努力平静自己，用远处那个出租车司机魁梧的身材给自己加安全砝码。我的眼睛已经适应了这里的黑暗。黑暗在我的眼前已有了层次，有了明暗。刚才还模糊一片的东西，现在已经有了立体感。我已经断定，十米之外那个正伏身在地上忙碌的人就是李援朝。他好像没被别人杀死而是杀死了别人。他的生死我已经弄清了，他还活着，没出什么意外。他七十岁的老母亲我可以交代。但他在干什么？

我还不能马上作出判断，这还需要进一步的观察。最好是缩短同他的距离。我站在那里不敢动。他跪在地上，用两只手从前面的土坑里往外扒土。像一只老龟在用后肢推开沙子，准备下蛋。他在挖一个坑，而那个坑里似乎还有别的东西。我看见他几次用力摇动坑中间的东西。他可能在从我的车上下去后，迅速杀死了一个人，然后选择在道路的中间挖坑掩埋。

知道是李援朝后，我的恐惧感没能减弱，反而增强了。越是熟悉的人，在一个不熟悉的特殊的环境里，他就会突然变得陌生。他就会比一个陌生的人更可怕。

我似乎是陷入了一个进退两难的境地。我想到不远处的出租车司机，可以让他过来，但我很犹豫。万不得已不愿让别人知道我胆怯。尤其这也许是一个完全不需要胆怯的事。最后，我的眼睛与黑暗的环境逐渐和解，我才摆脱了困境。我看清楚了，那被李挖开的土坑里是一个大石头。因为他没有工具，他只能用双手，这给快速挖出这路中间的石头带来了难度，也使挖掘工作进展缓慢。但我知道，没有李援朝挪不走的石头。我在跑过去之前，喊了他一声，我怕惊吓着他。他连头都没抬，冲着我大声说：止血钳。止血钳？这是什么话？我没有细问，而是动手帮他挖石头。但他拒绝我的帮助：别碰，这是静脉！

桌子说，这个讲故事的司机显然是刚调来的，他不知道李援朝的履历。李在我的身边坐了五年，他把什么都告诉了我。他原是一名军医，在对越战争中受伤——耳聋。他不能再做医生了。战争结束后，他被分配到这个跟医院没有一点关系的单位。

我尴尬地站在那个李援朝的土坑边，絮絮叨叨地跟他说他母亲找他的电话，又说我半夜找他已经花了十几块钱，可他就是一言不发。直到把那个大石头从坑中抬出来，又用力将它推下路基，再细心地把土坑填平，这才跟着我走了。

我把他送到了家，送到了他的母亲的身边。我发现他四十多岁了，却没有老婆孩子，与母亲相依为命。

李援朝半夜挖石以及他的两句简单的话：止血钳。别碰，这是静脉！

让我心率失常。他一定有来历，他不是平常人。他是这个单位的老人，而我是刚调来的。我多少有些孤僻。每天与汽车为伴，对单位其他的人，基本上认识，也就是知道长什么样，叫什么名，是一个单位的。剩下的，我就不知道了。现在，我突然有了了解李援朝的打算。我一定要弄清他，不然，那个月夜、那块石头，就永远压在我的心上。

我搜集到的资料有这些：李援朝，51 岁。外地人，大概是内蒙古人。军转。曾参加过对越战争。原是一名军医。被炮弹震聋了双耳。转业后无法再做医生，分到了我们这个与医院扯不上一点关系的单位。

他搜集的这些资料看似全面，但我发现了那被他遗漏的部分。他只找到了干枯的骨架，而那些血肉只有我一个知晓。单从他的名字里就传出了大量的信息。李出生在 1950 年。那一年发生了一场奇特的战争。战争的奇特在于，两国交战，而战场却设在第三国。而中国以第四国的身份参与了进去。

李援朝在炮火声中降生，战争的硝烟将他粉红色的肉体包裹，并通过他的名字渗透进他的血肉。他的一生注定要同战争相连。他也许就是那残酷的战场上一个阵亡的善战的士兵。这个士兵无法接受自己战刀还没来得及抽出就被敌人从后背刺杀。他要争取一次面对面的搏杀。但是，他已经死了，死在了还没有来得及铺展的战场上。他的灵魂无法接受，他要再一次进入战场。于是，他成为一个婴儿，一个男孩。二十年后，又是一条好汉。

于是，李援朝诞生了，他的哭声压低了来自邻国的炮火。他是战争的精灵。

李援朝开始了生长，开始了为下一个战争的准备。他改变了直接上战场的策略，他做了一名军医。他要对残破的士兵进行修补。他要缝合被战争撕扯开的裂口。他发现这比自己参战更有意义。毕竟，一个人的力量有限。肢体零落的士兵何止千万？他发现，这些坏了的士兵，稍事休补，完全可以再用。这些战争的零件或粉末从自己的手里重新闪出光芒，完全能重新安扭到战争的机器上。

他用了十年的时间，刻苦学习了对人体的修补技术。当他二十九岁的时候，当他的技术日臻完美的时候，盼望已久的战火的硝烟终于冉冉地升上了云端，然后覆盖了国土，成为最瑰丽的云霞。

二十九岁的李援朝冲着那战争的云烟微笑了。

他竟然还是一名军医，要不是被大炮的声音震聋了耳朵，他应该在医院当医生。他可能受了什么刺激，精神失常了。有精神病的人是爱做一些奇怪的事情的。比如李援朝的捡石头；还有的人一边走路，一边同看不见的人说话；还有的人爱脱光所有的衣服在人群中奔跑。

李援朝才没有精神失常，李援朝的桌子激动了起来，他一直沿着自己的道路在坚定地走。李援朝终于来到了前线，来到了枪炮声的中心，隆隆的炮声是多么动听，它使他回到了母亲的子宫，炮声使他安静了下来。他训练有素又心平气和地处理面前的那些被战争磨蚀、毁坏的零件，那些流血的肢体。士兵的肢体上被打进了数不清的子弹，他头也不抬地忙着。这些子弹，这些普通的石子，被战争又添加了仇恨之后，一粒普通的石子就变成了尖锐的子弹，它们从阵地的对面射过来，战争的手将它们的涂上一层仇恨的毒药，它们就获得了惊人的速度，成为一颗正义的，可以打进对面任何一个人体的子弹。现在，李在忙着把这些从阵地对面打过来的子弹一样的石子从自己的士兵的肉里挖出来。子弹打得是那样深，那样的难于取出。尤其那些仇恨，已经浸入血肉，任何高明的医生也不能把它们打扫干净。子弹可以取出，但子弹的灵魂留在了肉里，它将慢慢地啃蚀这个肉体的灵魂，最后仇恨将主宰这个肉体。

他刚刚取出了褪上的子弹，又发现胳膊上还有一个，刚想伸一下腰，一眼看见肚子上有个血窟窿，那是子弹凿穿的隧道，李不顾一切地追了进去，抓住了正在休息的子弹，把它扔到了地上。这些子弹小得像石子，但李知道它们的危害，他不会放过它们。哪怕它们再小，也能够把它们找到，然后挖出，然后扔掉。这些细碎的如石子一样的子弹啊！

战争结束后，李被分配到了咱们这个单位。他突然跳车捡石子的怪癖，在单位人所共知，已经见怪不怪，只有我刚刚知道。我刚调来不到半年。

因为他参加了那场保卫祖国的战争，大家对他还是比较尊敬的。

然而李援朝的战争没有结束。李的桌子总结说，他耳朵里的炮火的轰鸣永远没有停息。他的耳腔已经被炮火占满，其他一切的声音都无法进入了。而他敏锐的眼睛有所发现。他看见了道路上的石子，而石子就是子弹。在他的眼里，石子只是子弹的障眼法。但这可迷惑不了李援朝。战争已使他练就了火眼金睛。他一次次从行驶的汽车上跳下去，那笔直的，泛着白光的道路，不就是战友受伤的腿吗？他作为一名军医，不会置之不理。他挖出了一个个打入泥土的子弹。最艰难的一次手术，是那天晚上，一个小石子，看上去很小，他想把它挖出扔掉，但石子似长了根，不动，于是他用手继续向下挖。越挖越大，原来是一块巨石。他想，这是什么枪射出如此之大的子弹？极有可能是一枚没有爆炸的炮弹。得快速把它清除，绝不能让它在自己战友的身体里爆炸。因为那将无法修补这个士兵。挖呀挖，一直挖到半夜，终于，挖出来了。士兵的腿保住了，然后修好了。

第二天，我被安排去拉煤，跟车的仍然是李援朝。我们又一次走上了一条乡间土路。李安静地坐在我的身旁，仍不说一句话。他的目光在我们的道路上寻找。我放慢车速，给出他跳车的时间。

车轮，实际上正从一个血肉身躯上碾过，从一个战士被子弹洞穿的肢体上碾过。所有的道路上都埋伏着石子，所有的道路都已被子弹打穿。而这一切，只被李援朝一个人看到了。他们，只是看到了李援朝在捡拾石子。

李援朝的桌子说完，就陷入了沉思，而我身边的阳光无须打碎玻璃就可穿越。光影已从容逃逸，黄昏来临了。

2004 年 2 月 25 日　吉林

《人民文学》2004 年 6 期

游戏

藏

儿时常做的游戏是捉迷藏。一次我藏得过于隐蔽，所有的同伴都被从拙劣的藏身之处拉了出去，只剩我一个人未被找到。大家呼喊着我的名字。躲在那个天衣无缝的藏身之处的我，享受着被众人寻找的幸福和满足。天渐渐黑了，孩子们失去了找到我的信心。呼喊声如归巢的鸟雀在黄昏的余晖里匆匆掠过，接着便各自归巢，无声无息了。

我躲在一大堆草秸中间，被同伴弃置于越来越浓的黑暗之中。当我听不到同伴们热切的呼喊时，心中的恐惧便同黑暗一同增厚。

没有了寻找，藏匿就失去了意义。当我弄清再无人找我时，只好无奈地从那草秸中钻了出来。我的颓丧达到了极点，甚至不知所措。但按游戏规则，我此时又是个绝对的赢家。奇怪的是，这绝对的赢没给我带来一丝快乐，反而使我陡然跌入寞和恐慌的深渊。它较一个失败的藏匿要无趣几十倍。因为被找到时，通常是伴着对方的一片欢呼的，那种寻找者的欢呼和藏匿者的满脸懊恼都是热闹的，虽然在游戏中被重复了无数次，仍充满了无限生机。毕竟，欢乐和团圆不怕重复，胜利不怕重复。

而我曲解了游戏规则。我成功的藏匿，不仅伤害了自己，同时也弄伤了玩伴。它们终于没找到我，带着意外的失望和挫败回家去了。他们因我的过错而失去了唾手可得的欢乐，失去了欢呼胜利的机会。那是对欢乐的意外伤害。

显然，我在顺着游戏的固定轨道向终点跑去时，在中途跑上了一条岔道，我跑出了游戏的疆土，也就跑出了生活的疆土。

昆虫

蝴蝶的翅膀在阳光下磷光一闪，池塘的水面映出它的倒影，然后，它停泊在池塘边一朵被风雨吹残的花朵上。残败的花朵和蝴蝶美丽的翅膀都停在那里。两片翅膀一开一合，像是蝴蝶正在那里呼吸。它飞累了，它在喘息。翅膀随着它呼吸的节律翕动。有时它也合上那两片翅膀许久都不动，那是它在睡眠或者是在思考。

这时候，我的手在沉睡的蝴蝶身后出现了，手掌倒映在水塘里，波光使它变了形，看上去像一张残破的网，一个有五条经线的网，张开着或紧拢着，缓缓地移到那双流连在梦境里的美丽翅膀的背后。蝴蝶还有它的翅膀正在休息，也许正在梦想。它的眼睛是闭拢的。对慢慢升高的黑色手掌没有察觉。手掌像一只蜘蛛一样突然紧缩成一团。那美丽的翅膀在手掌里像古老的墙上壁画，裂出无数道细碎纵横的纹，然后一片片剥落，破碎了。

这是一只蝴蝶、一只蜻蜓或是一只其他生有翅膀的昆虫被捕捉时所要经历的。我的幼年，就曾经杀害过无数这样的生命。那常常是夏日的午后，我手里拿着一根缝衣的针，针下飘着长长的线。而菜园的木栅栏上栖息着美丽的红蜻蜓、黄蜻蜓。显然它们已经睡着了，枕着一丝光线。在一根根尖尖的竹竿、木杆的顶端，以它们飞翔的姿态在睡眠。我几乎像摘桃子一样把它们从竹竿上一个个拉下来，它们细细的小脚有时还紧紧抓住竹竿不肯松开。这样，我还要用一点力气。

我把那些像睡熟的孩子一样的小东西抓在手里，再用针穿过它们的心脏，经过那条长线，一个个串起来．它们也知道疼，在针和线经过它们的肉体时，它们透明的、叶脉纵横的翅膀痉挛似的抖动，它们不会惨叫。也许它们会，但人的耳朵过于粗糙，它除了能听见自己的声音外，听不见其他物种的呼喊，或听到了，也不理会。针上没有留下血迹，但那条穿过蜻蜓肉体的线已被它们的肉的纤维包裹，又湿又黏。

当我手里的长线，被无数的翅膀挤满了之后，我的游戏便结束了。面对那一长串不再飞翔的翅膀我不知道该怎样办，我常常是把它们丢到门前的水沟里，让它们伴着肥皂、香皂的泡沫一同向下流去。原来，我捉这些蜻蜓并没有实际的用途，捕捉的过程，就是我的目的，

然而事情并不这样简单，整个童年夏季，捉蜻蜓的动作被我重复了上千次，上万次，这个简单的不需要伙伴的游戏一定有巨大的魔力深藏其中。

可以肯定，在我的童年，我从未将地上的蚂蚁串成一串，或用其他办法捕杀，我总是把手伸向会飞的蜻蜓。显然蚂蚁所做的一切，人都能做，蚂蚁不被人羡慕，而蜻蜓的翅膀是人所没有的，又是人所梦想拥有的。所以，我捕捉的是翅膀，掐断的是飞翔。我不能容忍如此弱小的生物在我的周围飞来飞去，悠然地做着我所不能做的一切，我有力量毁灭它。我记得，我幼年时除了将捉到的蜻蜓穿到线上之外，也经常将手里的蜻蜓的翅膀撕掉一大半，只留下三分之一在它们的背上，然后将它们放到地上。于是，会飞的蜻蜓就只能在地上爬了。而我，一个人类的幼仔，蹲在那里，心平气和地俯视着慢慢爬行的蜻蜓。

在尘嚣上沉睡

　　屋角是一堆残破的课桌椅，堆成金字塔状。塔尖是一把只剩下三条腿的单人坐椅，三条腿恰好处在三个平面上，使它看上去牢靠、平稳，似乎是一把好倚子。它也因此傲视着身下的同类。

　　这是一间废弃的教室，也许一个月前还有四十几名学生在这里上课。而现在，它是我一个人的宿舍。它太大了，以至于我的床和行李放进去后，像是一张大网网住了一尾细小的鱼，众多的网眼空着。

　　当我铺好了床（折叠钢丝床，放一个小孩上去，他会立刻将它变成玩具），准备将窗帘挂起来时，才发现身前身后布满了窗子，它们共有六个之多，而我的行李中只有一幅窗帘。每扇窗子都黑着（因为天黑了），它们都需要一幅窗帘。在这样的房间里（窗子离地面只有80厘米高）如果不挂上窗帘，灯光将使我成为玻璃鱼缸中的金鱼。我的尾、鳍以及鳞片都将清晰地倒映在窗外路上行人的视网膜上。我犹豫着，犹如手里拿着一个面包在六个饥饿的孩子面前的犹豫。但六个黑窗子似乎比六个孩子更难对付。一个面包可以分成六份，而一幅窗帘如果裁成六块，那每扇窗子得到的就不是窗帘而是窗花。

　　我的犹豫持续的时间很短，也就是六秒。六秒钟后，我已动手将那唯一的窗帘挂到离我的床最近的那扇窗子上。床的位置在西面没有窗子的墙同有着三个窗子的南墙的交汇处。最后，我又将床向这个挂了窗帘的窗子拉了拉，以便将如轻烟一样稀薄的居室气氛聚拢到一处。

这个被辟作我的宿舍的废弃教室位于一所小学校里，而这所小学校位于Z市远郊的一个小镇。小镇同乡村的显著不同是有一条不足一公里的街道。这条唯一覆盖了沥青的街路将火车站、派出所、邮电局、小学校以及几家商店穿成一串，而小镇的四周是一望无边的水稻田。田里碧绿的秧苗在阳光下熠熠生辉。小镇则像大面积的田野上的污迹或是一片生了病变得枯黄的秧苗。

我曾无数次来到小镇同水稻田的接壤地带。一条公路横卧在碧绿的水田里，像一条有着黑色脊背的大鱼。逢上雨天，"鱼背"上坐满了青蛙的幼仔。它们有拇指大小。一辆汽车驶过，就有无数青蛙尸体。它们的肉体与巨大的橡胶轮胎相撞时，如气泡一样碎灭，并发出劈劈啪啪清脆的响声。几乎形成了由青蛙迸裂的尸体形成的车辙。这巨大的伤亡并未减少公路上青蛙的数量，它们不断地从路基两侧的水里跃上路面，前赴后继地献上自己刚刚开始的生命。

碧绿的秧苗下，埋伏着多少这样的生命，似乎是无法估算的，但这个庞大的军团包围一个只有一条小街的镇子，似乎绝不困难。

我的单调、寂寞的教书生活似与这些青蛙有关。它们是接受了谁的指令，从春天开始就在小镇四周的田野里埋伏了下来，并且疯狂地阻挡每一辆驶离小镇的汽车？它们的任务是围困我。

这里的夜晚不是从太阳隐没大地的那一刻开始，而是从青蛙冲着淡黄色月亮的鸣叫开始的。

我在蛙鸣中看一会书，又在它们参差不齐的合唱中望一会水渍斑驳的天棚，然后闭上眼睛。这样的夜晚，我听不到风声、雨声，甚至听不到火车的声音。蛙鸣似一张经纬细密的网，将一切其他的声音覆盖下去，包裹起来。

那个同蛙鸣迥异的响声是在夜半响起的。它成功地突破蛙鸣的重重封锁抵达我的耳膜：嗒嗒……嗒嗒……这是个极其特殊的声音，类似于两个质地坚硬的物体的磕碰声。在如棉花一样柔软而又韧性十足且饱含水分的蛙鸣中，这个声音犹如一枚钢针，它锋利的尖端，毫不费力地刺破了蛙鸣的包裹并且吃力地抵达我的皮肉：嗒嗒……嗒嗒……嗒嗒嗒……声音以这样的节律重复响起。我努力剥开蛙鸣这遍地疯长的杂草以便看清这个声响是什么。然而当我仔细看时，这个由奇怪的乐器演奏的曲子已接近了尾声。然后，我听到了风拍打树叶，叶子在风中如风铃摇动、旋转的声音，这是平常的夜晚听不到的。我的耳朵已接近了猫的眼睛？

听到那个声音的第二个晚上，我仍在 9 时左右就睡着了。它并未给我带来恐惧。那扇有缝隙的木门和被风雨腐蚀的木窗共同筑就了我的安全屏障。这一次，我仍没能同它的序曲部分遭遇，而是在它的中段突然清醒过来。它的前半部分完成了将我从睡眠中唤醒的使命后就同我的睡眠一同消失了。这样，我与曲子的下半部分相遇。我躺在那张一动就像有人抬着的单架似的床上没动，我怕弄出声响惊走那个演奏者。它是一只盘旋了半天终于落下的蝴蝶。我仅仅眨动了一下眼睛：“嗒——嗒——嗒——”声音是单音节的，无力，就要失去耐心了。显然这不是风声，风是哨音；也不是雨，雨爬过窗子时，像点响了一挂鞭炮。鞭炮响起来后，无人能把握它的节奏；它是人的手指曲起的骨节同我身边的窗子玻璃相叩击发出的声音。这个声音直译过来就是：来啦，来啦或来吧，来吧。显然，这是一支演奏给我一个人听的乐曲，冗长、较少变化。它的最精彩部分出现在要结束的时候：嗒——嗒——嗒嗒——嗒／嗒——嗒——嗒嗒——嗒／在这种节奏里，我想起了童年在操场上，体育老师嘴里吹出的哨音。体育老师高大的身躯和尖锐的哨音似干扰了从我们头顶飞过的一行大雁的阵形。老师的口哨和我们的步伐似两个互相追逐的动物，一个在前，一个在后，永远也追不上。我们的脚步参差不齐。

玻璃上静寂下来后，蛙鸣骤然响起，如打开了一扇关满了声音的房门：风声、水声、虫声，如冲出笼子的小动物，它们迅速跑了出来，顷刻就充满了全世界。

我竟然不知害怕，固执地认为那一串嗒嗒嗒手指叩击玻璃的声音是发给我的电报，我对这绵绵的嗒嗒声是否作出反应以及作出什么样的反应完全是我自己的事，是窗外的人所不能左右的。那个夜半敲我窗子的人是个乞丐而不是一个强盗。强盗的声音是响亮的哗啦啦、轰隆隆而不是小心翼翼的嗒嗒嗒。显然我二十二岁时的判断是正确的。

那是几根苍白的手指和一个忧郁的心情在我的玻璃上对我说话。他固执地一次次重复着那些简单的音节，靠有限的节奏变化来强调它的含义。那是他的语言，独特而明了。只是我不会用手指说话，和他使用的不是同一种语言，我无法回答他。

我常常是在那种有节律的声音里醒来，在他絮絮的诉说里翻了一个身就又睡着了。它和我窗外不远处水稻田起伏的蛙声、一阵清风掠过扬树梢树叶一齐的拍打声一样，都是我耳边的自然之声。它们一齐轻轻地响着，带给我的是更加深邃的空寂和更加深沉的睡眠。我从未听见窗外离去的脚步声，就像从未知觉它的到来。我总是马上又睡着了，不知那声音在什么时候疲倦了，也许是在月亮隐到云朵里，风也停了下来。

一个寒冷的、下了一夜大雪的早晨（春天早已过去），我裹着大衣，用力推开被雪封住的门。门口形成了一个平展的扇面状。长及脚踝的毛呢大衣使我走向操场的步履变得蹒跚。我在走出近十米远时回了一下头。我是想看一看雪地上自己的足迹。整个空旷的操场像个巨大的方型容器，装满了晶莹的雪，上边还没有一行脚印。教师和学生还没有到来，他们此刻正行进在路上。偌大的一片雪地只有我一个人的脚印。这样的机会不是很多，应该看一看自己的脚印。我的目光在我的脚印上跳跃，这时我发现了两个怪异的脚印，它在我的窗下，挂了窗帘的窗下，脚印很大很模糊，几乎被雪填满了。而且只有这两个脚印，它的来和去似乎都没有留下痕迹，它像是从天而降。

那个敲窗子的人，在下着大雪的夜晚仍光顾了我的窗子。也许他还伸出冻得苍白的手试图叫醒我。显然他弄出的声响没能驱走我的睡眠。夜里我睡得很好，什么声音也没听到，甚至不知道下了这么大的雪。

我折回来，雪地上原清晰的印记立刻杂乱起来。我站到了我的窗下那两个灌满了浮雪的脚印之上。我抬起头，正与那个挂了窗帘的窗子面对，我已有了一丝紧张，回头看身后，仍然是空旷的雪地，没有一个人。

嘭——嘭——嘭——，这是我敲击我面前的玻璃发出的声音。这个由我的手指同挂满厚厚冰花的玻璃相扣发出的声音听上去很钝，类似铡刀切大捆青草的声音。

我无法抑制将手放到木窗格子上，只稍一用力，窗子就哗啦啦地开了。一块玻璃落到了地上，没有发出一丝声响且完好无损。夹着雪粒的北风如洪水一样从这个缺口灌了进去。单薄的窗帘，如惊鸟一样飞舞了起来，扇动着它有着粉色花朵图案的巨大翅膀。

2002 年 4 月　吉林

肉体深处

一天，已经是下午 4 点了。我在下午 4 点的时候要考虑晚饭的事情。重点要想的是晚饭吃什么菜。常常是不知道要吃什么菜。常常是看有什么就先吃什么。

打开冰箱，保鲜层上找到了一包紫花油豆角。看见了豆角，想法就有了。这个想法是在豆角的基础上形成的。光有基础还不行，基础之外还需要排骨。没有排骨，那三个结着冰霜的冷冻层抽屉都是空的。我没有的百联是应该有的。那是一家小超市。平时顾客少。6 个收银口关了 3 个，那也不用排队。百联离我的住所 200 米。我家的日用品、食品差不多都来自那里。

我径直走向东南角上的生鲜柜台，看见还有两块排骨。看见排骨我就放心了。刚一进来，我还担心来着。毕竟已经下午 4 点多，有些生鲜食品是要当天卖完的。此时，生鲜食品区就我一个人。

两块，那么我还有挑拣的余地，于是就在那仔细地看。很快作出决定，买那块小的。决定有了之后，就把头从两块排骨上抬了起来。排骨这种商品你是不能像其他商品那样拎起了就走的，需要店员过秤包装，需要切成小块，不然谁家有能砍开骨头的大刀呢。

我抬起头寻找这个区的店员。发现唯一的店员在很远处的墙角，姿势是坐着，那里有个塑料椅子。当我的目光在她的身上停留了几秒之后，我看见她开始从椅子上缓缓地往起站。她站起来为什么那么犹豫？我的目光没能把我要买排骨的想法传达给她吗？我看出她在分析判断我是一定要买还是只在这里看一看。如果只是看一看，她是不打算走过来的，甚至不想从那个椅子上站起来。她这态度是不对的，有顾客来，店员就要在近处，在顾客询问能听见的距离内。在顾客犹豫的时候你说两句促进顾客买货的话。我用持续的目光告诉她我一定要买。几秒后，她完全站起来了。其缓慢，不是懒散的那种，有点像腰部的关节不好使了。快一点儿都有可能使站起来的一系列动作在哪个环节上卡住。

　　接下来她向我走过来。她走得也不对。脚不敢用力踩地面，不敢使用地面的反弹力，似乎那个力量会伤到她。她轻轻地移动自己，因此没有一点声音。走近了我看见她的脸，脸也不对劲，黄而且黑。头发也有问题。后面扎上了大部分，有一部分垂了下来，很乱的。烫过。发质很不好，黄、干燥。没有一点重量。还有她的身体也是干燥的，缺乏水汽。我感到她身上的细胞都不是圆的。她是轻飘飘的。

　　我用手指了指那块我选择的排骨。她拿起，拎到柜台里一个一米高的木头案子上。那上面有一把砍刀。黑色，很大。我站在那排冰柜外面等。一般他们店里的人剁排骨是很快的。一是他们的刀好，二是熟练。但是我看了有十多秒了，不见她拿起那把刀。她把那块排骨摆放好，在应该拿起刀切剁的时候，她向我扭过头来。她那样看我好几秒，终于说，你能自己剁吗？我大惊，这可是没听说过的事——让顾客自己剁排骨？还是我让她觉得我很有劲儿？

　　吃惊我也没问为什么，就从柜台间的一个空隙走了进去。我相信她是有理由的，只是现在我还不知道。我抱歉地笑了，我说我不太会切，但是也能。看着那把大刀，我的心里是没底的。刀太沉了，得两个手一起上。就在我用两只手咧咧切切地把刀拿起来的时候，她说，我刚做手术不几天，还没拆线呢。我想，是吗？原来是这样。这就是她的理由。她让我剁骨头的理由我认为是充分的。我说你告诉我该往什么地方砍。

她就用手指给我一个位置。我没有多少劲儿，又不掌握使用那点劲的方法，因此我的处境很困难。我摇摇晃晃一刀下去，只留下了一道白印。刀在空中落到骨头上的那段距离，刀走的不是一条直线，刀走的是波浪线。因此刀的降落在空中停留的时间就长，它的重力没能好好地加上速度。刀在空中做了几个舞蹈动作后，到达骨头瞬间的力量已经在空中被分解掉了一大部分。剩下的这部分力量是不可能把骨头砍开的。刀在空中得笔直，得精力集中，不能做游戏、不能分心。我看见我的第一刀只砍开了一道印。这样就得进行第二刀。第二刀仍然是摇晃的，我不可能这么快就掌握驾驭一口大刀的技术。我的愿望是让第二刀落在第一刀的基础上。结果，第二刀没有按照我的想法落地，而是在距第一刀右侧一厘米处自己开辟了新落点。这样在排骨上就出现了平行的两道白印而不是一个断口，这样就得第三刀。这第三刀就多了一个选择，它落在哪个刀印上都可以。砍到第三刀的时候，我已经会用一点力气了。还好，刀落在了前两刀之一的切口里，这样我终于砍开了第一块。

砍完三刀，我休息了一下，不那么紧张了。我的手跟那把陌生的刀也熟悉起来了。我渐渐有了完成这个任务的信心。这时我就有心思说话了。我说，你怎么了？哪里手术？问的时候，我还犹豫了一下。病应该是个人隐私范畴，不熟悉不该问。但是，是她让我砍骨头的，这样我就觉得我可以小小地侵犯她一下。再有，我也确实想知道她怎么了。再有，我们劳动人民在这些小节上不是很计较的。我问，她会正确理解为关心，不会抵触，这个我心里有底。还有，看上去我和她年龄差不多，都是中年妇女。我隐隐地感到，她的病与我有关联。我想知道是什么病导致了她手术。她说是子宫手术。我马上内行地说是肌瘤吗？她说不是，是节育环断了。断口扎到了子宫壁上，手术才取出来。我大惊，那东西也能断啊！我的子宫里也有一个节育环呀，谁的子宫里没有啊？她的断了，我的就一定不断吗？我们的就一定不断吗？我的感觉是多么准。她的病痛果然牵扯到了我。看来这个世界上，已经没有病痛是个人的了。所有的痛都是大家的。我们呼吸一样的空气，吃一样的食物。我们生一样的病。

我休息好了，我继续砍骨头。有了刚才三刀的经验，我的速度明显快了起来。我甚至还能一边砍一边跟她说话。我说你手术了也不让休息啊？这资本家也太不像话啦。她说，可以休，休就没有工资了。我想我也没什么好办法帮她，只有好好地替她砍骨头。

　　砍排骨回来好多天，我总是觉得我体内的那个金属环已经生锈了，它一碰就得断掉，不碰它也已经断了。它断开成为几颗钉子。我的精神高度紧张，时刻倾听着腹部的动静。我轻手轻脚地走路，尽可能地不弯腰。非得弯腰我就慢慢的。我把自己变成了一个轻飘飘的、无声无息的人。我绕开椅子桌子，绕开一切障碍，我不敢同任何物体碰撞。我不敢跑，不敢跳。我不敢追求速度和高度。不敢使用地面给予我的反弹力。那个力量会惊醒体内的金属。我怎么敢让它们醒过来？我得哄着它们，不敢得罪它们。

　　很久了，我忘不掉这件事。那家超市我又去过几次，哪次也没看见那个子宫手术过的女工。有一次我买完一块牛肉，想向身边的店员打听一下，话到嘴边发觉我不知道她叫什么名字，只得转身走了。

第三个平面

3 月 12 日

现在，天已经完全黑了，但今天上午的阳光还是十分灿烂。它先是照亮了落地的窗子，然后轻巧地穿过了不见一丝缝隙的玻璃，最后，在地板上躺下了。由于我的书桌斜对着窗子，这使光块的一部分受到了阻挡，最后，它稳定在斜靠着我的书桌的姿势上不动了。

我正在写一篇与灿烂的阳光一点关系也没有的小说，他从房间里走了出来，在卫生间的门口略顿了一下，就径直向我和我的书桌走了过来，在那几片肥绿的叶子的右边停下了脚步。

我停笔，抬头，期待他说话，然后离开。阳光靠着我的书桌睡觉的时候，我写字的速度是最快的。

他并未吐出只言片语，只是伸出一只手，手心里平躺着一枚塑料打火机。里边有一个被囚禁的气泡，正在徒劳地跳动。

啪——火苗在他的一个手指的运动下诞生了。显然，他对这个火苗并不满意，因为，火苗又在他的一个动作里，忽然长高了，并发出突突的声音。当我的惊恐均匀地在脸上铺展开，他又一下子将火苗弄得如一粒小豆。我又开始为它的耐力担忧，这时候，火苗又开始长高了，长到既无须害怕又无须担忧的状态，然后，他从我的书桌上抽出一支烟，用那个稳定下来的火苗，从容地点着了。

至此，我已经明白了，他推迟上卫生间而来到我的面前的目的，是向我推荐使用他认为极为便利的点烟工具——打火机。

我总结出他刚才的动作重点集中在两个环节上：1. 他用一个手指就把火制造了出来，其轻松、漫不经心的姿态，有力地证明了，人的手指十个实在是太多了，需要进化掉一部分；2. 火苗的不断变化，证明他有能力控制火。他告诉我，火这个野生的东西，已经被彻底驯化了，变得可以豢养、可以计算、可以出售。

我坐着，他站着，这就使他处在一个可以俯视我的角度上。我在他的俯视下，伸手抽出一支烟，嚓地一声，我用两只手、十个手指的合作，燃着了一根火柴。

火吱吱地炸成一个心形，然后慢慢地顺着我手里的木棍，向我的右手爬了过来。火苗在木棍上翻转，玩得像个幼童。我迅速点上一支烟，然后松开了右手。

我坐着，他站着，我们的烟是从一个烟盒里抽出来的，由两种不同的火点燃。我吐出的烟雾和他吐出的烟雾，在我们的头顶悄悄地开始了纠缠。

那支烟燃到三分之一的时候，他转身走了，径直进了他的房间，连卫生间都忘了去。他在关门的动作上用了重力，这造成门和门框的突然碰撞，并发出巨大的声音。通常关门的声音可以转述一个人愤怒的级数。

我激怒了他。我用十个手指擦燃一根火柴的动作激怒了他。我拒绝欣赏他的理性的火苗的神态激怒了他。我溺爱手中的野性火苗的人生观彻底激怒了他。

3月13日

虽然现在天已经完全黑了，但今天上午的阳光还是十分明媚。这给我留下深刻印象。我依旧坐在那里，坐在明媚的阳光下，掩映在几片肥大的叶子里。心情还可以。

心情要是还可以，我就有着手写点什么的打算了。写点什么前，我也得做一些常规的准备动作。杯子里的茶叶在由一个紧缩的团向一片叶子的舒展状态作缓慢而不懈的努力的时候，我已成功地找到了一盒烟。找到一盒烟并不是完整的成功，因为我还没有找到火柴。

我习惯用火柴点烟，也用火机点过。后来，我突然就肯定了火柴。这可能源自我的恋母情结。一个擦燃的动作，一团木头上的火苗，仿佛手里一下就抓住了一条古老的写满依据的绳索。我通过重复这个点火动作，实现了对时间那一头的生活的有限模仿。最主要的是建立起来了与古代生活的可视联系。

伸手可及的地方已经找遍了。怎么也得站起身来了。这时，我看见杯子里已铺成了一片碧绿，叶子的自由理想在水的援助下已经是现实了。那些叶子，个个都是等待组装的翅膀。我喝了一口，觉得它有 65 度。

当客厅、餐厅甚至厨房都找遍了之后，我意识到，在这个房子里找到火柴的希望几乎没有了。这个时候，我的砖石习惯开始瓦解，哪怕能找到一枚打火机——

最可能有打火机的地方，是他的房间。

他的房门关着。

我和他共居一个屋檐，吃一样的饭，喝一样的汤，餐具在洗的时候分不清是谁的。连抽烟的牌子都有相同的时候，但这并不等于我和他一样。我和他不一样。

我和他之间的不同集中体现在一个点上：他点烟用打火机，我用火柴。他在找不到火机的时候会借用一下我的火柴；我在找不到火柴的时候会借用一下他的火机。他在借用我的火柴的时候从不忘指责火柴的不是。比如它存在一个燃了一半无处安放的火棍，这就给生活添了麻烦；点个烟这等小事，却要动用两只手，这违背了他的容易、快捷、轻松的生活原则。我在借用他的火机的时候，虽然没有形成语言上的指责，但我认为那团火苗的来历十分可疑。那塑料管里装的分明是水。在我的经验里，水和火之间怎么也推导不出因果关系来。

他的房间跟我的房间一样：一床、一桌、一柜。简单的陈设给寻找带来了便利，同时也使失望来得更早。床上没有、桌上没有、窗帘的后边没有，如果柜子上没有、地上没有，那么就是确实没有。在他的房间，造成我不能快捷地下没有的结论的是那个衣柜。这是个与我的柜子完全不同的柜子。它依墙打造，并呈台阶状直抵顶棚。这是四个台阶，有四个平面。在这些平面上被他放上了一些东西：不亮的灯泡、一盒纸、一个独脚朝天的图钉——一个打火机？

以我的身高所及，第一、第二阶我能看到。在这里，除了没有打火机，差不多什么都有。第三个平面我用脚尖站立仍看不到。第四个平面已抵到了棚，这连他也够不到了。

看来希望只存在于我不及而他能及的第三个平面上了。

我踩上了一只木凳，我的头冉冉升起。最后，我升到了一个可以俯视这个平面的高度。我看到，在这个高度上，在这个平面上，没有日常的零碎，当然也就没有打火机。但并不是这里什么都没有。在这个凌驾于日常零碎的平面上，斜卧着一把斧头。

斧头上有一层薄灰，这说明它已多日未被移动，更未被擦拭。也说明它来到这个平面上的时日不少。透过薄灰，我尖锐地发现，这个斧头与日常用的斧头的细微差别：它的柄细且长，头要小，刃也愚钝未开。这一切特点决定了它已丧失了原始的存在意义，而生出了歧义。它是那么便于携带，便于揣在怀里。它不知被谁、在什么时候，乔装改扮成了凶器。它具有凶器的一些优点。

我是站在一个木凳上，这样我的身体被抬高了将近50厘米。我的头一般都是在1.5米的高度上思考的。现在，她是处在2米这个空间高度上。我肯定是有了一些不适，但这并没有导致我最后作出一个错误的判断和对策。我比较冷静。

我从木倚子上下来了，把我的头从2米降到了1.5米。我的手里握着那把斧头。它也从那个高度降到了另一个高度。这是我的头处在2米的高度时作出的一个决定。这个决定在我的头降到1.5米的时候仍然认为是正确的。它的正确体现在,它的主人——一只手,将永远寻找不到它。从而极可能就挽救了一个头颅,也许就是我的头颅。

从木椅子上下来之后,我已把寻找火柴的事忘记了。要写点什么的情绪更是烟消云散了。更重要的内容站到了最前面。

我回到我的书桌前坐下了,将那把斧头端放在我的桌子上。它使我正在阅读的几本书向桌子的边角移动,然后它稳稳地压住了我的写字本。

这时,也许是因为桌子上的明媚阳光,也许是因为我的有一把椅子支撑的坐姿,我的眼睛又有了一个惊人的发现:斧头的木柄上有一片弥漫状的红色!我用手摸了摸,又闻了一闻。我仍无法认定它是油漆还是血液。红色、无味,凝结在木柄上,呈弥漫状。

这把有着可疑的红色的铁器,在这里存在多久了?它来到我的房子里埋伏下来,是打算干什么?从它所处的高度看,它一直悬在我的头顶。我突然感到了一股恐惧。其实,从我站在凳子上看见它的第一眼,我就有了强烈的恐惧。我认定,它是冲着我来的,冲着我的火柴来的,冲着我擦火柴的动作来的。冲着我的未被驯化的火苗来的。它引而不发,不是在犹豫,而是在等待一个时刻。

等我把它的凶险全都看出来了之后,我决定将它藏匿。我不能把它从窗口往外一扔了事。这是一把凶器,在打制的时候就被灌注了意志。不管它落到谁的手里,它都会醒来,想起自己的使命,然后伺机砍杀。我的办法是囚禁它。最好也能装到一个无人能开启的瓶子里。500年不能,那么100年也可。永恒的安宁从来就没有。生命是在凶器喘息的刹那疯长起来的。

那么理想的瓶子我肯定没有。我有两只加锁的床头柜。一个装满了内衣卫生巾,另一个空着。

我用一张纸把它简单包了一下,遮住了它的冰冷面孔。接下来我把它放进了那个空柜子。虽然这个柜子放一把斧头显得空旷,但我实在看不出它能跟什么放在一块。

我把门锁上了。我估计它还没修炼成破门而出的身手。这个加锁的门完全可以将它闲置起来。决定他人生死的理想暂时得不到实现了。

钥匙则被我扔了，从敞开的窗子，我用力把它投得远远的。最后它落到了什么地方，我实在是看不清了。我只看到了它闪光的弧线。

3 月 14 日

现在，天已经完全黑了，但今天上午的阳光是那么灿烂。这给我留下深刻印象。我坐在书桌前，坐在灿烂的阳光里，掩映在几片肥绿的叶子的中间。我的心情还可以。

当杯子里的茶叶由紧握的拳头向伸展的方向努力的过程中，我已经找到了一支芙蓉牌香烟，同时没费什么劲就找到了一盒新火柴。

今天的时间没有在寻找火柴上耽搁，但从钢笔里流出的字却个个面目狰狞。我竟然无法写出完整的语句。

这是个不祥之兆。

当我擦第四支火柴，点第四支烟的时候，我的那个用力擦火柴的动作以及火焰突然获得生命的嘶嘶欢叫，彻底激怒了他。

这些年来，他一直忍受着我的火苗的嘶叫，他的神经已被我拽得又细又长。现在，我的生机勃勃的火苗又把这根细线从中间烧断了。

他终于让他的拳头登场了。

拳头就是所有埋伏在肉里的骨头突然站立了起来。

他的拳头是由他的手聚拢而成。手是个良民，而拳头则是个暴君。手获得力量就会凝聚成拳头，拳头失去力量就会成为一只手。现在，他的手被灌满了由愤怒酿造而成的力量，因此他的手成为了拳头。

我突然紧张起来。我似乎对自己的处境缺少防备。可我又能用什么来防备？我的周围是无数的手，我无法预料哪只手会突然紧缩成拳头。

我在心里开始笑了。我似乎也在等待这个时刻。在我的笑声里，我倒在了地板上，倒在了上午汩汩的阳光里。

这时，如果他不弯下腰的话，他的刚刚挥舞起来的拳头就无法触到我的身体。打人其实是一项劳动，它需要一个劳作的姿势。我看出他不想弯腰，他想维持在我面前的挺拔姿态。这样，他的脚就被迫登场了。他的脚远不及他的拳头坚硬。第一它无法收拢肌肉而突出骨头，第二它没穿鞋子。脚是个慈厚的家伙，它不会变形。

虽然脚恰与我的倒在地上的身体处在一个平面上，处在攻击我的肉体的便利位置上，但由于脚的笨拙，无法使肉里的骨头站立起来，它给我的肉体造成的创伤远不及拳头的重。

我感觉不到疼痛。这并不是不疼痛，而是我的所有注意力都凝聚到了另一个点上。这造成我对于他的手和脚的攻击没有给予足够的重视。我没有兴致躲闪，更谈不上哭叫。它们仅仅造成了我的肉体里的血，惊慌失措地乱跑，以致跑错了地方，最后在一个并不宽敞的地方挤作一团。这不可怕，冷静下来的血会自动地散去。它们会懊恼地回到原来的地方去。可怕的是血从皮肤里流出来，流到身体的外边。它们冷静下来之后也无法逆着来时的道路流回去了，它们无法改正自己犯下的错误。它们在身体之外凝成固体，再也不会流淌了。

有能力使血液凝固在肉体之外的是利器。我开始担心我的对于他的手脚的冷淡态度，会进一步激怒他，而最终导致一把利器的现身。

我用什么筑起抵御利器的工事？虽然那把玲珑的斧头已被我成功地囚禁了起来，但在另外的地方，比如在一卷地图的里面，丝绸睡衣的下面，会不会另外藏有一把尖刀？而一把尖刀在这些地方已经藏匿了上千年，又人所皆知？因此，我藏匿一把斧头的意义几乎为零。而且最为恐惧的是，它还存在。

密切注意他的臂展很长的上肢的动作是至关重要的。也许他一伸手，就从我够不到的一个什么平面上，拿到了一把有刃的家伙。我的眼睛注意着他的手，以至感觉不到了疼痛。

后来，我发觉我看不清楚什么了，而且天像是突然黑了下来，同时我又困倦极了。我以一个极为轻盈的姿势就滑入了梦境。我一进入这个梦境就发现，这个梦与现实的距离没能拉开，这就使它并不像一个规范的梦：他右手拿着刀（他在什么地方找到的？），左手啪的一声打开了一枚打火机（他是左撇子），我看了一眼那把刀，放弃了寻找火柴的想法，我用那个大大的火苗点燃了一支芙蓉牌香烟——我开始偷偷地思想，那团火苗同那些水状液体的因果关系。

我醒过来的时候，发现我仍然躺在地板上，阳光仍然覆盖在我的身上。并且把整个房间都照亮了。看样子，这是个阳光明媚的早晨，但我不知道这是哪一天的早晨。

地球一定是目睹了我的危险，它背起我就开始了逃亡。它背着我跑啊跑啊，也不知它到底跑了几夜。但一切迹象表明，我已远离那个危险的时刻。我现在的位置，与我刚刚摔倒的那个点，已相距几千里。现在，它可能是停了下来，在休息，我感到了身下的大地，正在热乎乎地喘气。

我适应了强烈的阳光之后，开始仔细地检查我的身体。如果有那种洞开的向外流血的伤口，那我就完了。我的灵魂会从身体洞开的地方，在血液的掩护下，逃离我的肉体。血在我的身体外凝成硬块，而灵魂则会跑得无影无踪。我因此最怕身体的什么地方破裂，我小心地维护着身体的完整，其目的就是要提防我的灵魂出逃。现在，我的身上没有流血的伤口，那么我在梦里看见的刀，就没有向我落下来。

我躺在一大片早晨的阳光里，那几片肥绿的叶子在我的头顶，我恰看见了叶子的背面。我从未从下往上看过叶子。书桌在我的左脚不到半米的地方。桌上的茶叶已经没有一点绿色，一盒火柴从几页写满黑字的白纸下漏出一角。那是一盒新火柴。若干天前我数过，里面有 55 根，去掉我用去的 4 根，应该还有 51 根。

我不能永远这样躺着，虽然阳光明媚，照在身上热乎乎的；虽然躺着就感觉不到疼痛，但我还是不能永远这样躺着。在我努力坐起来的过程中，不小心惊醒了那些在我的身体里平息下来的疼痛。这使我清楚地知道了身体的哪个区域驻扎了疼痛以及驻扎了多少。

最后，我像上午的阳光一样，斜靠在我的书桌的腿上，算是坐牢了。这张木制桌子此时成了我的依靠。它使我得以保持一个区别于躺卧的姿势。它的援助及时而可靠，我需要它。

　　坐了一会儿，我想进一步站立起来。我认定我能站立起来的依据有两个。一、我的骨头没有断；二、我的身体上没有流血的伤口，在我昏睡的时候，我的灵魂因没有找到出口而仍滞留在原来的地方。我站立起来的信心将依此建立起来。

　　　　　　　　　　　　　　　　　2005 年 3 月 28 日

水暖工

整个单元，从下到上，暖气都不热。如果一个小区都不热，那是热力公司的问题；如果一栋楼不热，那是这栋楼总阀的问题。现在是我家这个单元不热，那就是这个单元阀门的问题。而这个不热单元的排气阀在七楼，在七楼住户的厨房位置的顶棚上。这个厨房就是我家的厨房。整个一个单元供热的症结在我家的厨房里，这样我就得允许水暖工进入我的家，进入我的厨房。

小区的那位水暖工我是认识的。我认识并不是我记得他姓什么，叫什么名字，这些我都不知道。但是我认识他，因为去年我跟他发生过冲突。他给我极恶劣的印象。

去年的冬天，供热没出现什么问题。暖气很热。别人家都没什么事，只有我家有事。位于我家厨房顶棚上的排气阀漏水。开始是一滴一滴地往下掉。我用一只塑料盆接着。水滴落的声音很好听，加上冬天室内干燥，我就允许它们这样缓慢地滴答。这种声音不影响我的生活，甚至对我的生活有益。几天后，滴水声已经很密集了，分不出个体。这种滴法，一会盆就满了。这样我就不能离开了，我要不停地倒水，不停地换盆。我被这些急促的水滴牢牢地控制住了。它们成了主人，我成了奴仆。这就改变了我的生活。这就破坏了我的生活。这就没有诗意了。我打电话给小区物业，小区物业给了我一个电话号码，说让我找水暖工。这个水暖工是小区物业的水暖工。他的工资是住户提供的，为住户修理水暖设施是他的工作。他应该随叫随到。想不到我叫他他却不到。他说正在忙什么，又说换个排气阀就好了。他让我自己买个排气阀，然后自己换上。听了他的话我十分吃惊。第一，换排气阀得停水，而且是很技术的活，别说我，就是一个男人也不会换。第二，暖气设备是公共设施，坏了不能由个人承担。不然住户每年交的物业费是干什么的？我在电话里愤怒地质问他。这是个无赖的主，看你不好欺负，他就老实了。他乖乖地来了。在换的过程中，出现很大规模的漏水，他没关水阀。总之他把活干得一塌糊涂。他很担心我责备他，向他索赔。水已经淹到了一块地板。我不愿意同他计较了。知道自己错就行了。看到他惶恐的样子我就原谅了他。我是个心软的人。因此，在他总算收拾完，离开我家的时候，他是对我又害怕又感谢。但是，我也不愿再见这个人了。一开始的恶劣太过了，超出了我能原谅的范围。

　　排气阀偏偏在我家，在我家我就得接受修理，允许水暖工进屋。对水暖工的恶劣印象，经过了一年也没有消失。他们来了。徒工还是去年的那个。我跟他很熟，他的爱人在我家做过一段保姆。师傅却不是原来的那个了。我憎恶的那个水暖工没来。新水暖工不认识，是个年轻人，比那徒弟还要年轻。徒弟扛着铝合金梯子，师傅拎着这个工具包。我问原来的师傅呢，徒弟说，他出车祸了，半年都出不了院。

　　这个排气阀的问题看来很严重，那师傅站在梯子上工作了很长一段时间。外面的太阳都落山了，屋子里的光线暗下来。我打开灯，希望灯光能给他的工作提供帮助。我站在厨房门口，跟他说话。那徒弟不爱说话，师傅爱说。厨房和餐厅的灯我都打开了，但我的灯坏掉了大部分，只有一两个灯泡在坚持亮着。师傅就对徒弟说，你回去拿几个灯泡来。这样徒弟就去拿灯泡了。屋子里就剩下了我和水暖工。徒弟刚走，他就从梯子上下来了。他说修好了，让我去里屋摸摸暖气热不热。我就往卧室走，走到卧室摸暖气管子，已经热了。这时，我发觉水暖工也跟着我进了卧室，而且是紧跟在我的身后，离我不到 20 厘米。我陡然紧张起来。他不应该跟进来，没有必要的。我看看温度告诉他就可以了。他把徒弟调开了。我回头说热了热了，修得很好。如果他不往外走，我是出不去的，他就在我身后，把我的路口堵住了。我已经转过身来了，他还没转，僵持了一个瞬间。那是间儿童卧室，如果是我的卧室那情况会更不可测。他看出我急于从卧室出来，就也出来了。他需要一丁点支持，但是他没找到。我们就回到餐桌边坐下来。这时候，徒弟还没来。我的小狗胖墩跑了过来，他就跟小狗玩了起来。他一边摸着小狗的背，一边说，这小狗可真胖啊，我喜欢胖乎乎的小动物。我心想，他这是在说狗吗？我也是胖乎乎的呀。然后他又说，等他成家了也养一只这样的小狗。原来他还没结婚呢。他说他一个月的工资是 1800 元。今年 29 岁。总之，他在很短的时间里，把自己的年龄、婚否、收入情况就都很突然地告诉我了。然后，他又开始评价我，他说我好，就感觉我特别好。他说因为这种工作去过很多人家的，哪家的女主人也没有我给他的感觉好。说家里有什么事就找他，他什么都会修理，不光水暖，又拿出一张他的名片放餐桌上了。

徒弟终于回来了，拿来很多灯泡。水暖工开始给我安灯泡。他先安厨房，又安餐厅，最后把客厅的也安上了。一从梯子上下来，他就打开了所有开关。所有的灯都一起亮了。我站在那么多灯的照耀下，原来我的家里是可以这样明亮的啊！

在明亮的灯光下，水暖工开始把散落一地的工具往工具包里装；徒弟开始把那梯子折叠起来。他们这是要走了。我说喝杯水吧。他们就每人喝了一口。我又找来两包烟。徒弟不抽烟，师傅不好意思收。我就把烟塞到他胸前的衣袋里。

他们下楼去了。我关上门，回身就撞上满屋子的耀眼灯光。

《人民日报》2011 年

珠母贝 1996

1. 在 141 团尉官宿舍

中午的时候，我大姨就来了。她从乡下来。在我满月的时候，我妈胖丫抱着我去过一次她家。她家门前就是水稻田，院子里绿油油的，矮的是草高的是树。鸡有一群，猪有一头。给我印象最深的是她家的床。她家的床大，比我家的大，大许多。第二次去的时候，我 6 个月了，半岁。我在半岁的时候对大姨家的床有了更深刻的认识。6 个月的时候，我还不能直立行走，但我能坐起来了。我经常突然往后一仰，把自己的后脑勺摔在弹簧床垫上。我被弹起来，感觉很爽。这个游戏我总在重复，不觉得单调。我发现越用力摔，弹力就越大。到大姨家后，我发现她家的床比我家的大，我期待它的弹力也能比我家的好。我用力往后一摔，砰的一声，那床比我的头还硬。硬碰了硬。我剧痛，那床也应该剧痛。我愤怒地哭了。那床没哭。这是什么床？世界上竟然有坚硬的床？让我头痛的床？拒绝跟我做游戏的床？哭完了之后，我知道了，世界上有两种床：一种是软的，有弹力，爱跟小孩玩；一种是硬邦邦的，一点弹力也没有，一点幽默感都没有。但是，它们在表面上是看不出了的。只有摔一次，才知道。我大姨来了，手里拎着个大包包，里面装着蔬菜和鸡蛋。

午饭时，饭桌上有好几盘菜。我伸出手想把每样菜都尝尝。大姨抓住我的手说，大宝贝，咱们吃鸡蛋羹。她一勺一勺地喂我。吃了几口，我就不想吃了。我看了我妈一眼，向她伸出手去，我想吃奶，我想咕咚咕咚地吃奶。我妈妈装没看见我，只顾自己吃饭。我愤怒地又哭了。都中午了，妈妈她竟然不给我吃奶，大姨不让我吃菜，她们这是干什么啊！我长这么大——上周过完一周岁生日——还没有被这样虐待过。妈妈她总是先把我用奶水喂饱，才吃饭的。今天是怎么了？我看看窗外，阳光灿烂的。再看看妈妈的乳房，奶水已经把花衣服弄湿了。她宁让那奶——我的奶——洗了衣服也不给我吃！我愤怒地加大了哭声。大姨对妈妈说，你先吃，我抱他到外面玩。到院子里后，阳光照得我睁不开眼睛。院子里的一排桃树正在开花。开花的桃树下有一个悠车，船的形状。大姨把我放在悠车里，用力一推，我就不哭了。我抬头一看，天都斜过来了，树也倒下去了。我笑了起来。其实我一点都不爱哭。一般的小事我从来不哭的。但我饿了不给我奶吃，这种事情发生了，我就得哭了。大姨不停地推动这个铁船，在天旋地转里，我的脑海里出现了一个词语：断奶。我想起来了，这个词是今天才进入我的脑海的。是大姨说出来的，是大姨跟妈妈说的。她们说了许多话，说了许多个词语，为什么我只记住了断奶呢？因为断奶这个词被她们重复了很多次，并且这个词一定与我有关。她们在说出这个词语的时候，总要看我一眼。

玩了一会后，大姨抱我回家。妈妈终于肯抱我了。老远我就闻到了奶味。到了妈妈怀里后，她没有把衣服打开，像忘记了应该给我吃奶。妈妈今天太反常了。我就自己动手。从前她也这样过，让我自己打开衣服，她袖手旁观，不帮忙。现在，我的手已经很有力了，打开衣服已经很熟练了。我把衣服向上推，一直推到脖子那里。接下来的景象把我吓呆了。这太恐怖了：妈妈的乳房都突然变成了紫色！紫色是最恐怖的颜色了。这是谁干的？这是为什么？怪不得今天哪里都不对劲，今天注定要出大事。我惊恐地哭了，同时手一松，衣服门帘一样垂挂下来，挡住了那一切。我看着妈妈衣服上美丽的花朵，我知道那花朵后面是什么。床有软的有硬的，妈妈的乳房会突然改变颜色。一切都很难把握。我无奈地哭了。在世界面前，我感到无能为力，感到不知所措，感到迷茫。我哭了。长这么大，我第一次哭了。以前的那些声音，那不是哭，那是喊叫。愤怒、抗议、迷惑、吃惊等我都用哭声来表达。但是今天的哭跟哪一天都不一样了，我的心里是那么难受，我被重重地打击了。我在失去生命中最重要的东西。我不知道我会失去，我以为有的会永远有，永远在那里。现在我知道不是的，不是那样简单。

我跌入了一个低谷，伤心地哭了很久。等我从悲伤中回过神来，我的心里慢慢升起了一个希望。妈妈的乳房也许只是在外面改变了颜色，那奶水还是在的。那奶水未必也变成紫色的。紫色可怕，但是我要克服它。想到这里，我第二次开始往上推衣服。我决定闭上眼睛，我不看它，我一口就咬住一只乳头，我使劲吸，不管它是什么颜色。只要是我妈妈的奶什么颜色我都吃，我不管三七二十一。从今往后，我要适应这种可怕的颜色，我要和它妥协，和它和解，和它建立友谊。既然它无法删除，那我就接纳它，不然，我怎么活下去啊！

我的妈妈她试图阻止我，她推我，想让我和紫色的乳房拉开距离。但是我早已下定了决心，九头牛也拉不动我了。我用闪闪发光的门齿，死死咬住乳头。谁要想把我和妈妈的乳房分开，我就咬掉它。大姨说，让他吃吧，看来这招儿不行。这孩子胆子真大，他怎么不怕呢？都用这办法的。我妈笑着（她还笑！）说，他是见奶不要命。后来，我就听不见他们说话了。妈妈的奶水，变成一团一团的白云，把我托了起来，我舒服死了，飘飘欲仙。妈妈的声音从很远的地方传来：睡着了。我这是睡着了？睡着的感觉真好啊！

我真的睡着了吗？可是我能听见她们说话，声音从地面烟一样飘上来。大姨说，她的声音有点哑，她说是抽烟抽的。她说要不用辣椒水？妈妈说，那太难受了，我有个好办法……说到这我就听不见了，有一阵风刮过来，把妈妈的声音吹走了。大姨的声音传上来，那能管用吗？妈妈说，我有把握。这时，大风刮来了，一切都中断了。我向上飘去，离地面远了，谁的声音都听不见了。

我发现我还在妈妈的怀里。妈妈抱着我在走路。肯定不是白天，因为天上挂着的不是太阳而是月亮。我把头紧紧地埋在妈妈的肩上。我怕月亮。我看出月亮就是一把弯刀。它总是悬挂在我们的头上，它不可能什么也不干。它要是突然落下来，正落到我和妈妈的身上？我看见它在天上挂得一点也不牢靠，明显地挂歪了嘛。这多危险啊！我最怕伤口了。要是那伤口还往外流血，那就能把我吓死。我紧张地问，妈妈，咱们这是上哪去啊？妈妈说，到了，马上就到了。很快，我们进了一个院子。我看见一排房子，里面灯火通明。有人在里面唱歌跳舞。进门后，两个穿白衣服的人从人群里走出来，说，怎么才来？都等半天了。然后就把我们带到里面的一间屋子里。这个屋子里除了有一把椅子，什么都没有。墙上的白灰有地方掉下来了。屋顶的一个地方在往下滴水。屋角蹲着一只老鼠。我冲着老鼠笑了一笑。老鼠站立起来，给我跳了几下子舞。后来它被自己的长尾巴给绊倒了，我哈哈地大笑起来。一个穿白衣服的男人把我从妈妈的怀里拿走，放到屋子中央那把空椅子上，又用妈妈的围巾把我和椅子捆在了一起。别乱动，长牙的小老鼠。他管我叫长牙的小老鼠。那两个男人站在妈妈的身边，一边站一个，像两个卫兵。我看见，他们的手从衣袖里一点一点地伸了出来。在手的顶端，又长出了弯刀，像天上的月亮。他们以非常快的速度割掉了妈妈的两个乳房。他们每人割了一个。我大惊，我想尖叫，可是我发不出声音。我的嘴里塞着毛巾。我看见妈妈的胸前涌出大团大团的奶水，奶水流到了地上。妈妈的裙子都湿透了。接着，又流出了红色的血。看见血，我惊叫起来，声音穿透了毛巾。我拼命扭动，同时大叫不止。咕咚一声，我和那把椅子一同摔倒。我可能摔昏过去了。那是个孤零零的高椅子。

等我苏醒过来，我还在妈妈的怀里。她用手摸着我的头，对大姨说，他做噩梦了。我努力把眼睛睁大，我看见了妈妈、大姨、有镜子的衣柜、灯泡边挂着的一串气球、床上我的一个绒毛小熊、门边我的小汽车……

这是家里，这里没有穿白衣服的人，没有高椅子，没有小老鼠，没有弯刀。看来真是做梦了。可是刚才的一切是那么清楚啊！我希望那是梦，我不希望那是真的。这时，我看见了妈妈的衣服。她什么时候换了衣服，已经不是那件上面有小花朵的衣服了，这件衣服上是蓝色的大大小小的圆圈，像是鱼吐出的一串串气泡。只要打开这件衣服，一切就真相大白。我伸出手，想把衣服推上去，发现这衣服上有一排扣子。我的手同时向两边一用力，妈妈的衣服像两扇大门打开了。门里的景象让我惊呆了。我大叫起来，比刚才叫得还尖锐。眼前的一切证明我没做什么梦。妈妈的胸前用白纱布包着，上面还有几点红色的血迹。我哭起来。妈妈摸着我的牙齿说，咱家宝贝长牙了，这东西就没用了，让医生割掉了。以后咱们不吃奶了，吃饭。我的眼泪夺眶而出。我不再尖叫了，我只是流眼泪。我发现，人在最伤心的时候，是很难发出声音的，但是眼泪它能自己流出来。妈妈用一块纱布不停地给我擦眼泪，那么大的一块纱布都被我哭得湿透了。我的耳朵里也流进了眼泪，泪水停留在那里，像下雨天院子里的小水坑。我把头往外扭，我不敢看妈妈包着纱布的乳房，它们已经没有了，它们被刀割掉了。我的香甜的奶水一滴也没有了。我的世界被捣毁了。呜呜，我终于哭出了声音。

大姨拿过一瓶酸奶，把吸管放到我的嘴里。我吸了两口，味道还行。可是这吸管又细又硬，我想起妈妈热乎乎的乳头，我伤心地又哭了。大姨想把我抱过去，我紧紧抓住妈妈的衣服不放。我再也不敢松手了，我不知道一松手，又要失去什么。妈妈说，大姐你先睡吧，下半夜替换我。

妈妈抱着我在地上来回走着，我断断续续地哭着。我忍不住眼泪，眼泪在高处，它要往下流，我有什么办法啊？后来，妈妈可能是累了，就抱着我坐在了床上。妈妈从一大块面包上撕下一小块，放到我的嘴里，我吃了。我知道，我亲眼看见妈妈的乳房没有了，我的奶水流了一地。我用我的牙齿撕咬那块嘴里的面包，在咽的时候，它堵在那里下不去。妈妈急忙给我喝了一口水。我又难过地哭了。这东西真是难以下咽啊！以后，我每天都要吃这种食物了，想到这里，我的眼泪再一次从高处向下流淌。妈妈的衣服也湿透了，脸上也是水淋淋的。

第二天早上，我醒过来的时候，我的头很痛。我想起了昨天的那些可怕的事，我绝望地流眼泪。那些眼泪一出来，就认路似的跑到我的耳朵里去了。大姨抱起我说，妈妈上班去了，一会就回来。大姨给我穿上了新衣服，又喂我吃了点小米粥，我不想吃那个鸡蛋黄，大姨说，快吃吧，吃完了咱们好坐汽车。结果我们真的坐上了汽车。等汽车停下来的时候，我发现，我到了大姨家。那些小鸡、小鸭、小猪都唧唧呱呱地叫着欢迎我。我大笑着要抓住一只小鸡，一下子就摔倒了。大姨抱起我，说以后就给她当儿子了。

2. 在巴虎屯

家宝被他大姨抱走了，去了安宁、空气新鲜的乡下。他要是夜夜哭闹可怎么办，第三天打电话问，姐姐说，没闹。天一黑就睡着了。我说那他爱吃饭吗？姐姐笑着说，可好养活了，什么都吃。昨天还吃了一根小葱呢。我吃惊地说，他从来没吃过葱。姐姐得意地说，今天他还吃了两片肥肉呢。我又大惊，他从来没吃过肥肉！姐姐说，在这儿他什么都吃。我说，别给他吃肥肉。姐姐说，哪是给他的，是他自己要吃的。没事，也没拉肚子。最后姐姐总结说，放心吧，他已经把吃奶的事忘啦。

八一的弯转得是如此之快，让我非常意外。可是我的弯可不好转。我的乳房里积满了奶水，又像两个坚硬的石头了。疼痛难忍。我请教邻居的一位大嫂，她说能回去。过几天就好了。我说得过几天？她说三四天。

我感到我的身体是灶台，而我的乳房是奶锅。我在缓慢地给它们加热。到第二天的时候，我的乳房已经很热了，感觉有四十多度。到第三天的时候，已经疼得无法入睡。我决定通过把那些被我烧开的奶水弄出来一些的办法来给自己降温。我往杯子子里挤，像挤牛奶那么挤。那些奶像是在里面凝成了块，谁也不愿意出来。费了好大劲也才挤出半杯。疼痛和灼热没有得到多少缓解。下半夜，我睡不着就看那杯人奶。上面有一层黄色的油脂。我想这层东西应该叫奶油。我对半夜从卫生间回来的吴连长说，喝了吧，人奶。上面还有奶油。吴连长看了一眼说，看看我都要吐。小孩怎么就爱吃这东西，断奶还大哭大闹的。早上，把那杯奶倒在盆里，又加了点温水，我用它洗了脸。

几天后，乳房不那么硬了。那里的奶水真的回去了。像别人说的那样，回去了。它们回到哪里去了呢？

第一个休息日到了。就要和分开了一周的孩子见面了。我买了很多好吃的东西。

我的心里很轻松，我渡过了一个难关，孩子也渡过了他生命中的第一个难关。现在，我们都过来了，翻过了高山，来到了一片开阔地。

姐姐家的房子是上下两层，就是两座平房摞起来，样子古怪，不像个整体结构。有点像两个平房打起来了，一个骑到了另一个的脖子上。院子被砖墙围着。大门是铁的，漆成朱红色。从大门到房门是一条水泥路，两边是果树，树的下面是蔬菜。果树已经开过了花，果子已经有了，但是很小，不仔细是看不出来的。

进了大门，院子里的一切都在视野里。扫了路两边果树一眼，又看那些玻璃窗，我希望一眼就能看到孩子。但是我没看到。进了屋子，姐姐在厨房做午饭。我把东屋西屋都看了一遍，我转回厨房，大姐，八一呢？姐姐从水气里钻出来，说，刚才还在门口玩呢，没在屋子就在院子里。他出不了大门，也上不了楼。姐姐和我一同来到院子里，她用手一指黄瓜架，那不在那儿吗。八一的衣服颜色跟黄瓜叶子有些接近，他正在里边忙呢。他把跟他胳膊一样粗的黄瓜还有跟他手指一样粗的黄瓜一同摘了下来。他把黄瓜摆在垄沟里。姐姐说，看见没，你儿子是怎么造害人的。我说，我赔，我赔，我都赔。大姐说，八一，看看谁来了？八一站在他摘的黄瓜边，看着我笑，没有向我扑过来。我把手伸出去，要抱他，他却往后退。我说，妈妈来了！他还是往后退，没有叫妈妈。好像妈妈这个词让他很害羞。我扭头对姐姐说，这么快就把我忘了？他可吃了我一年奶啊！姐姐说，他看见生人是不笑的，他笑就说明他认识你。我说，那我只是他认识的一个普通人吗？姐姐伸出手，八一就进了姐姐的怀里。姐姐抱着他，我抱着那些黄瓜。姐姐在前面走，我跟在后面。姐姐走路快，我一快走，那黄瓜就掉下去了。我蹲下捡，姐姐说，不用捡了，有的是。回去时你多拿点。

　　进屋后，我把我买的那些花花绿绿的小食品拿出来。在那硬邦邦的炕上摆了一片。我一边把那些东西往炕上摆放，一边偷偷看八一的反应。他坐在另一边，眼睛紧紧地看着那些东西。我把一包喜之郎果冻拆开，让它们像棋子一样散在那里。我把红色的荔枝也一粒一粒地摘下来。在我的面前，在我和八一之间，是我用他基本都没吃过的东西铺成的一条道路。我期待他会一点一点向它们靠近，向我靠近。八一看着面前的东西笑，看着我笑，还是那种害羞的笑。姐姐说他看见生人是不笑的，那么他知道认识我，只是想不起具体的事了。他还对这果冻和荔枝笑，那么他也认识它们，孩子与好看的食物有天然的亲和力，不用熟悉过程。我摆好了我的棋子后，微笑着看着我对面的八一。他看着它们笑，只是笑，他不拿。我说，吃吧，是给你的。他还是不拿，而且他把手放到了身后。我把一颗粒荔枝剥开，送到他的嘴边，他伸出舌头舔了舔。我说，甜吗？他笑了。我把他的一只手捉过来，把荔枝放里边。我说，里边硬的核不要吃，只吃外面的果肉。一会，他就把那枚闪亮褐色的核吐了出来。他伸出手拿了一只带皮的荔枝。他的手还不太灵活，剥不来荔枝的皮，我就给他剥开。这样他吃了好几个。他面前的几个都吃了，他要想再拿到荔枝就得往前移动，他一点一点移动，离我越来越近了。我担心他荔枝吃多了会上火，就打开了一个水果果冻……他离我越来越近了，近到一伸手，就能抱到他了。我把炕上所有的东西拢成一堆，八一，这些都是给你的。我把那些东西装进小袋子里，放到他的怀里，然后我把他抱了过来。他没有反抗，专心地玩着他手里的那些东西。我看着他的头，看见了那个位于头顶的逆时针的旋儿，我又顺利地在他的右耳后找到了另一个逆时针的旋儿，这样的旋在他的后背上还有一个。

　　吃饭的时候，他明显地心不在焉。显然，他吃饭的注意力被我带来的食品分散走了一大部分。姐姐说，平时吃饭吃得可好了。

晚上睡觉的时候，八一面对我的被窝和他大姨的被窝。我说八一跟妈妈睡吧。姐姐笑着说，跟大姨睡吧。八一看着我害羞地笑了一笑就钻进了他大姨的被窝。一会他就睡着了。我把手伸进去，摸着他的后背和屁股。我搂着他睡了一年，只离开了7天，他就不认我了，也不叫妈妈了，像转世又投了胎，把7天前的一切都忘了。姐姐说，和你儿子睡一宿吧。我和姐姐就换了一下位置。

早上，我就得回城里上班了。走到门口，我抱起八一，说，下周妈妈还来看你，跟妈妈说再见。他还是看着我笑，他不说话，更不叫妈妈。姐姐说，别惦记，你都看到了，不哭不闹的。

孩子不在身边，我有大量的业余时间。中午的时候，我去单位旁边的商店买了半斤毛线。我要给八一织件毛衣。我会至少四种针法，最后我还是决定用最简单的平针。一是平针织得快，最重要的，平针穿着会舒服好多。下午看看单位没人了，我就开始偷偷地织。我现在不愿意写那个半年工作总结，我只想织我儿子的毛衣。我低头正织得投入的时候，听见手指指尖叩击桌子的声音，抬头一看，是周书记高高地站在那里。他说，才6月你就织毛衣？还没下班呢你就织毛衣？我说，下午脑子乱，写不好总结。

到周六的时候，毛衣织好了，还用剩下的一团线织了一个小帽子。除此外，我又买了一些荔枝。桃子还很小，也买了一些。一进姐姐家的院子，我就往黄瓜地里看。八一却正站在房门那，一半在门里，一半在门外。我大叫，八一，妈妈来了！八一还是站在那里，不往前来，也不往后退。嘴里咬着左手的大拇指。我拉着他进了屋，拿出毛衣给他试穿。太大了，底边都到膝盖啦。姐姐看了看说，大点行，孩子长得快。又细看了毛衣，也不织点花？

接下来，我发现这一周的情况进一步恶化，八一已经不肯让我抱了，他也不笑了。显然，上周靠水果食物建立起来的联系，没能维系到现在。我在他眼里差不多是个陌生人了。我突然感到害怕。时间再长点，他就会彻底忘记我。等到他上学时回来，母子关系就要重新建立。那是从理性角度的建立，基本和一门功课差不多：她是我的妈妈，我是她的儿子。

下午，姐姐到一公里外的集市上去买肉，她说晚上要包饺子。家里只剩下了我和八一。我伸出手，想抱着他。他不肯。我拿出荔枝和果冻。在他专心地要打开那层果冻皮的时候，我把他放到了我的腿上。他的手无意间碰到了我的乳房，这并没有分散他的一点注意力。等他把那只在我的帮助下打开的果冻吃下去后，我把衣服往上一撩，露出一只乳房。我低头看了一眼我的乳房，我想起了医院走廊上的母乳喂养的宣传画。乳房跳了两跳，停在了那里，离八一的脸只有几厘米。我看见八一突然笑了，他对着这又白又大的乳房笑了。还是刚见到我时的那种害羞的笑。这说明他认识这个乳房。只是有点模糊，想不起来具体的事了。他把自己的头往后仰，想离那个似曾相识的乳房远一点。我压低声音说，吃呀，里边有奶。他伸出一只手摸了一下，又马上缩了回去。乳房里真的还有一些奶，我用手指一按，乳头那里就渗出一小片奶水。奶没有多到往下滴落。我看见八一的眼睛盯住乳头不动了，脸上的笑也消失了。那奶的气味唤起了他的记忆。但他还是那么看着，不敢往前来。我的左手在孩子的后背稍用了点力，他的嘴就贴到了乳房上。我说快吃吧，这是妈妈的奶。他终于张开嘴把那只乳头吸了进去。

晚上睡觉时，姐姐又让八一在两个被窝面前作选择。八一很害羞地钻进了我的被子。姐姐说，哎哟，到底想起来了。你们娘俩亲热亲热吧。今天我睡个安稳觉。半夜给他接尿啊！说完姐姐就关了灯。过了一会，我听见姐姐睡着了。就对一直在胸前拱来拱去的家宝说，吃吧吃吧，这是妈妈的奶。八一突然说，妈妈、奶奶。

早上，吃完早饭，我就又得回城里上班了。当我走到门口的时候，八一突然明白我是要走了，他向我扑过来。他大哭起来。他拽着我的裙子不放。我看见他满脸泪水。姐姐忙把他抱起来，别哭别哭，大姨抱抱。我对八一说，下周妈妈还来。听话！我转身快速走掉了。八一的哭声一直在我的身后跟我走了很久。

到单位后，我很不安，我的行为，增加了姐姐的工作难度。第二天，我给姐姐打电话，姐姐说，有点闹人了。爱哭了。不知道怎么整的。开始挺好的，回生了。我说大姐，要不你到我家来，我每个月给你开支，你一周回一次家。姐姐说，也行。支不用开，又不是外人。

　　两天后，姐姐带着八一就回来了。我的历尽艰辛的断奶行动宣告失败。

　　接下来后患无穷。孩子一直摆脱不了对母亲乳房的依赖。一直到12岁，他需要至少是手能触到母亲的乳房才能入睡。在这期间，我与孩子展开了长达七年的分床"游戏"。说是游戏，因为每次痛下决心的行动最后都不了了之，沦为游戏。他总是半夜跑回来，我狠不下心，说，明天可不行了啊，而明天依然如此。

　　这让我忧虑。我无能为力。不知道什么时候才能彻底分床。最后，是孩子自己解决的。12岁那年，他不再跑回我的床上，独自睡到了天亮。

我死了，你怎么办

　　我乐于跟我未成年的孩子讨论这样一个问题——我死了，你怎么办？

　　你死我也死！孩子激动地说。说这话的时候他六岁。我看到他在这样说的时候脸是涨红的。他情绪激动，很气恼。不看我，低着头，更用力地咬着嘴里的食物。他一是气恼有这样的一个问题存在；二是气恼这个问题必须回答并且总被问起；三是他忽然得知母亲会死，而母亲的死会破坏他的世界。六岁孩子的世界是建立在母亲的肉体之上的。他的世界会随着母亲肉体的消失一同消失。我常常是在他吃饭的时候问起这个问题，他说完你死我也死，就把那些恼怒都发泄到嘴里的食物上了。我相信他说的是他的真实想法。六岁的孩子还不会撒谎。我死了，他是真的不能活了。但是我知道，我死了，他是死不了的——六岁无力独自面对生，却也无力实现死。这样的问话总在重复，每次都让孩子很气恼，很激动。每次我都看到孩子面对这个问题时的无能为力和之后的不顾一切。

　　有一天，早餐的时候，我又向大口吃肉包子的孩子提出了这个问题。他的回答竟然发生了重大变化。我说，我死了，你怎么办？他说，我背着你的尸体！走到哪背到哪！说这话的时候，我计算了一下，他是十二岁了。我分析了孩子的这句话，并且同六年前的回答作了比较：他不打算跟我一块死了，或者他已经放弃了跟母亲一起死的想法。他的生命已经接近一个独立的生命。那么，这个世界，除了母亲，他已经有了其他依恋？但十二岁对母亲的依恋还无法放开，所以他说要背着母亲的尸体。这样做，他就什么也没失去——他能独自承担生了，同时还有力量负担母亲的死。

又过了几年，一天在吃晚饭的时候，我又向他提出了这个问题。我说，儿子，妈死了，你怎么办？他说，我每天都带着你的骨灰。装在一个口袋里，我背着。他说完这句话就把一块牛肉放到嘴里，平静地咀嚼着。这个问题的出现没有给他的情绪造成一丝波澜。我从他的动作里，感到这个问题没有打击到他。感到他对于这个问题早准备好了新答案。我听了孩子的话，开始计算他是几岁了？该是14岁。我分析了孩子的话并且同两年前的回答作了一下比较：他找到了携带他母亲的更为省力便捷的方式。他舍弃了我的肉，留下了我的骨头。14岁的时候，他明白整天背个尸体是很幼稚的，是不太可行的。街上也没有人这样做。他知道要把自己的行为放到秩序的框架里去。但是他又离不开母亲，于是聪明地选择携带我的一部分——便于粉碎便于包装不腐烂的那部分。此时，他已经能使用发育起来的智力处理母亲的死亡难题。

再往后，我决定不再问这个问题了。因为我发现，这个旨在难住他的问题，已经难不住他了。他已经长大，表现得针对这个童年的难题越来越有办法了。他已经大于这个难题，这个难题就不难了。提问就没有意义了。

四年之后，他18岁了。这个问题我是完全可以代他回答的：儿子，妈的好儿子，妈死了，你怎么办？

我的儿子在四年之后说："妈，我的老妈，北山的龙祥墓地您喜欢吗？"

他说完这句话，会轻轻弹掉手上的烟灰，用食指和拇指缓缓地触摸腮部的胡须。

女人没有故乡

——写在萧红先生诞辰百年

别看清楚

地图上也是这么说的,我是离萧红的出生地最近的女作家。她家院子里长出的那些蒿草,我家的院子里也在长着;她家窗下夏天开着马舌菜花,我家的窗下也开着的。她童年有个玩伴是她爷爷;我的童年里有个老奶奶。她爷爷教她背诵唐诗,我奶奶教我拾稻穗。我身边刚刚飞过去的那只鸟,也许昨天在呼兰城外的那棵老榆树上休息了一会儿……

……

三年前,我的朋友李霄明跟我说,萧红被困在哈尔滨那家旅馆里,救她出来的那天,是他父亲舒群先生,涉过水塘,背她出来的……

我的语文老师戴明芳,在我16岁的时候跟我说,鲁迅先生很喜欢萧红,表扬她说了四个字——力透纸背……

不记得是哪年,我多少岁,在报纸上,读到戴望舒先生纪念萧红的诗句——

走六小时寂寞长途

在你的枕边放一束红山茶

我等待着，长夜漫漫

你却卧听着海涛闲话

18岁，我的另一位语文老师王岫石先生，将《西厢记》《桃花扇》《浮生六记》《呼兰河传》一同放到我的书桌上，他让我读这些书。我都读了。

对萧红先生，我就知道这些。还知道她的最后安息地叫浅水湾。叫浅水湾的地方，我想该有海水，有沙滩，有一些野草，天上是几片闲云，云下是一只海鸟，它会突然叫一声……

我没去呼兰的萧红故居，离得很近啊，我隐隐约约知道自己为什么不去；我没读萧红的传记，好几位写了她的大传，我没读，我隐隐约约知道我为什么不读。

读《呼兰河传》已经很危险了，好在那里的萧红，命运还没有开始，萧红是讲述者，讲述别人的命运。

逃婚、怀孕、死婴、遗弃、萧军、鲁迅、战争、端木蕻良、香港、浅水湾……与这些词有关的片段我知道，都是听人说的。把这些片段连起来，我知道萧红一生的大事件。对这些事件的详细描述我是不能读的。就是这些听来的词语，我已经很受刺激了。

几天前，我重读了《呼兰河传》，这样的天才，让她那样的死去，只有鲁迅是没有责任的，他先走了。

我从来是不敢看伤口的，我的，别人的，我都不敢看。打针，我是不敢看针尖刺入皮肤的，这时候我就把脸别到左边或者右边。我东张西望的样子，就是与那针尖拉开距离。我晕针、晕刀、晕血、晕伤口……萧红她全身都是伤，我不敢细看她呀！

把萧红放到中国现代文学史里，现代文学史就被她染红了。

萧红是现代文学史上最深的一道伤。

如果，没有这伤，多好；有了，我不知道，多好；知道了，不看清楚，也是救了我了。

为肝着想

这稿子是约的，不写不行。可是写什么都行，写谁都行，单写不了萧红。我知道自己是个什么样的人。这些年，我刻意保持着与萧红的安全距离。我是个容易愤怒的人。我又不敢愤怒。我的肝不好，胆也不怎么行。它们不好，就是我年轻的时候，不计后果地老愤怒。现在，我也没修炼到可以随心所欲地控制我的愤怒，但总比年轻时安静多了。主要是我的肝不行了，我已经把肝伤到了一定程度，已经没有了想生气就痛痛快快地生气的资本。现在，遇到生气的事儿，我先权衡利弊，然后决定这气是生还是不生。我一般都选择不生气，甚至在一开始，就知道绕道躲着生气的事走。

我躲开了阅读萧红传，选择重读《呼兰河传》。《呼兰河传》我18岁的时候读过。那里边也有一件让我愤怒的事，就是那个小团圆媳妇的死。果然，我又一次愤怒了。那个孩子比萧红更令人痛心，在她遭遇灾难的时候，年龄比萧红要小得多。

《呼兰河传》里的萧红，五六岁或者七八岁吧。她的困难还没有开始，她记录了一些别人的困难。萧红她从30岁的地点起飞、逆行，飞过20年的时间，降落在童年的院子里。《呼兰河传》的写作，也可以说是她从自己的大困境里起飞，这次写作，是一次对困境的暂时的摆脱。

18岁时的阅读，不能说不用心，但那时对文字本身还没有感觉，只是对内容、情节有兴趣。像《呼兰河传》这样的书，读完只知内容和情节，而对叙述本身没有认识，那这样的书，就白读了。这就好比，一只精美的瓷盘盛着精美的食物，你眼里只见美食不见美器，那跟猪无异。18岁时的阅读，是不大有能力看见美器的，我现在是能了，第一眼看到的就是器。这器若不对劲、粗糙或假精致，我就不吃那美食。所以，今天的阅读，对于我来说，等于读一本新书。

读之前，我还担心来着。我怕萧红让我失望。我现在，胃口极刁，能让我读下去的文字越来越少。萧红没能用她的第一行文字控制住我。如果接下来还是这样的话，那就完了，但是，萧红在第一章悄悄布置了一个大泥坑，我就是被这个大泥坑陷住的。萧红说，那个道路中间的大泥坑，掉进去过猪，掉进去过马车，掉进去的猪，抬出来洗一洗，可以吃肉；掉进去的马车，被大家费很大劲抬出来，继续前进。萧红不知道，她家街上的这个被她叙述的大泥坑，在她含恨离开人世后，又掉下去了多少人啊！七十年后，我才掉进去，算是最迟的一个了。她家呼兰城十字街上的那个大泥坑，早就被填平，铺上沥青，成为畅通无阻的光明大道，而在萧红那里，这个泥坑是永远无法填平的。它是一个永恒的阻碍，横亘在读者走向她的道路上，横亘在她生命的道路上。

我猛然感到，那个她童年道路上的泥坑，是她生命的一个大隐喻。

女人没有故乡

我是这样猜测的，萧红的遗言里，除了那句感叹外，应该没有对自己的遗体的安放作出交代。就算交代，她也不会说要回家乡。女人是没有故乡的。女人是流动的。她停下来不动了，那是她遇到了一块洼地。萧红的轨迹是一路向南，背对故土。她的故乡，故乡的人，她知道，而且不好，她要寻找别样的人群。她没绝望，一直相信好的世界是存在的。

我第一次离开家到外地上学，当天晚上，同宿舍的女生百分之百都哭了。我也在哭。我为什么哭，我是很清晰的。我不知道别人为什么哭。于是我就问。被我提问的是床挨着我的张姓同学。她说因为想家。她回答得自然，不像撒谎。我心里一顿，我和她哭的不一样。后来是又问了几位同学，得到的回答都是——想家。这时我才知道，我和大家哭的内容不一致。我哭得不正确。大家都在想家，都在为想家而哭，而我竟然不是因为想家。我从别人那里得知，我是个无情的人。我小时候有个理想，我喜欢天文。我那么小就对宇宙、天体物理感兴趣。那时我能读到的唯一科普读物是《宇宙的奥秘》。蓝色封面上有密密麻麻的星星，主角儿是一个有个倾角的土星。土星和它的光环把那个封面给占满了。我把那书看了多少遍，我喜欢天文，长大要当个科学家。这几年，我已经当了个作家了，科学家那个理想早已破灭。但是，英国天体物理学家霍金的著作被翻译过来后，我立刻就买了《时间简史》，并且读了。后来又买了《果核里的宇宙》。现在，我仍然无法抗拒，宇宙以及其间的未知存在，对我的强大吸引。我16岁时的哭泣，就是因为，我被迫就读的学校无法实现我研究天文学的理想。我在哭我的那么好的一个理想无法实现了。相比之下，想家，那是一个小事情。等我哭完了理想的破灭，有闲暇的时候，再哭想家那件事不迟。后来，我又哭过，但还不是因为想家，我哭失恋，哭了很长时间。我还是没有为想家哭一次。理想还有爱情，都比家重要，都要排在想家的前面。后来，我发现，我不想家。我不愿意在家里待着，我爱跑出来。越远越好玩。我天生不知道想家，因此不知道要哭。我真是个无情的人啊！

我隐隐地知道，萧红也是不想家的。她的所有痛苦，所有的哭，都不是因为想家。她走到了那么远，走到大海边，到了天涯海角，她要是想家的话，是不会走那么远的。我至今没能离开吉林省，不是我恋家，而是我从小就被捆绑住了。第一道绳索就是单位，第二道是孩子，这就足够使一个女人动弹不得。这些年，我经常被邀请出去开会。我第一次开会就在广东，我可高兴了。我发言的第一句话就是：我是个爱开会的人。全场都笑了。其实我是爱远行。开会和远行在我这里已经重合了，因此我说我爱开会。

我竟然是一个这样的人，不愿意老老实实在家里待着。不喜欢平静，喜欢变动。我不想撒谎，无论我在哪里，离家多远，我都不想家。我能吃任何地方的饮食，对地域风俗能快速适应。我天生就脚野。脚野，这个词来自我妈对我的评价。不是我野，是我的脚野。除脚之外，我哪都是安安静静的。

女人是没有故乡的。其实故乡也不承认女人。我们家的祖坟里，是没有我的位置的。我们家的家谱上，也不会有我的名字。我们家的财产没有我的份额。我回家，我是切（东北土语），是客人。客人是必须得走的。这里不是你的家，仅仅是出生地，然后你要离开。故乡在你离开后，就完全地把你除名了。

　　我不想家，最后也不用回家，我家的墓地里，真的没有我的位置。我知道萧红，她最后，也不会要回家，她家的墓地里也不会有她的位置。我们都不知道最后的墓地在哪里，那就四处走吧。

2011 年 1 月 29 日　吉林市

《文艺争鸣》2011 年 2 期

湿透的城市

驻吉 191 团的集合号响起来的时候，我家的窗子是开着的，那突然的号声像一群疯跑的男孩，瞬间就跑遍了院子里的所有地方。我丈夫吴连长立刻从床上坐起来，他说，可能是哪发大水了。他一边说一边就把一个行军包和一个行李准备好了。我说你上哪去？他背起那些东西往外就走，说我哪知道。

我一般是通过新闻联播寻找我丈夫吴连长的下落。这一次，晚上 6 点半，我又找到了他。新闻里说，那个倒霉的城市叫扶余。城外的那条河在夜间决口了，决口的河水像一支偷袭扶余城的军队，迅速、无声地占领了那个城市。电视画面上水已经淹到了 4 楼。5 楼、6 楼、7 楼的窗口都有求救的头伸出来。水面上的船只很少，吴连长他们只有大卡车。最后的画面是一支挂着红灯笼的大船开进镜头，船上坐满了灾民。如果没有声音，看上去特别像一群人坐在船上游山玩水。我认出这船是镜湖的游船。

一周后吴连长回来了。我打算通过他知道一点灾区的情况，他说，我不知道。我们也进不了城，这些天一直在城外公路上待命。

我从吴连长那里得到的关于扶余洪水的信息非常少，比新闻联播中的还要少。我想知道得更多一些。我总是担心，我居住的这座位于江边的城市有一天也会发大水。我想知道应该作些什么准备，准备什么。吴连长的只言片语和新闻联播上的几个画面都不能解决我的问题。

我们李主任说水退了。她喊我和胡姐开会。她说区委王书记刚给他们开完会，让对口支援。什么叫对口呢？就是人事局支援人事局，工会支援工会，那我们妇联就是支援扶余妇联。我们得知，灾区需要的是蔬菜和棉被。

第二天我们起早就上路了。那些菜都是刚在早市上买的，都很水灵。车一进城我就抓紧四处看：5楼窗下留下的水印很清晰；道路上的淤泥有很多人正在清理；有的路段就很干净，有的地段还全是垃圾和泥水；路边树与树之间，电线杆子与电线杆子之间都被拉上了绳子，上面晾晒着衣服、被子等等湿透的东西；车子路过一个幼儿园，院子里的铁栏杆上晾满了孩子们的花被子，一根铁丝上悬挂着那么多的绒毛玩具，小狗、小熊、小乌龟等。它们在风里晃荡着。我觉得这街景可真有趣，整个一个城市的衣服和被子都同时湿透了，又同时拿出了挂在大街边晾晒——像个喜剧。

更有趣的场景是幼儿园的下站，我们路过了一家工商银行。你能想到工商银行的职工在太阳底下干什么吗？你猜对了，他们在晒钱。他们的钱看来是都湿透了，他们的院子是晒不下的。他们的钱很多，他们就把院子外面的马路也给占领了。车还是能通过的，他们主要在人行道上晒——这就像个现代剧，里面有巨大的隐喻。

以上这些就是我对扶余洪水的了解，具体但不全面。像是看见了一场车祸后满地的碎玻璃，和一点变黑的血迹。

十年后，我意外地获得了扶余洪水的其他情况。那个叙述十年前扶余洪水的人喝醉了。他是个喝醉后滔滔不绝说话的人。他说什么是没有准的。他那天说的就是扶余洪水。

他不是要说扶余洪水，而是在给我讲一个他的爱情故事。而他的这个爱情故事恰是以那次洪水为时间背景的。

我一路跟着他，走了有十几分钟，后来进了一个居民小区。（我们是从一个阑珊的酒局上下来的。我在卫生间的镜子下面洗手。他也在那洗手。他从镜子里看了我一眼说，多好的头发呀！我也看着镜子说，是呀是呀，谁不说俺头发好。他说这酒喝到这也没意思了，咱们换个地方说话。）我心想，他总不至于一下子就把我带到他的住所吧。他就那么自信？就不怕遭到我突然的拒绝吗？他不就赞美了几句我的头发吗？这远远不够。可是我发觉我一直在跟着他走。这个小区不像有什么酒吧、饭店之类的设施。走到一栋居民楼的楼下，他撇下我独自上了3级台阶，伸手敲那户人家的窗户。他不是敲门，而是窗户。而那小小的四方的窗户真就给他敲开了。他和开窗人说话我是听不见的。结果是他从窗户里接过了几瓶啤酒。这个窗子应该是一家食杂店的后窗。他拎着那些酒，我们接着走。走到那栋楼的第三个单元，他站住了，开始找钥匙。钥匙找到了，我还担心来着。门打开了，我们往里进。他并未请我先进。仍然是他在前面我在后面跟着。如果他停下来，站住门口，说请进！那么我就有可能不进去。我会问，这是什么地方？我们为什么要到这里来？现在，我没有机会说话，我像被拍花子（东北土语，拐骗小孩的坏人）给拍了一样跟着他上了楼。我走在楼梯上想的已经不是进来对还是不对，我担心走在前面的人会摔倒，他手里可是拎着6个易碎物品。我怕它们会哗啦啦地响起来。这时我说，还是我拎吧。他回头，那目光里是吃惊后面怎么还有个人？我担心他问，你是谁？如果这样，我是掉头就走还是给他一个大耳雷子然后再走？他说，不用，3楼，就到了。

进门是个约二十平的客厅。我坐沙发上。他把那6瓶啤酒全放茶几上了。他一瓶一瓶地摆，摆成了一个一字。他坐在地板上，坐在我的对面。

他用牙齿咬开一瓶，放我面前，又咬开一瓶抓在手里。我低头往茶几下面看，我想找到一个杯子，但是没有。只有一个烟缸，里面满满的烟灰。他说，我喝酒从来不用杯子。我们家没有酒杯。我说可是我喝酒从来都用杯子。我们家有很多杯子。他起身摇摇晃晃地从厨房给我拿来了一个白瓷碗。你用这个，然后把碗倒满酒，又咕咚一声坐下。

我的目光从他的头顶越过去，落到对面的墙上。墙是白墙，上面只有一幅画。再细看不是画，是一幅放大的照片：一个女人的头像，至少有12寸。脸有些虚了。但那女人的头发吓了我一跳。那些头发的颜色、形状是那么像我的头发。我的目光一定是在那照片上停留的时间过长了，他也慢慢扭过头，说，我女朋友。然后傻笑。但是她已经不在了。还在傻笑。我立刻把目光收回了。我说我可什么都没说啊，如果这使你陷入痛苦的回忆，我不对此事负责。他傻笑说，我从来就不痛苦。我回忆她的时候，从来就不痛苦。

于是他开始了他的自称一点也不痛苦的回忆。

几乎是一夜之间，水就漫上了4楼。我在扶余的住所是5楼。我打开窗子往外看，水面上全是垃圾，非常脏。那些水很奇怪，不是流动的。扶余如同一个大杯子，被缓缓地注满。因此那些城市的垃圾没有被冲走。电是停了，但我用的是一个独立的煤气罐。里面还有半下子气，再用十几天是够的。我进厨房检查了一下我的粮食。还有半袋大米，一袋子面粉。都是单位发的。我很少在家里吃饭，因此春节单位发的大米、面粉、食油还都很多。那袋子面还没有拆封。要不是发大水了，我都不知道我有多少粮食。如果水不继续往上淹，我可以不用撤离。那个上午，我隔半小时测量一下窗外的水位。水在离我的窗子20厘米的地方不动了。那个位置略上方，有一个马蜂窝。它一直悬在水的上方一点点，没有被淹到。马蜂窝成了尺子。如果淹到了它，那我就考虑撤离。马蜂不撤我就可以不撤。

水面上的船是那么少，而且永远是坐满了人。有一些私人的船只借机发财。我的一个朋友后来说他给了船夫一千块才出来。我可以省一千块的，我不需要船。水很平稳，能游出去。不到万不得已我不游，那水实在是太脏了。

大水淹到扶余的第二天，当我用窗下马蜂窝测量出了水经过一宿再也没有往上涨，我的心安静了下来。我坐在窗前看外面的船只，它们小心翼翼绕过楼群、电线杆子、树梢往城外运人。这些应该是家住4楼以下的人。应该让他们先走。这时候，我才知道饿。我用煤气煮了大米粥，又找到了一点榨菜。我一边吃一边就想到了阿里，她有吃的吗？她在家里还是已经成功地逃出去了？我分析了一下，认为她不太可能逃走。她住6楼。离水还很远，问题是她也有一袋子大米和煤气吗？这可就没准了，我得给她送点吃的去。

我快速吃完了那些米粥，就拆开了那袋子面。应该给她送一些面饼，凉了也可以吃。我和完了面，决定做油饼。一是油饼好吃，二是我也只会做油饼。两年前我还做过一次的。没有找到葱，做不成葱油饼了，只能做没有葱的葱油饼。那些面总共做了十张饼，被我吃掉一张还剩下9张。

阿里家住城西，离我家有2公里。不远，坐车也就5分钟。现在的问题是，水有七八米深，最大的问题是水还很脏，不能让那些给阿里吃的饼碰到那些水。我怎么游呢？后来我想花钱坐船去。可是有限的那几条船总是坐满了人，而且都是往城外去。后来我自己做了一条船。我在储物间找到了一些木板、木条，想起来这是我装修房子时剩下的，没舍得扔。我把这些地板棱子用塑料绳捆成木筏子。这样的木筏子是禁不住我的体重的，但是不需要，它只要能禁住那些油饼的重量就行了。

我下水了，从南窗，北窗有马蜂，我怕惹他们。木筏子上是一个严严实实的塑料盒，里面躺着那些油饼。我的上半身在水面上，推着木筏子前进。我的腿和脚不停地碰到水里的东西。我看不到是什么，水是那样浑浊。我害怕碰到任何东西。一有什么碰到我，我就以为是碰到了谁或什么的尸体。因为传言说平房区已经死了很多人。水面上如果漂来一堆棉织物，我就紧张地绕开。一路上，我是踩着树梢前进，有时也踏到电线，但是电线不可怕，电已经彻底停了。游到一半的时候，我还踩着两根并行的电线休息了一会。我知道我此时是停留在空中，踩在细细的电线上。我多像个高超的杂技演员啊！我轻轻地摇晃那两条电线，只摇了几个来回，左脚上的电线就离开了我的脚心。那一定是断了。水不停地漫上我的木筏子，但是没事，盒子是密封着的，水进不去。那些饼应该还是热乎乎的。

到阿里家窗外的时候，已经是傍晚了。天上的云都是胭脂红色。颜色从东至西逐渐加深。最西边的云鲜艳得让人吃惊。这叫火烧云。我抬头看，感到离云彩是那样近。那些云像红绸子，随时能落下来把我包住。我感到这种天象太可怕了。

我抬头看阿里家的窗子。夕阳的光彩扫在上面，使它们变成了一块块彩色玻璃。往屋子里看是看不见的。那些彩色的云不光在天上飘，也在阿里家的玻璃上飘。我感到这景象美得十分残酷。在这个灭顶之灾里，大量的彩云出现在我们的头顶是很让人费解的。这和我们的灾难一点也不协调。就要见到阿里了，我低头检查自己：光着膀子（我也没法穿衣服），左胳膊上正缠着一个白色塑料袋，里面还有垃圾，细看是五花肉。被水泡白了。我把它甩了下去，又用手推水，使垃圾袋离我远点。头和脸一路上我努力没让他们沾上脏水。我的头发长，齐肩。以前扎过辫子。现在它们披在我的湿漉漉的肩上。我低头看了一眼我的胸大肌。还行。我又进一步想看看腹肌，但是它们被水覆盖着，看不见了。我看不见阿里也应该看不见。水上面的部分我都检查过了，我是满意的。这时从我的脚下流过去一个很软的东西。在与我的脚接触的瞬间，我判定是一头猪。总之它是一只曾经活着的生命体。现在的水下应该什么都有，平时从来不曾飘动的东西，现在全都在水里游动了起来。都可能有什么呢？首先是一些被淹死的生命体，包括人。然后是木家具、劈柴、带着绿叶的树枝。然后是全城所有的垃圾。还有衣服、布娃娃……最后应该有鱼。河里野生的鱼，鱼塘里养殖的鱼。这两种鱼如果不发洪水它们互相是见不上面儿的。它们聚成一大群，从王家的窗子游进去，在客厅里转一个圈，从北窗出去，接着它们就又进了刘家……

就在我警觉地查看天象的短暂时间里，天上的彩云在褪色。你眨一下眼，云都与眨眼前不同了。云像一些迅速腐烂的食物，一小会儿就不新鲜了，不鲜艳了。

阿里——阿里——阿里——我一连喊了三声。那面已经灰了的窗子拉开了。阿里的上半身出现在那里。她一低头看见了我。她站那看着我，没有说话，她等着我说话。我指着木筏上白色塑料盒说，我给你送吃的。阿里看了木筏子一眼说，有啤酒吗？我可真愚蠢。我怎么忘了呢？这大水不仅干扰了我的生活，它还已经干扰了我的思维。我的阿里可以不吃饭，但是她不可以没有酒。我努力想，家里还有没有酒？几秒后我想起来了，啤酒肯定没有，白酒应该还有两瓶。那是春节时我外甥给我买的——汾酒。在厨房的某个角落，我有信心把它们找到。我仰脸对阿里说，没有啤酒，有白酒。汾酒，两瓶。阿里把两条胳膊撑在窗台上，说，白酒也行。酒在哪？我傻呵呵地说，在我家的厨房里。阿里说，你怎么不说在山西！说完就仰目看天。我也跟着看天。这时的天已经很不好看了。那些云彩上的红色像是被很急的流水给冲走了，只剩下靛青的天。天既然已经变成这样我想我还看它干什么，我还不如说话，我说阿里，你等着，我这就回去给你拿。你先把这些吃的拿上去。阿里把目光从天上往下降落，落到我的木筏子上，那里装的什么？我说葱油饼。只是没有葱。还热呢。阿里终于笑了，我猜她是笑葱油饼里面没有葱，我怎么够得到？我说你找一条绳子垂下来。阿里从窗口消失，5分钟后，一条绳子从窗口垂下来，等我抓住那垂下来的绳子才发现是阿里的长丝袜。我就马上想起了作家三毛的长丝袜。我想以丝袜为题开一个玩笑，但被我咽下去了。我有点害怕，在灾难里，什么都有可能发生。再有，阿里对我的葱油饼的冷淡态度，让我有些心灰意冷。我的心和天上的那些云彩是一样的，开始时是那么的鲜艳啊。总是这样的，我一见到阿里，她就能在三分钟内让我的血冷却下来。她多像一只鲜红的灭火器啊！

我把塑料盒系好，然后看着它缓缓上升。那些还热乎乎的饼离我越来越远，离阿里越来越近。当阿里把它们抓在手里时我说，阿里，我回去给你拿酒。最迟明天早上也到了。阿里从窗子里消失了。她什么也不说。她是不相信我。她现在心里认为我是个笨蛋。对阿里来说，酒和饼什么更重要，我是没有理由不清楚，更没有理由弄反了的。我一点都不生气，而是满心愧疚。我总是把事情弄糟，让阿里不高兴。

天黑下来。没有路灯。所有来时的路标都隐入黑夜，无力再为我指引方向。我靠感觉往回游。游了一会感觉不对。像是进入了一个陌生世界，或者进入了谁的一个模糊的梦里。我开始害怕。我相信人死了是能变成鬼的。昨天晚上也不知道死了多少人。那些尸体还没有人力来清理，抢救活人的工作还没有做完。死人已经被放弃。他们现在全都隐在水里或漂在水上。我的脚在下面碰到任何东西都会吓得我一抖，都像是死鬼的手在往下拉我。我的手紧紧地抓着木筏子，腿用力蹬水。遇到树杈、电线杆子我就用力蹬，好让它们给我足够的反弹力。游了有半小时，还是不知自己到了哪里。整个城市没有一盏灯，伸手不见五指。从阿里的家到我的家是那么近来着。我又是多么熟悉。我走过多少次了。每次阿里喝醉，都是我送她回家。每次都差不多是后半夜。每次我在半醉的状态都没有迷过路。我闭着眼睛也能找到我的窝。

我踩在一条电线上，想我熟悉的那条路在哪？后来我终于想起来了。那条我走过上千遍的路此刻在七八米深的水下。我的道路已经被这些肮脏的水夺走了。实际上，我现在的位置是平时鸟的道路。我突然来到麻雀、燕子的道路上，我怎么能不迷路呢？

我开始心慌。我已经知道自己没有办法了。我把一线希望寄托在手里的木筏子上。如果这个木筏子有记忆的话。但是木筏子我不推它它就不动，我一松手，它就顺着脏水漂。由此，它是个没记忆、没力气，也没什么主意的家伙。我在制作它的时候，那些散漫的木条还很不愿意被捆到一块去。它们都不想成为有用的东西，不想团结起来有所作为。

我一定是在水里转了很多个圈。因为我还没找到家。离开阿里时，我说最迟明天早上送酒来。看来得延误了。天亮我才能找到回家的道路，再折回来，就得中午了。看来我将趴在木筏子上，细致地、不漏掉一个细节地看红日冉冉升起。也许，这时我一回头就看见，我的家就在离我不到二十米的地方。我的窗子开着，蓝色窗帘在晨风中像水波一样，像一块四四方方的蔚蓝色海水，干净的海水。

可能是半夜了，在这大水中，我不但丧失了空间判断，时间感觉也模糊了。我不知是什么时候，反正我期待的冉冉红日还没有升起。一切都在黑暗中。没有太阳，没有灯光，连月牙也没有。星星太纤细了。它们身陷黑夜，被挤得只剩下那么细小的一点，随时要被淹没的样子。

在这样大和厚的黑暗里，远处有一束光在闪。那光在水面上，是那样强大。我一看就知道那是手电光，而不是鬼火。鬼火哪有这样的气势。一会我就被那圆形的光圈套住了。如果这光柱的那头是一个枪口的话，我是被瞄准了。我听到喊声，班长，这有一个，好像是活的。接着，不由分说，我就被两个穿救生衣的人拽上了他们的船。我已经冻得说不出话来。我没法跟他们说我要去哪，干什么。我只能眼睁睁地看着自己随着他们向城外驶去。离家越来越遥远。我只好由着他们，等早上，我再游回去。

等我往回游的时候，已经是第三天了。那天晚上，我不但被送到城外，还被装上一辆部队的大卡车，同很多灾民一起，被送到了一个村庄。我被安排到一户人家住了下来。那个晚上我发烧了。昏睡了一天一宿。那户人家的大嫂给我吃了药。第二天晚上我清醒了过来。我问人家是几号了。大哥告诉我是7号。我想完了。阿里会更加不信任我。我起来就往回走。走了两步我发现我没穿鞋子。我折回去跟大哥借了双鞋。他看我光着膀子只穿了个平角短裤就找出一套旧军衣给我。我想了一下没要这衣服。我回去就得下水，衣服就得扔。而这户农民是很穷的。他们的衣服也不是很多。这衣服也许是他出门的衣服。我当时身上没钱。不然那鞋也是应该给人家钱才好。我说天热，我穿不住衣裳，说完我就光着膀子走了。走了很久还没到。那天汽车开了有一小时，看来够我用脚走一宿的。路上几乎遇不到车。走到拂晓，我终于走到了城边。我在树林里略休息了一会儿。就开始往回游。我先往阿里家游。三天了，酒已经不重要，我担心阿里的安全。我抱住楼下的一棵大榆树，冲着阿里的窗子喊。我又喊了三声。阿里没有出现。又喊三声，阿里还是不见。我顺着墙上的排水管往上爬。我不害怕。我摔下来也死不了，下面那么多脏水接着我呢。我爬得很好很顺利。我从敞开的窗子爬了进去。找遍所有房间没有阿里。在客厅的地板上找到一字排开的十一个酒瓶子。茶几上放着我给她的那些葱油饼。我摸了一下，已经凉透了。我跌坐在那些酒瓶子旁边，一个一个把它们扳倒。是哪个缺德鬼给阿里送来这么多啤酒？我就那样坐了很长时间。我想她哪去了？被解放军叔叔救走了，正在某个村庄昏睡？她喝了这么多啤酒，神志不清，黑夜里看不见窗外的水，以为是水泥路，从窗子走出去了？我在阿里的房子里待着一点意义也没有。我在跨出窗台准备走时，又回头看了一眼阿里的房间。这时我就看见了阿里。阿里在墙上。阿里的背后是干净的海水。头发被风吹起来一部分。多好的头发啊！每当我这样对阿里说的时候，阿里都冷冷地说，我最好的部分不是头发。阿里现在不说话。现在的阿里有笑容。这样的阿里多好啊。我决定把 12 寸的阿里带走。

就是墙上的这张吗？我问郭城。

郭城正努力用门齿咬开第六瓶啤酒，是的。阿里在大水后就是以这种方式存在着。

她，一直没找到吗？

没找到，失踪了。就怨那些啤酒。

郭城一边说一边把他身边的空酒瓶子一个挨一个地摆好，还差 5 瓶，他说，然后就把头伏在茶几上不动了。我以为他哭了，至少是以这个姿势在为阿里难过。我没动。我想，不管他是有眼泪或没有眼泪的难过，我都不应该打扰。应该的。毕竟一个自己喜欢的人说没就没了。难过是应该的，哭也是有理由的。可是几分钟后，我发现他有点可疑。首先若是哭的话，不可能不发出一点声音。难过也不应该这么安静，一动不动。他的姿势越来越可疑，越来越像是睡着了。

经过我的进一步观察，他果然是睡着了。

坐在地板上，头伏在茶几上，若是以这种姿势哭的话，我觉得还行，但他是以这个姿势在睡觉，我就觉得很难受了。是他很难受。现在，他睡着了，他的难受他不知道，只有我知道。我得把他弄得舒服一点。这就像一个没关紧的水龙头，滴答滴答地滴水，而这个声音又让我听到了。我是一定要找到那个水龙头关紧了的。不然我就六神不宁。现在，他是那个需要处理的水龙头。我站起来，推开一个门，是卧室。把他从现在的位置弄到卧室，再弄上床，我是没那个力气的。他怎么也有 140 斤，更关键的是，我怕把他弄醒。他醒了其实也不可怕。可怕的是他醒了之后会再给我讲一遍他和阿里的爱情故事，从头开始讲。我还不能说我已经听过了。他会像第一次讲那样兴奋。我是个聪明人。一般的事我都有办法。现在，我的聪明又及时地闪烁了一下。我的聪明帮助我没有陷入他的如旋转的车轮一样的故事叙述里。我听一遍就可以了。我记住了。讲第二遍，不需要他了。我讲。我来讲这第二遍。给不知道的人听。

我从卧室抱出了被子和枕头。我移动被子和枕头，不移动他。这就是我的聪明。真了不起。我把被子铺在地板上。然后慢慢把他扳倒。他刚好就躺在了我铺好的被子上。头倒是没有按我希望的那样落到那枕头上。差了有一个手掌的距离。这也不行。他的头没枕枕头上，也让我别扭。我移动枕头，不移动他的头。我把一只手从他的颈部伸入，抬起他的头，塞入枕头。一切都弄好了。他没醒。接下来就更容易了。给他盖上被子。盖被子的环节他也没醒。至此，一切都圆满了。然后我才想到我自己。我去哪？半夜了，外面可是比这里危险。最后我决定就在这个酒鬼的身边等到天亮。我在长沙发上躺下来。我不困。像一只夜晚的老鼠，我是那么精神。我想事，乱七八糟的事，都可以拿过来想一想。

《百花洲》2010 年

图书在版编目（CIP）数据

女人没有故乡 / 格致　著 . — 北京 : 东方出版社 , 2013.6
（生命呼吸·当代散文名家丛书）
ISBN 978-7-5060-6446-0

Ⅰ.①女… Ⅱ.①格… Ⅲ.①散文集－中国－当代 Ⅳ.①I267

中国版本图书馆 CIP 数据核字 (2013) 第 130542 号

女人没有故乡
(NUREN MEIYOU GUXIANGO)

作　　　者：格　致
策　　　划：张　杰
责任编辑：姬　利　傅　愈
书籍设计：张志伟　知墨春秋设计工作室
出　　　版：东方出版社
发　　　行：人民东方出版传媒有限公司
地　　　址：北京市东城区朝阳门内大街 166 号
邮政编码：100706
印　　　刷：环球印刷（北京）有限公司
版　　　次：2013 年 10 月第 1 版
印　　　次：2013 年 10 月第 1 次印刷
印　　　数：1—6000 册
开　　　本：710 毫米 ×1000 毫米　1/16
印　　　张：20.75
字　　　数：298 千字
书　　　号：ISBN 978-7-5060-6446-0

发行电话：(010)65210056　65210060　65210062　65210063